Food Service
Management Theory

외식산업 분야에 관심 있는 모든 분들을 위한

외식산업관리론

김기영 · 염진철 · 조우제 · 이광옥 공저

(주)백산출판사

머리말

우리나라 외식산업의 현황은 오랜 기간의 소비심리 위축과 최근에 발생한 코로나19로 인해 적자환경이 끝이 보이지 않은 상태이다. 그러나 어려운 시기를 극복하고 새로운 환경에서 성장과 변화를 추구하면 경제적, 문화적, 사회적인 측면에서 외식산업의 범위를 서서히 확대하여 성장할 것으로 보고 있다.

외식산업의 문화는 국내 및 해외의 경제환경과 문화환경에 힘입어 새롭고 독특한 외식시장을 개척하리라 본다. 특히 외식산업은 국가 경제의 한 부분을 대표할 수 있는 영역으로서 국민 실생활에 밀접하게 접근할 수 있다.

해외시장에서도 우리나라 외식브랜드가 활발하게 전개되면서 새로운 문화를 창출하고 해외의 젊은층을 공략하는 K-POP 문화와 더불어 우리나라의 외식산업도 세계의 음식문화로 꾸준히 성장하는 융·복합적인 산업으로 발전할 가능성이 높다고 본다.

세계의 다수 국가들은 4차 산업혁명의 글로벌 환경에서 선두주자가 되기 위하여 여러 분야에서 기존산업과 연계를 통해 꾸준히 연구하고 있다. 외식산업도 마찬가지로 4차 산업의 영역에서 벗어나지 못하고 함께 발전할 수 있는 기틀을 만들어야 하는 절체절명의 기로에 서 있다. 특히나 4차 산업의 핵심적인 기술이 외식산업의 전반적인 카테고리를 장악할 수 있기에 더욱이 새로운 고객편의 서비스 환경을 만들어가야 하는 시기이다.

국내외 많은 외식브랜드들은 자국의 전통성과 식생활문화의 틀에서 새로운 퓨전화된 외식문화를 온라인과 오프라인을 통해 전파하고 있다.

이러한 4차 산업혁명과 함께 외식산업 환경은 외식브랜드의 라이프사이클과 고객 경쟁력을 확보하고 기업가치를 향상시키기 위해 지속적으로 차별화 콘셉트를 개발하고 고객 확보에 부합할 수 있는 신규 프로그램을 도입하여 세계 외식시장을 장악하고자 부단히 노력하고 있다.

우리나라의 외식브랜드도 마찬가지로 차별화를 추구하며 우위경쟁을 통해 양적으로나 질적으로 성장을 도모하면서 새로운 외식브랜드를 만들어가고 있다. 국내 외식산업의 환경은 고객지향적인 메뉴개발과 고객서비스 시스템에 IT기술을 접목하여 외식산업 발전에 새로운 동기부여를 추진하고 있는 현실이다.

새롭게 개정하여 발간하는 외식산업관리론의 구성은 외식산업의 기본적인 이해를 통해 외식시장환경을 비교분석함으로써 외식브랜드를 창출하는 데 조력자 역할을 할 수 있도록 짜임새 있게 구성하였다.

향후 더욱더 충실한 자료를 보완하여 누구나 쉽게 접할 수 있도록 노력을 약속드리며, 본 교재를 선택하여 미래를 설계하는 학생과 외식산업현장 실무자 여러분의 앞날에 무궁한 발전이 있기를 기원합니다.

끝으로 본 교재의 내용이 더욱 충실하도록 도움을 주신 교수님들과 현장관계자 여러분, 그리고 교재 출판에 애써주신 많은 백산출판사 관계자 분들께 깊은 감사를 드리며, 백산출판사의 무궁한 발전을 기원합니다.

2021년 9월

저자 일동

차례

Part 1 외식산업의 관리

Part 2 외식산업 경영관리의 이해

Part 3 외식창업의 이해

Part 4 외식문화의 이해

Part 01 외식산업의 관리

FOOD SERVICE INDUSTRY

01 Chapter 외식산업의 성격

1 외식의 본질

1. 식생활의 개요

1) 용어의 기원

일상생활에서 인간이 음식을 섭취하는 목적은 보통 두 가지의 의미가 있다. 먼저 인간은 음식을 오직 살기 위한 하나의 수단으로서 섭취하고 나머지 하나는 음식을 먹는 행위 그 자체를 즐기기 위해서 먹는다.

인류의 탄생과 더불어 의 · 식 · 주의 개념이 명확하게 구분되어 영위하지는 못했으나, 인간의 이동으로 인해 일정한 형태를 갖추면서 식 · 의 · 주를 해결했다. 특히 인간은 불을 발견하면서부터 음식을 조리하여 섭취하였으며, 또한 공동체 사회를 형성하면서부터 음식을 먹기 위한 공간인 식당이 자연스럽게 생겨나게 되었다.

식당은 고대 이집트(BC 512년경)에서 시리얼(cereal), 들새고기, 양파요리 등 극히 단조로운 음식을 제공하였던 기록이 있으며, 로마에 카라칼라(caracalla)라는 대중목욕탕에서 휴식과 오락 및 집회장소로 활용되었던 식당이 있었다.

• • • 카라칼라(caracalla)

고대 로마의 카라칼라 황제가 만든 대욕장으로 로마시 체리오의 언덕 남쪽에 있다. 수많은 대욕장 가운데 최대규모로 216년에 개장되었다. 주건축은 너비 220m, 길이 114m로, 열기욕장 · 온탕욕장 · 냉수욕장 이외에, 각종 집회장 · 오락실 · 도서관 등이 있으며, 1,600명을 수용할 수 있었다. 지금은 속에 쌓은 벽돌이 드러나고 바닥의 모자이크가 일부 남아 있을 뿐이지만, 당시 벽면은 아름다운 빛깔의 대리석으로 덮이고, 곳곳에 조상(彫像)과 분수가 있어 화려하고 아름답기 그지없었다고 한다. 카라칼라 황제가 대욕장을 만든 이유는 장병의 휴양과 시민의 인기를 끌기 위해서였다. 현재는 해마다 이 유적에 큰 무대와 관람석을 가설하고 야외 오페라가 공연되어 인기를 모으고 있다.

그 후 영국에서는 다함께 음식을 만들고, 먹을 수 있는 공공(public)의 개념을 가진 공간이 마련되어 점차 음식점의 형태를 갖추고 발전하였다. 특히 1765년경 프랑스에서는 몽 불랑제(Mon-Boulanger)라는 사람이 경영하는 식당인 샹따죠(Champs-d'oiseau)에서 'restoratives soup'라는 수프를 판매하였는데 이것이 기원이 되어 오늘날의 'restaurant'이라는 말이 탄생하였다.

• • • 몽 불랑제(Mon-Boulanger)

외식산업의 역사에 있어 본격적으로 현대적 외식산업의 시작을 알리는 중대한 사건이 프랑스 루이 15세 집권기간 중에 발생하였다. 1760년 몽 불랑제라는 사람이 자신의 집에서 영양수프를 제공하기 시작하였는데, 그는 이를 원기 회복제(health restorers)라고 불렀으며, 그가 하는 사업체를 레스토랑(restorante)이라고 불렀다. 그러나 몽 불랑제가 운영하고 있던 레스토랑에 대하여 그 당시 강력한 길드(The Chaine de Rotisseries, Chaine de Traiteurs)들이 자신들의 관할 구역에서 음식을 판매하는 것에 대해 불법행위라고 규정짓고 이의를 제기하였다. 이 당시에는 길드를 중심으로 하는 상행위의 힘은 엄청난 것이었다. 길드는 빵을 만들거나 기타 음식을 제조하여 판매하는 것은 바로 자신들만이 갖는 권한이라고 주장하고 나선 것이다. 이들은 몽 불랑제는 길드의 멤버가 아니기 때문에 음식을 판매하지 못하도록 소송을 제기하였다. 이 재판은 곧 널리 알려져 프랑스 미식가들과 입법부, 국왕, 그리고 다른 영향력 있는 사람들이 이 논쟁에 끼어들게 되었다. 그러나 몽 불랑제는 재판에서 승소하였고, 이 사건은 길드가 자신들의 세력확장에서 힘을 서서히 잃어가고 있음을 예고하였다. 이후 프랑스에서는 많은 커피하우스들이 몽 불랑제의 레스토랑을 모방하여 우후죽순으로 생겨났으며, 30년 동안 500개가 넘는 레스토랑들이 생겨났다. 이것이 오늘날 말하는 현대적 의미의 레스토랑의 기원이 되었다.

한국에서는 조선 말기 개화기에 접어들면서 외국인들의 출입이 자유로울 때 외국인을 대상으로 만들어졌던 독일인 존다크란 여성이 세웠던 손탁호텔(Sontag Hotel)이 최초이다. 손탁호텔은 1902년도에 영업을 개시하여 1층에서는 식당과 객실, 2층은 객실과 사무실 등이 있었던 아주 작은 호텔이었다. 1층에서는 'restaurant'이라는 이름의 음식점 간판을 내걸고 프랑스식 전문 음식점 영업을 시작하면서 우리나라에서는 최초로 이 용어를 사용하였다.

식당이란 용어를 처음 사용한 곳은 조선왕조 태조 7년(1398년)에 당시 국립대학이었던 성균관(成均館)이다. 성균관 안에는 공자를 모신 사당인 문묘(文廟)와 유생들이 강의를 듣던 명륜당(明倫堂)이 있었으며, 명륜당 앞 좌우에는 동제(東濟)가 있었다. 그 동제에는 유생들의 기숙사와 식사를 제공하는 방(房)으로 활용하던 곳이 있었는데 바로 이곳이 식당이었으며, 식당에서 음식을 날아다 주는 사람을 '식당지기'로 부르기도 했다.

반면에 중국에서는 6세기경 '食經'이란 전문서적이 발간되어 식당이란 용어가 사용되었던 점을 볼 때 6세기 이전에 중국에서는 음식을 판매하는 장소가 있었을 것이라 사료된다.

2) 식사의 목적과 역할

인간은 지구상에 생존하면서 그 생명을 유지하기 위해 수면이나 휴식 등을 포함하는 일체의 활동을 하고 있다. 인간을 비롯한 모든 동물의 생명유지를 위한 활동 중 가장 기본은 개체와 종족보존을 위한 행위로서 이른바 '식'과 '성'의 생활을 들 수 있다.

식사를 위한 활동에서 인간은 다른 동물들과 달리 대뇌의 발달과 양손의 활용 등의 장점으로 자연환경적 생활조건에 잘 순응할 뿐만 아니라 보다 적극적으로 바람직한 생활여건을 마련하기 위해 여러 가지 노력과 실천을 전개하여 왔다.

그렇다면 인간의 식사행위는 원래 무슨 목적과 역할로서 영위되어 왔을까?

식사의 궁극적인 목적은 우선 인체의 생명유지와 활동에 필요한 에너지와 영양소의 공급을 들 수 있으며, 무엇보다도 식사행위를 통하여 개인의 생명과 건강을 보존하는 것을 그 목적으로 하고 있다. 그러나 이러한 신체적, 생리적 충족을 위한 목적 이외에도 식생활은 인간생활에 대한 심리적인 충족을 위한 역할로도 중요하다.

인간이 일상적으로 영위하는 식생활은 다른 동물과는 달리 급식행위에만 국한된 것이 아니라, 식사행위를 통해 정신적인 만족감과 안정감을 얻음으로써 전체생활의 깊이와 폭을 풍성하게 하는 것도 그 목적이 된다. 식사행위의 목적을 영양섭취 및 공급측면에서만 생각하는 것이 아니라 오히려 어떠한 상황에서 음식물 섭취의 행위가 이루어지는가에 중점을 두고 이해해야 한다.

식사의 목적과 역할을 신체적, 정신적 충족을 위한 것으로서 구체적으로 설명하면 다음과 같다. 언제, 어디서, 무엇을, 누가, 어떻게 행했을까? 하는 방식을 도입하여 '언제'는 음식물을 단지 시간적으로 취하는 것뿐 아니라, 평소의 식사처럼 일상식(日常食)과 행사식(行事食) 등과도 관련되어 이루어진다. 또한 '무엇을 먹는가'에는 섭취식품의 종류나 상태, 특성 등은 물론 취급하는 방법과 조리법 나아가 가족의 기호, 섭취의 내력 등 다양한 관계까지 발전시켜 설명할 수 있다.

먹는 행위는 환경과 생리가 밀접하게 직결되어 영위되고 과학적 측면과 생리 사이에 문화적 측면의 식품가공체계와 식사행동체계가 개입되어 이루어진 행위임을 알 수 있다. 이러한 내용을 〈그림 1-1〉과 같이 도식화할 수 있다.

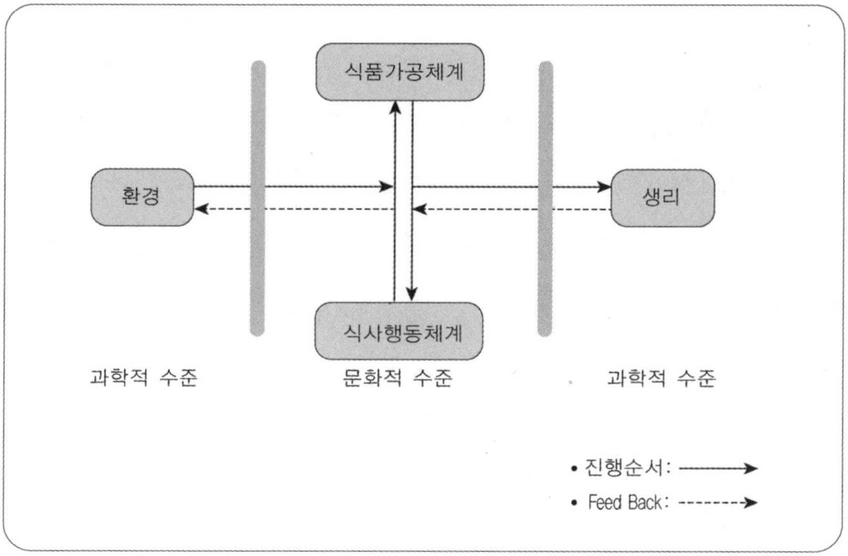

〈그림 1-1〉 식사행위의 순서

3) 식사의 기능

음식을 섭취하는 행위는 일상적인 일로 대부분은 무의식적인 행위로 이루어진다. 그러나 현재 우리들이 먹고 있는 음식물은 어떠한 역사적인 배경과 문화를 토대로 식사행위에 대한 기능이 형성되어 왔는지는 음식문화가 어떻게 성립되어 어디로 향하고 있는지의 흐름을 파악하면 된다. 인간의 다양한 식사행위는 문화권에 따라 몇 가지로 구분하여 설명할 수 있다.

(1) 수식문화권

식사의 기능 중 가장 원시적인 방법의 하나로서 힌두교를 기축으로 한 종교 문화권의 식사기능체계이므로 인도대륙과 동남아시아, 서아시아, 아프리카 및 오세아니아 지역 등이 주류를 이루고 있다. 같은 수식을 할 때라도 이슬람권과 힌두교권에서는 음식을 집어먹는 손은 반드시 오른손으로만 한정하는 습관 등이 철저히 지켜지는 일정한 규범의 식사기능이 전해지고 있다.

(2) 나이프, 포크, 스푼 문화권

유럽을 중심으로 선진국일수록 식사기능에서 사용하는 도구가 다양해져 갔으며, 16세기부터 이탈리아와 스페인에서 포크를 일상적으로 사용하였다. 특히 독일, 프랑스, 영국, 스칸디나비아 등지에서 일반화된 것은 17세기 이후의 일로 유럽의 나이프와 포크 및 스푼의 식사기능은 근대화 이후에야 이루어진 것을 알 수 있다.

(3) 저식문화권

동북아시아의 중국을 기점으로 한국, 일본, 베트남 등 유교문화권이 젓가락을 사용하여 식사하는 행위가 이루어졌으나 세부적인 사항은 각 나라의 문화에 따라 조금씩 달라진다. 한국의 경우 수저를 동시에 상에 올려놓고 국이나 수프처럼 액즙의 음식에 숟가락을 사용하였으며, 또한 밥도 숟가락으로 먹는다. 그러나 숟가락으로 밥을 먹는 행위는 중국의 경우 원대(元代)까지는 행하여 왔으나, 그 후에는 밥은 젓가락으로 먹고 숟가락은 수프 전용의 도구가 되었다. 이에 비해 일본은 역사적으로 귀족사회의 붕괴로 인해 숟가락은 보급되지 않았고 젓가락만으로 식사를 하는 전통이 이루어졌다.

〈표 1-1〉 3대 문화권의 식사기능

식사방법	기능	특징	지역	인구
수식문화권	• 음식을 섞다. • 음식을 집다. • 음식을 나르다.	• 이슬람교권 • 힌두교권 • 동남아시아 일부 • 인류문화의 근원	동남아시아 중동 아프리카 오세아니아	40%
나이프, 포크 스푼 문화권	• 음식을 자르다. • 음식을 찌르다. • 국물을 뜨다. • 음식을 나르다.	• 17세기 프랑스 궁정요리에서 확립 • 빵은 손으로	유럽, 러시아, 북아메리카, 남아메리카	30%
저식문화권	• 음식을 섞다. • 음식을 집다. • 음식을 나르다. • 음식을 자르다.	• 중국문명 중 화식에서 발생 • 중국, 한국은 수저 사용 • 일본은 저만 사용	한국, 일본, 중국, 대만, 베트남	30%

2. 외식산업의 정의

외식이라 하면 가정을 중심으로 밖에서 하는 식사행위의 총칭이라 할 수 있다. 일반적으로 외식산업은 가정 이외의 장소에서 음식을 제공하고 그 대가를 받는 영업을 지칭하기도 한다.

외식이란 용어를 사용하기 시작한 것은 정확하지 않으나 미국에서는 1950년대 공업화 단계에 진입하면서 food service industry 혹은 dining-out industry로 불리기 시작했으며, 일본에서는 1970년대 이후 '마스코미'지가 외식산업으로 번역하여 사용하기 시작했고, 1978년에는 일본 정부의 공식문서인 경제백서에 이 용어가 정식을 포함되었다.

우리나라 '국어사전'에 의하면 일상적으로 외식이라는 용어는 "자기 집이 아닌 밖에서 식사하는 것"으로 정의하고 있다. 국내 대부분 학자들의 경우 "가정 밖에서 행하는 식사행위의 총칭"으로 개념정립을 하고 있지만, 일본의 도이토시오는 구체적으로 외식의 정의를 설명하고 있다. 즉 식생활 중에는 가정 내의 식생활인 내식과 가정 밖의 식생활인 외식으로 구분하는데, 내식의 경우 내식적인 내식과 외식적인 내식, 외식의 경우 내식적인 외식과 외식적인 외식으로 구분하면서 외식적인 내식과 내식적인 외식을 가정의 연장선에서 보고 있는 데 반해, 외식적인 외식에 대해서는 가정의 연장선이 아님을 나타내고 있다.

따라서 외식산업은 식사를 조리해서 제공하는 식품제조업, 소비자에게 직접 소매하는 소매업, 서비스가 중추를 이루는 서비스 산업적 성격이 강한 복합산업이라고 볼 수 있다. 하지만 이 같은 관점은 광의의 개념으로 본 것이며 이를 협의의 개념으로 보면 식품 또는 그 자재를 중앙공급식에 의하여 공급받아 신속하고 저렴한 가격으로 음식을 제공하고 또한 셀프서비스(selfservice) 방식의 도입으로 운영의 간소화를 기하며 메뉴의 통일과 대규모의 체인전개 등을 특징으로 하는 서비스 산업이라 할 수 있다. 따라서 운영의 매뉴얼(manual)화, 접객서비스의 균일화, 점포의 체인(chain)화 등으로 특징을 지우면서 경영조직이 대형화되고 시설이 현대화된 음식업을 외식산업이라 볼 수 있다.

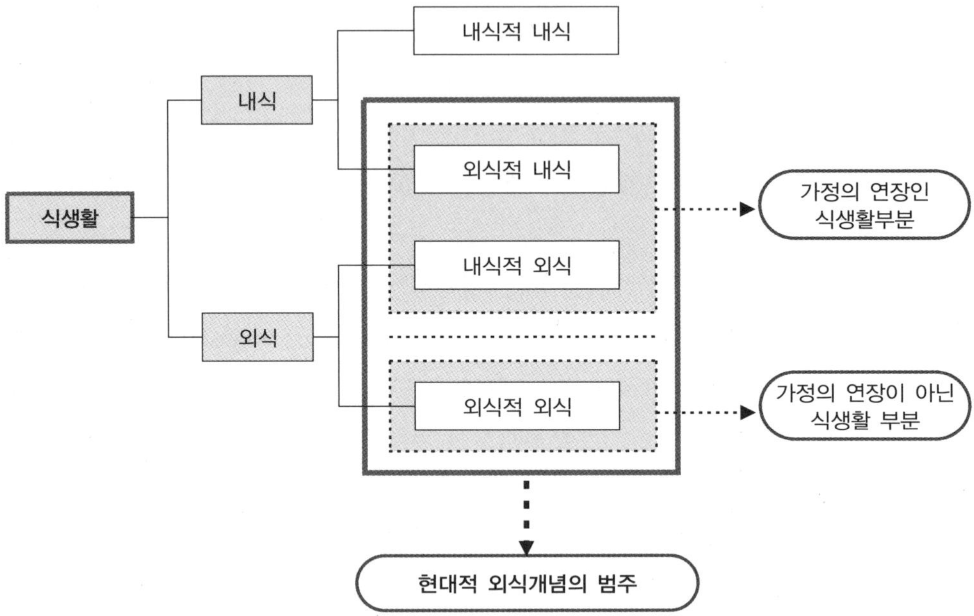

〈그림 1-2〉 내식과 외식의 분류

이 같은 관점에서 볼 때 우리나라의 외식산업은 식당업, 요식업, 음식업으로 불리던 것을 표준화, 매뉴얼(manual)화, 시스템(system)화, 체인(chain)화의 원리를 바탕으로 기업화시킨 형태라 말할 수 있다.

3. 내식 · 중식 · 외식의 범위

1) 내식

일반적으로 내식은 가정 내에서 순수하게 이루어지는 식생활의 형태라 할 수 있다. 가정 이외의 식생활을 외식으로 구분한다면 내식에 대한 구별은 아주 쉬워진다. 그러나 음식의 생산과 판매장소를 고려치 않고 내식에 대한 의미를 정확히 파악할 수 는 없는 것이다. 예를 들어 밖에서 완전히 조리된 음식을 집으로 가져와 식사를 한다면 이는 내식적인 의미보다는 외식의 의미가 강할 것이다. 이처럼 단지 식사를 행하는 장소만을 두고 내식과 외식을 구분하는 것은 좀처럼 힘든 일이 될 것이다.

진정한 의미에서의 내식은 음식물을 가정 내에서 생산하고 이를 섭취하는 것이라 할 수 있으며, 조리의 장소와 섭취의 장소가 원칙적으로 가정 내에서 식사를 하는 행위를 말한다.

① **내식적 내식**: 일상적으로 가정 내에서 직접 조리하고 생산하여 식사를 하는 형태
② **외식적 내식**: 외부에서 완제품이나 반제품을 준비하여 가정 내에서 식사하는 형태

2) 중식

중식이란 식사형태상 외식과 내식의 중간에 있는 식사 형태이다. 가정 외에서 조리가 끝난 음식을 구입 또는 생산한 장소와 다른 장소에서 소비하는 것을 의미하는데 중식은 대부분 조리 완료된 제품을 구입해서 별도의 조리를 하지 않고도 소비할 수 있는 제품의 형태로 판매된다. 특히 포장 형태의 음식이나 편의식품 종류까지 중식에 포함시킨다면 그 규모는 더욱 커질 것이다. 대개 중식의 경우에는 섭취의 장소가 가정 내이며 조리의 장소는 가정 외에 있다.

중식시장의 대표적인 형태인 HMR(home meal replacement)은 집에서 만드는 음식을 대체하는 식사라는 의미로 처음 사용되기 시작하였는데, 요리의 편리성과 시간 절약이 식사의 필수요건이 되면서 등장한 형태이다. 국내의 HMR 시장은 미국의 슈퍼마켓에서 유통되는 조리식품과 유사하게 시작되어 최근에는 대형마트, 편의점까지 확대되고 있는 추세이다. 이러한 HMR 시장은 식품소매업, 유통업, 외식산업 등이 치열한 경쟁을 벌이면서 다양한 전략을 전개하고 있어 외식행태를 변화시키는 시장으로 성장하고 있다.

• • • HMR이란?

1인 가구의 증가, 식문화의 다변화, 4차 산업혁명으로 인한 사회 전반의 구조적인 변화로 인해 여가시간이 증대하면서, 이제는 삶의 질을 추구하는 세대가 확산됨에 따라 HMR 시장은 필수적인 식문화로 자리매김하고 있다.
HMR 제품은 당초 외식에 싫증이 난 직장인이나 독신자들에게 가정식의 고품질 음식을 제공한다는 취지에서 미국에서 개발된 가정 대용식이다. 이러한 HMR 제품은 1991년 美 보스턴치킨사가 관련 제품을 개발, 히트를 치자 HMR 제품을 취급하는 전문레스토랑 및 체인점들이 미국 전역에 우후죽순격으로 생겨나기 시작했다.
HMR은 간단하게 끓이거나 데우기만 하면 먹을 수 있는 간편식이기는 하나 햄버거나 치킨 등의 패스트푸드, 또는 반찬과는 달리 음식의 맛과 선도에 있어 훨씬 뛰어난, 고급 일품요리라 할 수 있다.
외식의 경우 한식, 중식, 일식 등으로 분류돼 특정 메뉴만을 먹게 되지만 HMR은 한 · 중 · 일 · 양식 등 여러 가지 음식을 한번에 즐길 수 있다는 메리트도 있다.
일본의 HMR 시장은 완전조리 제품뿐만 아니라, 구입 후 입맛에 맞게 간단히 조리할 수 있는 반조리 제품도 인기를 끌고 있다. 특히 퇴근 후 간단한 HMR 제품을 테이크아웃해서 집에서 먹는 일본인들의 식생활 변화로 인해 점차 주방 면적이 좁아지는 주거 문화의 변화도 동반하고 있다.
국내의 HMR 시장은 식품제조회사, 유통업체, 즉 편의점 등을 중심으로 확산되었으며, 이제는 HMR전문 레스토랑까지 생겨나고 있는 추세이다.

3) 외식

외식은 가정 외에서 조리 가공된 음식을 만들어 상품화하여 제공하는 형태나 가정 외의 식생활을 말하기도 하며 가정 이외의 장소에서 행하는 식사행위 또는 식생활 패턴의 총칭이라 할 수 있다. 외식은 조리의 주체, 조리장소, 섭취장소 등이 가정 외에 있는 식사의 형태로 설명된다.

외식을 산업이라는 의미에서 보면, 식당업, 요식업, 음식업 등으로 불렸다. 업이란 산업보다는 좁은 의미로 산업의 구성요소이기도 하다. 외식산업이란 이러한 업들의 총칭이기도 하며, 식당업, 요식업, 음식업 등이 규모면에서 확대됨과 동시에 경영면에서 체계를 갖춘다는 것을 의미한다고 할 수 있다.

① **내식적 외식** : 가정 내에서 만들어진 음식을 가정 외의 장소에서 식사하는 형태
② **외식적 외식** : 순수 외식, 즉 가정 외의 장소에서 식사하는 형태

〈표 1-2〉 내식 · 중식 · 외식의 범위

		비경제적 행위인 경우				경제적 행위인 경우			
조리 주체		세대 내의 사람		세대 외의 사람		세대 내의 사람		세대 외의 사람	
조리 장소		가정 내	가정 외	가정 내	가정 외	가정 내	가정 외	가정 내	가정 외
취식 장소	가정 내	내식적 내식, 내식	내식적 내식, 내식	외식적 내식, 중식	외식적 내식, 중식	-	-	외식적 내식, 중식	외식적 내식, 외식
	가정 외	내식적 외식, 내식	내식적 외식, 내식	외식적 외식, 외식	외식적 외식, 외식	-	-	외식적 외식, 외식	외식적 외식, 외식

2 외식산업의 기능과 특성

1. 외식산업의 기능

외식산업은 안정성, 수익성, 작업효율 등 식사의 기초적 기능이 중점이 되면서, 동시에 고객이 외식을 하고자 하는 동기에 따라 엔터테인먼트 등의 부가가치적인 요소가 동반된다. 또한 각종 모임의 수단이나, 회의의 장소로도 이용될 수 있는 사회적, 문화적 기능도 가지고 있다고 할 수 있다.

즉 식사의 기본적인 기능인 에너지와 영양소를 공급하는 기능과 함께 각종 서비스가 총체된 종합상품을 제공하는 것이 외식산업의 기능이라고 볼 수 있다.

1) 메뉴상품의 제공

외식산업의 구성주체는 메뉴아이템이며, 객체는 인적서비스, 물적서비스, 편익성의 제공, 분위기와 가치의 제공이다. 메뉴아이템에 따라 업종과 업태가 결정되며, 이

를 상품의 주체라 할 수 있다. 여기에 기타 제반 서비스를 포함한 것을 광의의 상품이라고도 한다. 메뉴는 주로 식사와 음료 등으로 구성되며, 서비스형식과 주방의 규모 및 설비가 메뉴에 따라 결정된다.

2) 인적, 물적, 정보 서비스의 제공

인적서비스란 종사원으로부터 제공되는 대고객 서비스를 의미하며, 기능적인 숙련도와 부수적인 서비스로 구분된다. 기능적인 숙련도는 점포 내에서 상냥한 미소와 친절 등의 정성과 동작에 있다. 종사원은 고객중심의 서비스를 이루어 내야 한다. 부수적인 서비스는 배달, 예약 그리고 주차서비스 등이 있다. 이들 서비스는 종사원을 통해 대부분 이루어지므로 이것을 인적 서비스라 한다.

물적 서비스란 고객에게 맞는 편안한 점포공간의 연출을 들 수 있다. 점포 내적인 서비스의 경우 조명시설과 테이블 및 의자의 기능성과 외장, 장식물의 조화, 오락시설 및 놀이기구 등 고객의 욕구에 부응하는 서비스를 말한다.

정보서비스란 점포에 접근가능한 다양한 정보를 고객에게 제공하는 서비스를 의미한다. 이러한 방법을 전개할 때는 단순한 정보기능을 발휘하는 것보다는 여러 가지 유형으로 정보를 제공하여 고객들에게 편의를 제공해야 한다.

3) 편익성의 제공

가정 내에서의 식사가 어렵거나 식재구입이 어려울 때 혹은 직접 점포를 방문하기 어려울 때 배달을 통한 편익을 제공한다든지, 승용차 등을 이용할 때 주차공간의 제공, 대중교통에 의해 쉽게 접근할 수 있는 접근성 등의 입지 및 장소의 편리성을 제공한다. 특히 주차장의 유 · 무, 특별한 전문음식, 점포와 브랜드의 이미지, 영업시간, 접객서비스 등으로 편리성과 편익성을 제공한다. 최근에는 정확한 정보서비스를 통해 편익성을 제공하는 데 고객의 인식이 높아지고 있으므로, 정보서비스와 편익성은 밀접한 연관성이 있다.

4) 가치의 제공

고객이 좋은 분위기와 훌륭한 서비스 속에서 만족한 식사를 할 수 있는 곳일수록 그 가치는 증가할 것이다. 메뉴와 더불어 인적 및 물적 서비스, 편익성 그리고 분위기가 한데 어우러질 때 점포는 고객에 대한 가치를 창출하면서 무형적인 매력을 제공하는 장소가 될 것이다. 또한 외식산업은 복합적인 기능과 성격을 띠고 있기 때문에 고객의 외식 동기를 충족시킬 수 있는 상품과 서비스를 제공함으로써 가치를 증대시킬 수 있다.

5) 입지 의존적 기능

외식산업의 기능 중 입지는 가장 중요한 기능이라 할 수 있다. 외식점포의 입지조건에 따라 사업의 방향이 결정되기 때문에 입지 의존적 기능은 매우 중요하다. 출점하고자 하는 입지는 점포의 승패 여부를 결정짓는 필수 불가결한 요소임과 동시에 입지 그 자체가 외식마케팅 전략의 핵심이 된다.

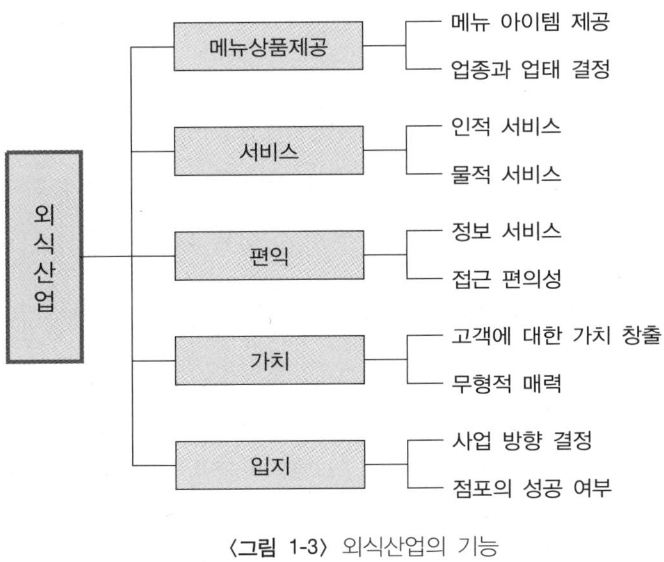

〈그림 1-3〉 외식산업의 기능

입지는 집객력의 원천이면서 수요창출의 원동력 구실을 하기 때문에 유동인구, 즉 통행량의 집결지인가 분산지인가를 정확하게 파악하는 기능을 수반해야 한다. 최근 온라인시장이 확대되면서, 입지 의존성은 낮아지는 경향을 보이고 있지만 외식산업의 주요 가치로 인식되는 신선한 식재료 공급과 접근의 용이성은 온라인시장에서도 중요한 요인으로 작용하고 있다.

2. 외식산업의 특성

외식산업은 외식경영자, 내부고객 및 외부고객 등 삼위일체가 되어야만 사업적 특징을 발휘할 수 있다. 특히 고객 중심적인 Q(qualiy), S(service), C(cleanliness)를 갖춘 토탈서비스를 제공할 수 있어야 한다.

외식산업의 가장 기본적인 특징은 생산과 판매가 동시에 이루어지는 일반적인 상업행위의 과정 속에서 나타나기 때문에 크게 두 가지 측면에서 살펴보면 다음과 같다.

1) 식품산업적 측면

외식산업 자체가 식품산업이라 해도 과언이 아니다. 식품산업구조는 그 원재료가 농수산, 또는 축산물로서 고객들에게 신선하고 안전하게 제공해야 한다는 점이다. 따라서 식품산업적 측면에서 외식산업의 특성을 보면 다음과 같다.

(1) 식재료의 유통기한이 제한적이기 때문에 장기 저장이 불가능하다.
(2) 정확한 수요예측이 불가능하다.
(3) 신선한 식재료를 공급하기 위한 수시구매로 구매비용이 높다.
(4) 외식산업은 음식을 판매하기 때문에 식재료 공급을 위한 유통서비스가 필수적이다.

2) 사업 구조적 측면

외식산업은 경제성장과 함께 개인소득이 증가됨에 따라 삶의 질이 향상하고, 여가생활의 중요성이 강조되면서 이제는 양적성장에서 나아가 질적 성장을 위한 노력이 거듭되고 있다. 특히 과거의 외식산업은 경기가 악화됨에 따라 하락세를 거듭하는 탄력적인 상품이었으나, 현재의 외식산업은 식품제조와 유통의 성격이 강해지면서 비탄력적인 상품으로 일부 변화되어가고 있는 것은 사실이다.

즉 고객들의 소비패턴이 변하고, 고객의 개성이 중요시되는 문화로 변화하면서, 고객만족과 가치제공이라는 차별적인 상품을 제공함에 따라, 외식산업의 규모는 지속적으로 성장하고 있다.

이러한 외식산업의 사업구조적인 특성을 살펴보면 다음과 같다.

(1) 인적 의존도가 타 산업에 비해 높은 산업이다.

외식산업은 생산과 판매가 동시에 이루어지고 그 과정에서 인적자원이 반드시 필요하다는 점에서 타 산업에 비해 인적서비스의 의존도가 높다. 최근 4차 산업혁명으로 자동화가 빠르게 이루어지고 있다는 점을 간과해서는 안 되지만, 타 산업에 비해 자동화 속도가 느리고, 고객 개개인의 취향을 고려해야 한다는 점에서 전문가의 자질이 더욱 필요한 시점이 되었다.

(2) 유통과정이 거의 없는 산업이다.

제조산업은 일정한 유통경로를 거쳐 상품을 고객에게 판매하고 소비하는 과정을 거치지만 외식산업은 생산과 동시에 판매과정을 이루는 산업으로서 유통과정이 거의 없는 산업이다. 특히, 앞서 언급되었던 중식시장의 경우, 예를 들어 HMR 시장은 생산과 판매가 따로 이루어지는 산업이라고 볼 수 있지만, 그 유통시간과 과정이 제조산업에 비해 매우 짧고, 제한적이기 때문에 차별적이라고 할 수 있다.

(3) 다품종 소량생산의 주문판매를 실시한다.

보통 외식산업은 한두 가지만 전문적으로 생산하여 판매하는 곳도 있지만, 대부분 여러 종류의 음식상품을 주문에 의하여 생산하는 산업이다. 최근 한 가지 식재료와 메뉴에 주력하는 전문점이 증가하고 있는 추세이더라도 음식에 대한 고객의 특성은 매우 다양하기 때문에 부가적인 상품을 차별화하고 있다.

(4) 시간과 공간의 제약을 받는 산업이다.

외식산업의 타 산업에 비해 시간과 공간이 필요한 산업이다. 식사하는 시간이 한정되기 때문에 그 시간에 매출이 일어난다는 점이 특징이다. 그렇기 때문에 인력관리 및 공간관리를 철저히 해야 한다. 과거에는 삼시 세끼라는 개념이 오랫동안 고정관념처럼 자리매김하고 있었지만, 최근에는 브런치, 티타임, 야식 등 식사시간이 더욱 확대되었고, 이러한 시간적인 개념에 따라 메뉴아이템이 결정되고 있는 것은 매우 중요한 사실이다. 따라서 외식산업은 시간과 공간적인 제약을 극복하기 위해 두 가지 이상의 콘셉트를 보유한 업체들이 증가하고 있다.

(5) 식자재의 원가비율이 높다.

외식산업의 원가는 타 산업에 비해 원가가 매우 높은 편은 아니지만, 최근에는 고품질의 식재료를 싼 값에 구매한다는 '가성비'라는 용어가 탄생할 정도로 스마트 고객이 증가하고 있다. 따라서, 식재료의 저장기술와 유통방법이 많이 발달하고 있음에도 불구하고, 신선한 식재료에 따른 음식 맛의 품질이 결정되는 메뉴의 특성상 원가가 매우 높은 산업이라고 할 수 있다.

(6) 입지 의존성이 높다

외식산업 경영은 첫째도 입지, 둘째도 입지를 최우선으로 해야 하는 입지산업이다. 사업성패를 좌우하는 입지는 음식을 생산하기도 하는 곳이지만, 판매가 이루어지기 때문에 입지 의존성이 매우 크다. 온라인 시장의 확대로 인해 입지에 대한 한계는 벗어나고 있는 것은 사실이지만, 온라인 시장도 역시 각 지역별 센트럴키친이나 지점을 두고 있다는 점에서 입지의존성은 높다고 할 수 있다.

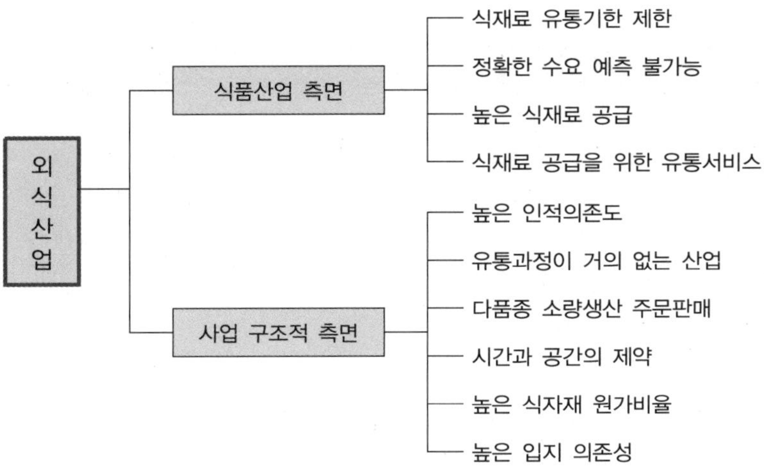

〈그림 1-4〉 외식산업의 특성

그 외에 일본의 미야 에이지(三家英治, 1992)는 외식산업의 특징을 다음과 같이 논하였다. 그 내용은 다음과 같다.

- 자본력이 필요하지 않은 산업이다.
- 독점적 기업이 탄생하지 않는 산업이다.
- 기업의 신진대사가 심한 기업이다.
- 고객의 기호가 강하게 영향을 미치는 산업이다.

이러한 외식산업의 특징은 과거와 다르게 현대에 와서는 많이 변화되어가고 있으며, 외식산업은 식생활을 생산하고 판매하는 있기 때문에 사회 · 문화적인 변화에 따라 단순하게 규명하기는 어렵다.

참/고/문/헌

김혜영 외, 『문화와 식생활』, 효일문화사, 1998.

홍기운, 『최신 외식산업개론』, 대왕사, 2000.

조문수, 『외식사업경영론』, 기문사, 2000.

한국외식산업연구소, 『외식사업경영론』, 백산출판사, 1995.

土井利雄, 『外食』, 日本經濟新聞社, 1990.

Khan, Mahmood A., 『Concept of Foodservice Operations and Management』, VNR, 1990.

Lundberg, Donald E., 『The Restaurant; From Concept to Operation』, John Wiley & Sons, 1985.

Beth L. Clason, 「Meeting consumer need-the basis successful marketing of nutrition in Foodservices」, International Journal of Hospitality Management, Vol. 5, 1986.

Doi. Toshio, 「An inside Look at Japanese Food Service」, The Cornell H.R.A Quarterly, Vol. 6., 1992.

LeBlanc. G. and Hguyen, N, 「Listening to the customer's voice: examining perceived service value among business college students」, International Journal of Service Industry Management Vol. 13, 1999.

02
Chapter

외식산업의 배경과 변천

1 외식산업의 발전배경

1. 외식산업의 발전요인

외식산업의 발전 배경에는 일반적으로 경제적 요인과 사회여건의 변화, 문화적 요인, 기술적 환경 변화, 외식의 기회의 확대, 고객의 변화 등을 들 수 있다. 외식산업의 성장 원인을 보면 국민경제의 발전에 따른 여가시간의 증대, 가처분 소득의 증가, 여성의 사회진출 및 맞벌이 세대의 증가, 건강식에 대한 국민들의 요구, 핵가족화 및 독신생활자의 증가와 가치관의 변화가 증대되고 있음을 들 수 있다.

1) 경제적 요인

국민 소득의 증가에 따라 가처분 소득이 늘어나게 되고 이에 따라 외식의 동기가 강하게 작용한다.

2) 사회적 여건의 변화

여성의 사회진출이 늘어가고, 핵가족화 혹은 독신자의 증가 등 가정의 개념 변화가 일고 있으며 신세대의 출현, 여가시간의 다양한 활용, 고객의 욕구개념의 변화 등으로 인해 외식의 동기유발을 촉진시키는 계기가 된다.

3) 문화적 요인

예전의 전통적인 식습관이 점차 사라지고 간편식 위주의 패스트푸드 증가에 따라 식생활 패턴이 서구화되어 가고 있다. 또한 식당이 단지 먹는 장소가 아니라 대화와 여가의 장으로 의미가 변하는 등 고객의 인식이 변하고 있어 외식산업의 발전으로 이어지고 있다.

4) 기술적 환경변화

주방의 과학적 시스템화와 각종 기술의 발달로 음식의 대량생산이 가능해지고 인력절감 등 효율적인 업소 경영방식의 도입이 가능해지고 있으며 자동화된 조리기술과 설비 등 주방기기가 보급되어 생산성 향상과 원가의 절감에도 기여하고 있다.

5) 외식의 기회 확대 추세

위와 같은 현상은 외식의 빈도를 증가시킬 수 있는 요인으로 작용하고 가정에서의 내식 위주에서 가정 밖의 외식행위로 변화되고 있는 것이다. 이 밖에도 도시화·국제화의 추세에 따라 가정 밖에서 생활하는 시간이 크게 늘어가게 되고, 교통수단의 발달에 따라 외식의 기회가 점차 늘어 가고 있다.

6) 고객의 변화

요즘 고객은 과거처럼 허기를 채우기 위해 식당을 찾기보다는 음식 이상의 문화적요인을 찾아나서게 되는 것이라 할 수 있다. 이러한 고객의 변화는 외식환경에도 영향을 미쳐 고객의 취향과 생활 스타일이 변화됨에 따라 외식시장의 환경을 변화시키는 주요인으로 작용하기도 한다.

• • • central kitchen과 cook-chill/sous vide

쿡칠(cook-chill: 사전에 음식을 생산하여 급냉각한 후 냉장상태로 저장하는 것)
수비드(sous vide: 식재료를 팩에 넣어 진공한 상태에서 스팀한 것)

central kitchen(C/K: 중앙주방)의 발달에 따라 다양한 식품 및 조리기술적 환경변화로 인해 생산이 대형화되고 있다.
cook-chill은 정상적인 준비와 조리 작업을 거쳐 blast chiller로 급속냉각시켜 섭씨 0도에서 3도로 저장한 후 배식 직전에 재가열시키는 케이터링 시스템(catering system)을 말한다. 정확하게 급속 냉각을 시켜 냉장고에서 보관하더라도 생산과 소비시기까지는 단지 짧은 기일이 바람직하며, 이 시스템에서의 생산과 소비의 분리로 인하여 더 높은 생산성과 함께 기구와 노동의 보다 원활한 이용을 기대할 수 있다. 모든 식사는 필요 시기 전에 미리 만들어지기 때문에 생산을 위한 기구, 공간, 인력의 사용이 보다 원활해진다. 식품 구매가 대량화됨에 따라 원가 절감효과가 있으며, 숙련된 인력이 덜 필요하고 정상적인 작업시간 등으로 인건비의 감소 효과를 기대함과 동시에 대량생산시스템의 적용이 가능하다. 그러나 이러한 장점들은 cook-chill catering system에 대한 철저한 준비 작업과 관리가 이루어져야만 기대할 수 있으며, 시설투자를 위한 자본이 상대적으로 많이 필요하고 정확한 관리가 이루어지기 어렵다. 특히 정확한 생산을 위해 기준과 생산에서 배식 단계까지의 양질의 품질 관리를 위한 인력 훈련이 뒷받침해 주어야만 한다.

2 한국 외식산업의 발전

1. 연대별 발전과정

1) 조선시대

1398년 태조는 지금의 명륜동에 국립대학인 성균관을 두었는데 이 안에는 공자를 모신 사당문묘와 유생들이 강의를 듣는 명륜당 그리고 식당이 있었다. 28개의 방과 200여 명의 유생들이 거처하고 식사하는 식당이었다. 이때부터 식당이란 말이 기록되었다.

식당은 이렇게 하루 세끼를 양반 · 선비들이 식사하는 곳이었고 실상 식당이라는 말의 유래는 오래된 용어로서 매우 권위가 있는 표현이라고 할 수 있다. 반대로 음식점이라는 용어에 대해서는 어느 때부터 유래되었는지 기록된 문헌이나 확실한 자료가 없다.

18세기 후반에 시장경제가 이루어지고 자유화가 되기 시작한 이후부터 보부상의 활동폭이 점점 넓어진 데다가 그 수가 증가됨에 따라 주막이 많이 생겨나고 음식과 숙식을 겸하는 장소로 계속 활용되었고 19세기에는 숙식장소로 정착되었다.

19세기 말부터 20세기에 걸쳐 이른바 개화기에 접어들어서는 자본주의 경제가 싹트기 시작했고 시장의 기능도 다원화되고 도 · 소매시장으로 분리되었으며, 5일마다 생기는 고을 장을 중심으로 이루어진 행상과 소비자들과의 거래관계가 활발해져 전국적으로 확산되자 상업자본을 주축으로 새로이 도시경제가 형성되어 지역 간의 왕래가 더욱 빈번해졌다.

이때에 비로소 숙식장소로 제공되어 오던 주막이 그 수용능력의 한계 때문에 많은 사람의 숙박까지 겸할 수 없어 이들 고객을 수용하기 위한 숙박장소가 생기게 되었다. 또한 도시에 이주한 사람들이 늘어나고 그들의 수요를 충족시키기 위한 소매점포가 많이 생겨난 것도 이 무렵이라 할 수 있다.

이러한 다양한 상점(소매점)이 많이 생기고 사람들 간에 무슨 상점, 어느 점포라고 부르는 것이 버릇이 되어 음식을 파는 곳도 음식점으로 이름 붙이게 되었다고 볼 수 있다.

20세기에 들어서면서 서울에 '파성관', '포미여관', '산구태공' 등 5개의 여관과 12개의 요리점이 있었다고 하며 당시 이 음식점들은 사교장뿐 아니라 숙박도 가능했던 곳이다. 이 중 1905년에 문을 연 '미야고'와 '식도원' 등이 유명하였으며 식도원은 800명의 연회를 할 수 있는 대연회장도 시설되어 한국요리 음식점의 시조라 불려왔다.

1902년에는 독일인 손탁(Sontag)이 건립한 손탁호텔에 프랑스 식당이 처음으로 생겨 우리나라 최초의 서양식당이 되었다.

• • • 손탁호텔

구한말 러시아공사 위베르의 처형인 손탁(독일의 알사스 로렌 출신으로 혈통은 프랑스이고, 국적은 독일, 활동 무대는 제정 러시아였다)이 건립한 호텔이다. 32살의 노처녀인 손탁은 한, 불, 영, 노어에 능통하고 고종에게 양식을 만들어 바치어 두터운 신임을 얻어, 정동 29번지 대지 184평의 집을 하사 받았다. 그 자리에 왕실의 귀빈을 모시는 곳으로 객실, 식당, 회의장 등을 만들었는데 처음에는 정동구락부로 불리었으나 후에 손탁호텔로 이름을 바꾸었다. 2층은 외래객의 객실로 쓰고 1층은 그 당시 상류사회 사교계를 주름잡았던 이완용, 이범진, 윤치호, 서재필 그리고 궁중의 의전관 이학균, 거부 이봉래 등이 드나들며 조니워커를 마시며 양식요리를 먹었다.
1917년 이화학당에 23,000달러 50센트에 매각되어, 한때 교실과 기숙사로 사용되다가 1922년에 헐렸다.

1914년에는 조선호텔이 생겼다. 조선총독부(철도국)의 철도호텔 건립계획에 의해 세워진 호텔로 당시만 해도 규모와 시설면에서 철도호텔의 대표적인 가장 고급스러운 호텔이었다. 이용객은 주로 총독부의 고급관리나 일본군 장성 등 특수층이었으며 일반인은 출입이 제한되었다. 호텔종사원도 일본인들로 충원하여 한국인에게는 좀처럼 취업의 기회가 주어지지도 않았다.

1938년 4월 1일부터 반도호텔이 영업을 개시하였다. 노구치라는 일본인 신흥 재벌이 건립하였는데 1층부터 5층까지는 그가 경영하는 회사이고 6층은 양식, 7~8층은 일본식(다다미방)으로 꾸몄으며 연회실에는 300명을 수용할 수 있었다.

1925년 서울역사가 준공되면서 역 구내 2층에 '그릴'이라는 양식당이 설치되었다. 주로 조선총독부 고위 관리 등 특수층의 사교장소로 이용되며 조선호텔과 함께 가장 고급스러운 양식식당으로 꼽혔다. 메뉴는 프랑스 루이 14세 당시 메뉴에 나타난 그대로 요리를 만들어냈다. 일본이 패망한 후 미군은 조선호텔에 묵었고 환영연은 서울역 식당에 의뢰해 준비케 하였다.

열차식당은 1913년 4월 4일 처음으로 야간 급행열차가 운행되면서 경부선 열차에 연결해 운영하기 시작했다. 그후 경의선 등 전 노선에 확대 운영되고 식당차가 연결되어 있지 않은 노선에는 승객편의를 위해 역마다 열차식당 주재소를 두어 도시락을 판매하였다. 그러다가 1925년 10월 25일 서울역 구내식당은 50년대 이후 호텔전문요원을 양성, 배출한 산실로 관광호텔 발전에 기여한 공이 컸다. 이곳 출신들은 1960년대에 들어 활발해지기 시작한 관광호텔의 중견간부로 대거 기용됐다. 조리, 웨이터 등 주로 주방과 식당 연회분야에서 활약했으며 호텔마다 서울역 구내식당 및 열차식당 출신이 없는 데가 없다고 할 정도로 널리 퍼져 있었다.

1963년 4월 8일에는 워커힐호텔이 정식 개관하였다. 대졸과 고졸 이상, 전문대졸 학력의 신규사원은 경기대학교 부설 관광 및 호텔요원 양성소에 의뢰해 6주간 교육을 받았다. 대졸 사원은 프런트와 객실에 배치하였고 고졸과 전문대졸 사원은 식당에 배치하였고, 중졸 사원은 식당과 객실에 배치하였다.

2) 1950년대

1945년까지 서울의 음식점 수는 약 160여 개 점포로 추정된다고 한다. 그중 대표적인 업소로는 '이문설렁탕(1901)'과 '용금옥(1930)', '곰보추어탕(1930)', '한일관(1934)', '청진옥(1935)', '조선옥(1937)', '안동장(1940)', '고려당(1945)', 남포면옥(1948)', '하동관(1948)' 등이다.

1945년 해방과 함께 1950년대의 한반도는 혼돈의 시대였다. 게다가 6 · 25전쟁이 일어났다. 먹을 것이 있다는 것만으로도 행복해야 했던 궁핍과 부족의 시대였으며, 먹는다는 것은 삶의 최고의 가치가 되어버렸던 시대였다. 전쟁 중에는 꿀꿀이 죽, 부대찌개가 등장했다. 전쟁이 끝나고 식생활에는 설탕, 밀가루, 껌, 연탄, 등이 등장하기 시작했다. 특히 연탄의 등장은 식생활의 혁명이었다.

그러나 1950년대까지는 주막이나 목로주점 등의 전통음식점 형태가 하나 둘 생겨나기 시작하여 한국외식산업이 태동기를 맞이하게 되었다. 하지만 일반인들의 식생활 유형은 전적으로 가내주도형으로 집에서 먹거리를 해결하였다.

3) 1960년대

회복, 회복가속화시대로 특징지어지는 1960년대에는 장면 내각의 제2공화국이 출범하였다. 1961년에는 5 · 16 군사 쿠데타, 화폐개혁, 경제개발 5개년 계획이 수립된 시기이다. 5 · 16군사정부의 '혁명 공약' 4번째는 "절망과 기아선상에서 허덕이는 민생고를 시급히 해결하고 국가 자주경제 해결에 총력을 경주한다."라고 하여 박정희는 절망과 배고픔의 추방 그 성공 여부에 자신의 정치생명을 걸 정도였으므로 그때 대부분 일반 서민의 배고픔의 정도가 어느 정도였는가를 짐작할 수 있게 한다.

1962년은 최악의 흉년을 기록한 한 해였다. 1963년 2월 미국으로부터 원조양곡이 도입되었으며 1963년에는 국토건설종합계획이 발표됐다. 또한 1963년에는 라면의 효시인 삼양라면이 최초로 시판되었다. 그리고 1964년에는 오늘날 맥주전문점의 효시인 비어홀이 탄생했다. 1966년에는 코카콜라가 국내에 상륙했으며, 1968년에는 전기밥솥이 최초로 선을 보였던 시기이다.

GNP 100~210달러의 1960년대 한국의 외식업계는 식생활의 궁핍기이자 침체기이며, 영세한 음식점 및 노상 잡상인들이 대거 출현했던 시기다. 특이한 것은 미국 원조품으로 인해 밀가루 위주의 식생활이 시작되었다는 점이다. 당시 정부에서는 식생활 개선을 위한 캠페인을 벌일 정도였다. 밀가루 유통과 함께 들어선 것이 제과점이었다. 고려당과 함께 1967년 강남에는 뉴욕제과가 탄생했다. 그러나 우리는 1960년대까지는 식량부족으로 배고픔의 시대를 경험했다.

4) 1970년대

성장, 고속성장시대로 특징지어지는 1970년대는 1960년대의 노력의 결실로 GNP 248~1,644달러로 성장했으며, 1970년 서울 강남개발계획이 발표됐다. 강남의 졸부들이 탄행한 계기이기도 하다. 경부고속도로가 개통되면서(1970년 7월 7일) '1일 생활권'이라는 말이 유행했다. 1972년에 시월유신과 새마을 운동이 전국을 휩쓸었다. 1977년에는 수출 100억 달러 달성, 1979년에는 10 · 26으로 박정희시대의 종지부를 찍었다.

1970년대 식생활 관련 최대 변수는 도시가스의 도입으로 연탄시대를 마감한 것이다. 먹을거리 메뉴에는 요구르트, 케첩, 마요네즈, 생수, 과즙탄산음료, 1962년에 시판 금지되었던 쌀막걸리의 부활, 전자레인지, 커피자판기, 생맥주, 롯데리아와 같은 햄버거 하우스가 최초로 등장했다.

특히 1979년 7월은 국내 프랜차이즈 1호점인 '난다랑'이 지금의 대학로 샘터빌딩에 오픈하여 국내 외식업계에 일대변혁이 일어났다. 그리고 10월에는 롯데리아 1호점이 소공동에 들어섬으로써 서구식 외식시스템의 시발점이 되었다.

또한 1970년대는 한식이 주로 발달하였는데, 설렁탕 등 국밥류의 음식이 유행하였으며 삼겹살, 갈비, 등심 등과 같이 고기를 구워먹는 문화가 일반화되었다. 갈비나 불고기는 조선시대 궁중요리로 일반 양반가에서조차 먹기 힘든 음식이었다. 1960~1970년대에도 음식점에서 불고기를 취급하기는 하였지만 일반 서민들이 아무 때나 부담없이 먹을 수 있는 음식은 아니었다.

5) 1980년대

개인소득과 생활향상, 버블(bubble)시대로 특징지어지는 1980년대 가장 치열했던 정치적 사건은 광주민주항쟁이다. 육류섭취량이 급격이 증가한 것은 GNP가 2,000달러을 뛰어 넘은 1980년대부터이다. 1970년대 1인당 하루 40g이던 것이 1985년 200g으로 껑충 뛰었고, 대형 갈비집들이 우후죽순격으로 늘어서게 되었다.

그리고 1980년대 들어서면서 ○○가든, ○○갈비 등이 고깃집들이 도처에 생겨났다. 이런 음식점들은 주로 큰 방을 구비하고 있는 것이 특징인데 가족식뿐 아니라 잔치, 회식, 친목모임의 장소로 널리 이용되었다. 또한 이 무렵 춘천막국수나 닭갈비, 아귀찜, 보리밥 등 지방 사람들이나 서민들이 먹던 향토음식들이 별미음식으로 상품화되어 서울로 진출하였다. 특히 승용차 보급률이 높아지고 답사문화가 대중화되면서 그 지역의 관광상품으로 개발되었다. 결국 1980년대는 더 맛있고, 간편하고 더 고급스러운 그리고 더 새로운 식품을 추구했던 시대였다고 말할 수 있다.

1980년대 초부터 외국의 유명 체인호텔과 외국계 패스트푸드점이 대거 한국에 상륙했다. 1983년엔 주문 식단제가 처음 실시되기도 했다. 그리고 1989년엔 정수기가 처음 도입되었다.

특히 1980년대는 음식업계에 해외 프랜차이즈의 국내 진출로 외식업계의 태풍의 핵이 나타났다. 물밀듯이 들어오는 해외 프랜차이즈 브랜드들이었다. 국내 자생 브랜드들도 우후죽순격으로 생겨났다. 그러나 체인업체들의 난립으로 점포 늘리기에만 급급한 업체들로 인해 프랜차이즈의 기본인 가맹점 사후관리는 뒷전이었다.

연도별 프랜차이즈 브랜드의 탄생시점은 다음과 같다. 1980년에는 '아메리카나', '버거킹', 1981년에는 '미스터 도넛', '독일빵집'이 생겨났다. 1982년엔 '윈첼도넛', '다림방', '찡구짱구' 1984년 'KFC', '피자헛', '하이델베르크', '장터국수', '신라명과' 등이 가맹사업에 나섰다. 1986년 '맥도날드'와 '배스킨라빈스'가 출현했고, 1988년 서울올림픽 무렵에는 최대 피크를 기록했다. '피자인', '크라운 베이커리', '코코스', '나이스데이', '도토루' 등이 그리고 1989년에는 '자뎅', '메카' 등이 등장했다.

6) 1990년대

1990년대가 한국 외식산업의 본격적인 성장기에 행당된다. 성장의 주역을 꼽는다면 단연 패밀리 레스토랑이다. 1990년대 들어서면서 레스토랑은 새로운 옷으로 치장하고 우리 앞에 나타났다. 이른바 외국계 패밀리 레스토랑이다. 음식업계에서는 외국 패밀리 레스토랑을 고품격 신업태의 출현으로 받아들였다. 1980년대의 아담한 레스토랑이 아니었으며 점포 평수가 최소한 50~60평 이상이었다.

외국계 패밀리 레스토랑의 시초는 1991년에 문을 연 'T.G.I. 프라이데이스'이다. 이어서 '판다로사', '시즐러', '스카이락', '베니건스' 등이 한국에 상륙했다.

그러나 1995년 후반기부터 경기후퇴 국면을 보이던 한국경제가 1997년을 넘기지 못하고 IMF구제금융시대로 접어들면서 사회전반에 걸친 소비축소 현상으로 인해 외식업계 또한 엄청난 시련을 겪었다.

1990년대는 외식산업의 다양한 형태가 출현하였는데 에스닉 레스토랑과 같은 이민족 취향의 음식점이 생기기도 하였고, 향토전문 음식점이 증가하기도 하였다. 한국의 외식시장이 가장 많이 변화되었던 이 시기는 패밀리 레스토랑, 패스트푸드 레스토랑, 퓨전음식점, 고급 커피전문점이 외국계 브랜드와 국내 토종 브랜드를 가진 기업형 체인레스토랑이 증가하였다.

7) 2000년대

2000년대는 주 5일제 근무의 확산으로 여가시간이 증대하였고, 가족형태의 변화, 2002 월드컵 유치로 인해 외식산업의 대형화, 첨단화, 프랜차이즈화의 높은 성장세가 두드러진 시기이다. 하지만, 동시에 2003년 경기침체가 시작되고, 내수 경기가 악화되면서 외식업체의 매출이 감소됨에 따라, 고객 확보를 위한 가격인하 정책으로 전반적인 외식산업의 성장이 저하된 시기이기도 하다.

이러한 지속된 경기불황에 따른 소비심리 위축 속에서 외식업체의 운영자들은 온라인 판매, 편의점, 식자재 유통, 배달업계 등 다양한 플랫폼을 마련하고, 새로운 외식상품을 출시하였고 이에 따라 외식산업의 다양한 트렌드가 생겨났다.

〈표 2-1〉 한국 외식산업의 연대별 성장과정

연대	특징	업체
1950년대 이전	• 음식업의 태동기 • 식생활의 가내주도형 • 생존단계(자연식품)	• 용금욕(1930), 곰보추어탕(1930), 한일관(1934), 청진옥(1935), 조선옥(1937), 안동장(1940), 고려당(1945), 남포면옥(1948), 하동관(1948)
1960년대	• 음식업의 침체기 • 식생활의 궁핍(보릿고개) • 밀가루 위주의 분식 확산	• 삼양라면 최초 시판(1963) • 코카콜라 국내 상륙(1966) • 뉴욕제과(1967)
1970년대	• 한국 외식산업 태동기 • 한식, 중식 위주의 대중음식점 출현 • 인식단계(가공식품)	• 난다랑(1979. 7; 국내 프랜차이즈 1호) • 롯데리아(1979. 10; 국내 햄버거 하우스 1호)
1980년대	• 외식산업의 적응 및 성장기 • 외국계 패스트푸드 대거 상륙 • 한식 프랜차이즈 출현 • 해외브랜드 도입 • 업체 난립 • 선택단계(패스트푸드)	• 아메리카나, 버거킹(1980) • 미스터 도넛, 독일빵집(1981) • 윈첼도넛, 다림방, 찡구짱구(1982) • KFC, 피자헛, 하이델베르크, 장터국수, 신라명과(1984) • 맥도날드, 배스킨라빈스(1986) • 피자인, 크라운베이커리, 코코스, 나이스데이, 도토루, 놀부보쌈(1988) • 자뎅, 메카(1989)
1990년대	• 외식산업의 성장기 • 대기업의 외식산업 진출 • 프랜차이즈 활성화 • 외국계 패밀리 레스토랑 대거 상륙 • 식도락단계(식품의 예술화) • 건강식 선호(자연식품)	• T.G.I. 프라이데이스(1991) • 판다로사(1992) • 시즐러(1993) • 스카이락, 케니로저스(1994) • 베니건스(1995) • 마르쉐(1996)
2000년대 이후	• 외식산업의 성숙기 • 언택트 시대 돌입 • 외식산업의 첨단화 • 외식상품의 유통플랫폼의 다양화 • 건강 기능성 식품업체 등장 • 밀키트 판매점 등장 • 아이템 중심의 창업	• 블루보틀 • 마켓컬리 • 더본코리아 • 배달의 민족

3 미국 외식산업의 발전

1. 연대별 발전과정

1) 1950년대 이전

미국 외식산업의 태동은 1827년 코렌조 델모니코(Corenzo Ddlmonico)가 윌리암 스트리트(William Street)에 오늘날과 같은 현대적 모습을 갖춘 레스토랑에서 케이크와 와인을 판매하는 델모니코(Delmonico's)를 개점하였다. 이 레스토랑은 화려한 연회와 371가지나 되는 메뉴를 최초로 영문과 프랑스어로 표기하면서 국제적으로 명성을 얻었으며, 1923년까지 그의 가족들은 뉴욕시에 9개의 다른 레스토랑을 개업하였다.

• • • 로렌조 델모니코(Lorenzo Delmonico)

존 델모니코(John Delmonico)는 1825년 선장에서 은퇴하여 뉴욕의 배터리(Battery) 공원에 조그만 가게를 개업하여 프랑스 와인과 스페인 와인만을 판매하였다. 1827년에는 제과제빵사인 그의 동생 피터 델모니코가 근처에 제과점을 개업하여 여러 형제들이 과자 및 각종 케이크류를 판매하기 시작한 것이 계기가 되어 같은 해 동생 로렌조가 기업형 식당경영을 목적으로 참여하여 1923년까지 약 1세대의 기간 동안 4대에 걸친 가족이 경영에 참여하여 뉴욕 시내에 9개의 고급 French-American Restaurant을 경영하였으나, 1923년 부도로 인해 파산하여 문을 닫았다.

1920년대에는 샌드위치가 유행하였는데, 1921년 최초의 드라이브 인(drive-in) 레스토랑 체인 피그스탠드(Pig Stand)가 텍사스 댈러스에 세워졌고, 또한 캔자스 위키타(Wichita)에 최초의 햄버거 레스토랑 체인 화이트캐슬(White Castle)이 개점하였다. 그 후 1926년에는 톰슨(John.R Thompson)이 중서부와 남부를 중심으로 126개의 레스토랑을 운영하였는데, 특히 중앙공급식 주방을 도입하여 균일상품의 대량생산은 물론 원가 절감을 가져오는 획기적인 경영을 시작하여 오늘날 패스트푸드의 원시적인 형태가 나타나기 시작했다.

1930년대 미국인들은 생활의 안정에 따른 생활양식의 변화로 생존을 위한 식사에서 생활을 위한 식사로 변화하였고, 외식산업은 고객의 정신적 만족을 충족시킬 수 있는 방향으로 전환을 시도하였는데 그 대표적인 것이 하워드 존슨(Howad Johnson)사이다. 이 시기에는 소다(soda)가 많은 인기를 끌었으며, 비로소 이때부터 식사를 하기 위해 밖으로 나가게 되는, 즉 외식이 전국적으로 성행하기 시작하였다.

외식사업이 본격적으로 산업화하기 시작한 것은 사람들의 소득이 증대되기 시작하여 집 밖에서 식사를 하는 일이 많아지면서부터이다. 철도역을 중심으로 많은 호텔들이 생기기 시작하였고, 제1차 세계대전 후 공장과 사무실에서 근로자에게 음식을 제공하기 시작하였으며, 또한 많은 카페와 레스토랑 그리고 카페테리아가 폭발적으로 늘어나기 시작하였다.

제2차 세계대전 이후 외식산업을 포함한 미국의 관광산업이 급속도로 발전하기 시작하였다. 이 당시 일반소매업체들의 연간 성장률이 6%였지만, 외식산업의 성장률은 그 2배인 10~11%로 괄목할 만한 성장을 하였다. 이러한 성장의 가장 큰 요인은 바로 단체급식의 증가와 패스트푸드의 등장이었으며, 공장과 회사에서 직원들을 위해 직접 식사를 제공하는 시스템을 갖추기 시작하면서부터이다. 1946년 연방정부는 국립학교 점심식사에 관한 법령(The National School Lunch Act)을 제정하면서 국가적인 차원에서 단체급식 프로그램을 확대해 나갔다.

2) 1950년대

1950년대는 미국 외식산업의 일대 전환기이다. 이제 사람들은 필요해서뿐만 아니라 가정생활의 일상적 분위기를 바꾸기 위한 여가선용, 오락으로 외식을 즐기기 시작하였다. 영양의 보충이나 굶주린 배를 채우기 위해서가 아니라 사회적인 만남과 육체적 건강을 위해서 더욱 갈구하게 된 것이다. 바로 이 시기에 중요한 변화가 나타났는데, 그것은 바로 패스트푸드(fast food)라는 상품과 대형화되고 체인화된 외식업소들의 출현이었다.

그중 첫 번째는 1920년대 등장한 햄버거 레스토랑 체인인 화이트 캐슬(White Castle)과 같이 빠르고 신속하게 먹을 수 있는 패스트푸드의 출현이었다. 패스트푸드는 1940년대 후반과 1950년대에 이르러 본격적으로 시작되었는데, 싼 가격과 신속한 서비스와 닭요리 상품을 주로 개발하면서 대중에게 폭발적으로 인기를 얻었다. 낮은 가격과 높지 않은 이익을 대량판매로 대체하면서 성장해 나갔다.

또한 한정된 메뉴(limited menus)를 앞세워 운영의 합리화와 간편성을 꾀하였으며, 일정한 기술을 습득하여 간단한 음식의 제조와 서비스를 제공할 수 있게 되었다.

1955년에는 레이크락(Ray A. Kroc)이 맥도날드(McDonald) 형제로부터 맥도날드를 인수하여 본격적인 프랜차이즈 사업을 시작하였다. 맥도날드는 음식업에 과학적 관리기법을 적용하여 빠른 시간 내에 고객을 접대할 수 있도록 하였으며 프랜차이즈 기법도 도입하였다. 이렇듯 맥도날드는 패스트푸드업뿐만 아니라 전 미국 외식산업 전반의 비약적인 발전에 큰 영향을 미쳤다. 품질(quality), 서비스(service), 청결(cleanliness), 가치(value)라는 맥도날드 모토는 오늘날 음식업계 모두가 취하는 대원칙이 되었다.

또한 1952년 콜로넬 할란 샌더슨(Colonel Harlan Sanderson)의 KFC, 1953년 피자헛(Pizza Hut), 1954년 버거킹(Burger King's), 1959년 웬디스(Wendy's) 등이 개점하면서 1950년대는 본격적인 패스트푸드 시대의 도입기였다. 오늘날 패스트푸드는 미국 외식산업의 대표적 업종으로 성장하였으며, 전 세계에 사업이 될 만한 곳이면 확장해 나가고 있다.

3) 1960년대

맥도날드와 켄터키 프라이드 치킨이 중심이 되어 외식업계를 선도함으로써 활발한 움직임을 보이기 시작한 것이 1960년대이다. 필스베리사(社) 같은 식품제조업체가 햄버거 체인인 버거킹을 인수함으로써 외식업에 참가하는 등 많은 기업들이 이 분야에 진출하기 시작하였다. 이때부터 식당업(restaurant business)이라는 용어가 외식산업(foodservice industry)이라는 용어로 대체되기 시작했다.

또한 냉동식품(frozen foods)이 대중적으로 확산되기 시작하여, 오늘날까지도 그 명성을 떨치고 있는 타코벨(Taco Bell), 아비스(Arvy's), 롱존실버(Long John Silver), 레드랍스터(Red Lobster)가 바로 이 시기에 탄생하였다.

4) 1970년대

1970년대는 치열한 경쟁 속에서 자금력에 의해 기업의 운명이 결정되는 기업 간의 매수와 합병의 혼란기였다. 따라서 외식산업시장도 확대되었고 업체 간의 경쟁이 매우 치열해짐에 따라 외식사업에도 마케팅개념이 본격적으로 도입되었다.

5) 1980~1990년대

1980년대는 전반적으로 미국 경제가 침체기에 빠져들면서 정체현상을 보였으며, 성장보다는 내실을 다지는 시기로 경영의 합리화를 모색하였다. 외식산업의 경영형태에도 많은 변화가 생겨났다. 개인외식업소 운영자가 많은 수를 차지하고 있었으나 체인형태의 경영이 급속도로 증가하기 시작하였다.

1990년대 후반에는 미국경제가 전례 없는 호황을 누리면서 외식산업의 규모가 미국 전체산업 중 4번째의 거대한 산업으로까지 발돋움하였다.

6) 2000년대

2000년대에 들어 미국에서는 HMR(Home meal replacement: 가정대체식) 시장이 성장하면서, 외식에 싫증난 직장인이나 1인 가구에게 고품질 음식을 제공하기 시작하였다. 또한 패스트푸드 업계에서 부동의 1위를 달리고 있던 맥도날드는 햄버거가 아닌 다른 음식을 판매하여 연간 10억 달러 이상의 매출을 올리는 등 대형 프랜차이즈 브랜드의 콘셉트가 다양화되었다. 이와 더불어 패스트푸드에서도 건강 열풍이 불면서 미국의 외식산업은 성숙기를 지나 포화상태에 이르게 되었다.

• • • 미국 남부의 맛 '케이준 요리'

치킨 패스트푸드 '파파이스'에서 매스컴을 통해 대대적으로 광고한 덕에 '케이준'은 우리에게도 생소한 요리는 아니다. 이 매콤한 맛의 본고장이 바로 미국인데 거친 미국식 스타일과 유럽 음식의 최고봉인 프랑스의 미각이 더해져서 탄생한 것. 케이준의 발명가들은 바로 1620년대에 캐나다의 아카디아(Acardia)로 이주해와서 살던 프랑스인들로, 이들은 1755년 이곳을 점령한 영국인들에 의해서 미국 남부의 루이지애나로 강제 이주됐다. 갑자기 쫓겨온 이들은 버터 대신 돼지의 지방을 쓰고, 고기는 날짐승이나 물고기를 잡아서 보충하는 등 구하기 어려운 식재료를 대신해 생존으로서의 식문화를 이어갔다. 그래도 이들은 미식의 나라 프랑스의 후손이었다. 거칠고 야생의 식재료 맛을 보완하기 위해 양념을 많이 썼는데 바로 양념이 케이준 스파이스의 조상, 프랑스와 신대륙에서의 요리법에 원주민과 스페인의 영향도 추가되면서 오늘날의 케이준 스파이스가 형성되었다.

케이준 스파이스(cajun spice)는 마늘, 양파, 칠리, 후추, 겨자 등을 혼합해 만들며 재료를 봐서 알 수 있듯, 특유의 향과 매콤한 맛이 특징이다. 이 매콤한 맛은 우리나라 사람들 입맛에도 잘 맞아서 현재 패밀리 레스토랑과 패스트푸드점의 인기 메뉴로 자리잡았다.

월간 호텔 & 레스토랑 2001.5.

〈표 2-2〉 미국 외식산업의 연대별 성장과정

연대	특징	업체
1950년대 이전	• 1800년대 외식업의 태동 • 1900년대 실질적인 외식산업의 태동 • 1930년대 외식의 성행 • 1940년대 단체급식업체 등장	• 델모니코(1827) • 피그스텐드(1921) • 하워드 존슨(1930)
1950년대	• 외식산업 도약기 • 패스트푸드 및 take-out 출현	• KFC(1952) • 데니스(1953) • 버거킹(1954) • 맥도날드(1955) • 피자헛(1958)
1960년대	• 외식산업의 성장기 • 프랜차이즈 급성장 • 외식산업의 시스템 및 대량생산	• 미스터 스테이크(1962) • 아비스(1964) • 레드랍스터, 롱존실버, 쇼니스(1968) • 웬디스(1969)
1970년대	• 외식산업의 성숙기(안정 성장기) • 프랜차이즈의 직영화 • 외식업의 대기업 진출	

1980년대	• 외식산업의 성숙기(고도 성숙기) • 자본력에 의한 경쟁 가속 • POS system화 • 내식과 외식의 경쟁 치열
1990년대	• 외식산업의 성숙기(안정 성숙기) • 특화 및 틈새시장 공략 • 고객만족과 감동 연출 • 테마콘셉트형
2000년대	• HMR 시장의 성장 • 브랜드 콘셉트의 다양화 • 패스트푸드의 건강 열풍

2. 최근 미국 외식산업의 동향

1) 코로나19 팬데믹으로 인한 가정식 습관 지속

코로나19로 인해 외식보다 집 안에서 식사하는 비중이 증가하면서, 레스토랑의 매장 방문 고객수가 감소하고 배달 및 포장주문 옵션이 더욱 풍부해졌다고 한다. 블룸버그의 조사에서는 향후에도 집에서 더 많이 요리를 할 계획이라고 밝힌 응답자가 전체 성인 응답자의 약 3분의 1로 나타났는데, 이 중 Z세대(1995년 이후 출생)의 응답률이 43%로 가장 높은 비중을 차지했다. 이처럼 가정에서 요리하는 비중이 늘어남에 따라 밀키트 산업이 번성하고 있다. 특히 온라인 밀키트 매출이 2020년 대비 63% 증가한 것으로 조사돼 최근 성장세를 이어오던 밀키트 산업의 고객 유치 수준이 팬데믹 이후에도 이전과 동일한 수준의 성장세를 이어가는 것으로 나타났다.

2) 전자상거래를 통한 새로운 비즈니스 모델 정착

식품산업 전반에 걸쳐 전자상거래 플랫폼은 소비자들이 음식 또는 식재료를 사기 위해 집을 나설 필요가 없도록 만들었다. 팬데믹 초기 소비자들의 식료품 수요가 급등했을 때 식료품 유통체인은 급증한 온라인 주문을 수행하기 위해 구매에서 배송까지의 시간 단축, 주문 수행의 정확도 개선이 요구된다는 점이 분명하게 드러나면서, 물류시스템의 개선과 같은 공급망에 대한 대안이 시급해졌다. 식료품 산업에서 새로운 비즈니스 모델로 주목받던 서비스가 이제는 소비자의 생활 필수 요소로 전환되고 있는 것이다.

3) 새로운 수요창출

가정에서 머무는 소비자가 증가하면서 새로운 브랜드, 제품, 산업이 성장했는데, 이 중 하나가 밀키트 산업이다. 영구적 재택근무를 선택하는 미국의 대기업들이(구글 등) 많아지고 있어 가정에서의 요리 증가는 일시적 트렌드에 그치지 않고, 향후에도 계속 이어질 전망이다. 외식소비자의 요구는 끊임없이 변화하고 있기 때문에, 새로운 수요창출을 위한 외식산업의 전략은 계속될 것이다.

4 일본 외식산업의 발전

1. 연도별 발전과정

1) 1960년대 이전

일본의 외식산업이 근대화한 산업으로 발전한 시점은 1960년대로 1994년 동경 올림픽을 전후한 시기이다. 제2차 세계대전 후 1945~1955년 동안 빈곤의 시대를 거쳐 1964년 후반기에서 1969년 전반기 신업태라고 했던 패스트푸드, 교외형 패밀리 레스토랑이 음식업 가운데서 산업화를 지향하는 선두주자로 등장하기 시작했다.

세이부(西武)백화점은 경영합리화를 내세우면서 기존의 외식사업 운영에서 처음으로 서구형의 카페테리아를 개점하였다. 새로운 형태의 외식사업인 카페테리아는 백화점 전체의 이미지를 새롭게 하고, 인건비의 절감, 회전율의 상승효과를 예견하며 새로운 시스템을 도입하는 경영으로서의 모습을 보이기 시작한 것이다. 이때는 드라이브인 형태의 외식사업이 교외에 위치하기 시작하였는데, 기존 교외의 도로변에는 관광버스용 휴게실만이 존재하였던 터에 일반자가용 운전자와 장거리여행을 하는 트럭운전자를 대상으로 그들에게 휴식공간을 제공한다는 차원에서 실시되었다.

1969년 3월 제2차 자본자유화에 의해 외식업소들이 자유화업종에 지정되어 기술제휴, 합병 등으로 해외기업의 새로운 경영기술을 도입할 수 있게 되었다. 일본의 외식업소들이 외식기업으로 성장하는 데 해외브랜드 외식기업으로 부터 프랜차이즈를 통한 다점포전개, 점포운영의 매뉴얼화 등의 새로운 경영기술을 위시하여 많은 노하우를 얻게 되면서 합리적인 외식사업 경영에 대한 의식개혁이 싹트기 시작하였다. 이러한 영향은 해외 외식기업과 직접 관계를 맺지 않은 기업에도 커다란 영향을 주었다.

2) 1970년대

일본 외식사업 발전에 지대한 공헌을 한 것으로 알려진 일본 맥도날드가 개업했던 1970년대 초는 식생활의 다양화, 외식의 대중화 현상이 두드러졌던 시기이며, 이때 맥도날드의 출현은 외식혁명이라고까지 불렸다.

1970년대는 주로 패스트푸드점들이 많이 출점하였는데, 미국 KFC가 미쓰비시와 함께 일본 KFC로 출발하였다. KFC는 일본 외식산업계의 커다란 주목을 받으면서 1970년 10월 나고야의 나니시(名西) 쇼핑센터 주차장 옆에 테이크 홈의 판매방식으로 주방면적 30평, 객장면적 10평으로 기존의 일본 외식업소의 업소패턴과 크게 다른 업소의 형태로 개점하였다. 또한 더스킨은 미국 미스터도넛과 계약을 하고 체인경영시스템을 도입한 다각화전략을 시도하면서 오사카 교외에 1호점을 오픈하였는데, 이것이 일본 최초의 체인레스토랑으로 알려진다.

또한 맥도날드는 다양한 쿠폰을 발행하면서 외식사업에 새로운 마케팅전략을 시도하였다. 맥도날드의 이러한 전략은 바로 바로 햄버거가 일본에서도 대중상품으로 자리잡고 있다는 사실을 알려 준 것이다. 미스터도넛에 이어 미국의 던킨도넛도 레스토랑 세이부와 손을 잡고 일본에 상륙하였다.

오늘날 일본의 3대 패밀리 레스토랑의 하나로 성공한 로얄호스트가 1971년 로드사이드 1호점을 개점하였다. 이것은 도로변에 위치한 레스토랑으로 기능적인 점포의 레이아웃, 센트럴키친과 직결된 조리시스템, 에너지 절약을 위한 최신 주방설비의 적극적 도입, 원재료를 해외에서 구매하는 버티컬 머천다이징(vertical merchandising) 등의 방법으로 외식사업 경영수준을 한 단계 올려 놓은 것이다. 입지면에서는 불리한 조건이었지만 파격적인 가격정책으로 성장을 계속하였다.

외국자본 패스트푸드점들의 일본진출에 자극을 받아 국내세력도 움직이기 시작하였는데, 1972년 롯데리아(Lotteria's)가 햄버거체인점 전개를 시작하였다. 또한 오늘날 일본의 대표적 패밀리 레스토랑인 스카이락도 1970년 대형 점포를 내세우면서 등장하였다. KFC와 맥도날드 등의 패스트푸드점에 이어 미국의 데니스(Denny's)와 일본 제일의 점포수를 확보하고 있는 모스버거도 프랜차이즈를 전개하였다. 1977년 스카이락이 센트럴키친(CK: Cuntral Kitchen)을 도입하면서 상품의 질과 맛, 그리고 가공도를 높이고, 작업의 단순화와 품질의 균일화, 매뉴얼화를 실시하며 점포의 다점포화 시대를 열었다.

패스트푸드점을 비롯한 외자계 외식기업들의 계속적인 참여에 자극받은 일본 외식기업들의 출점으로 인해 외식산업의 산업화는 더욱 구체적으로, 그리고 본격적인 체인화 형태를 띠기 시작하였다. 패스트푸드점의 시스템 그 자체를 일본에 소개한 맥도날드는 일본시장에 진출한 지 5년 만에 연매상 100억 엔을 달성하는 위업을 보였다. 이것은 외식사업이 하나의 외식산업으로 성장할 수 있음을 숫자로 명확히 증명한 것이라 할 수 있다. 큐슈의 한 지역기업에 불과했던 로얄이 도쿄에 진출, 스카이락, 데니스와 함께 국지전을 전개하면서 오늘날 다른 외식기업들과의 계속적인 시장쟁탈전의 원형을 형성하였다. 외식업소의 개별특성을 살리지 못하면 생존할 수 없는 경쟁의 시대였다.

3) 1980년대

1980년대 초는 전후 가장 장기간에 걸쳐 경기가 후퇴하였던 시기였다. 바로 이 시기는 일본 경제가 경기후퇴기를 계기로 안정성장기, 성숙사회로 접어든 시기이기도 하다. 이러한 영향으로 1983~1985년 외식시장의 연간 실질증가율은 0~2% 수준이었다. 1986년 이후는 버블경기를 맞이하여 3~5%의 증가율을 나타내기도 하였다. 일본 경제는 내수 주도로 고급소비품에 대한 소비가 크게 증가하였으며, 또한 주식과 부동산에 대한 투자열기가 높았다. 소비자들이 상품을 찾는 데 있어 질적인 소비형태의 모습을 보였으며, 여가생활을 중시하는 선진국형 라이프스타일이 보편화되기 시작하였다. 이러한 변화는 외식산업에도 외식활동의 일반화와 더불어 다양한 콘셉트를 가진 외식기업들이 속속 등장하면서 외식산업이 크게 성장하는 단계로 들어서게 만들었다. 외식기업은 더욱 대기업화, 시스템화되는 모습을 갖추고 일본지역뿐만 아니라 해외로 사업진출을 확대하면서, 1980년대는 20조 엔 규모로 성장하였으며, 스카이락, 로얄, 세이부세존, 다이에이 등의 의식그룹이 등장하였다.

4) 1990년대

1990년대는 특히 일본의 거품경제가 붕괴되면서 외식을 하는 고객수와 매출이 크게 줄어들었다. 외식기업들은 다양한 가격대와 콘셉트를 가진 점포를 개발하여 시련에 대처해 나갔다. 대표적으로 가스트(gast)노선과 가든(garden)노선을 들 수 있다. 가스트란 스카이락이 처음으로 개발한 업태로서 패밀리 레스토랑 음식의 품질을 그대로 유지하면서 가격은 대담하게 낮춘 저가격업태를 말한다. 로얄호스트, 카사, 코코스 등 패밀리 레스토랑 체인들은 스카이락의 노선과 달리 각각의 콘셉트를 명확하게 정하고 지속적으로 품질과 서비스를 개선하는 노력을 기울였다. 로얄호스트는 오리지널 양식요리에 더욱 심혈을 기울였고, 카사는 '거리의 양식점'이란 콘셉트로 메뉴를 개발하였다. 코코스는 남부캘리포니아를 이미지화한 친근한 서비스를 정착시켰다.

또한 일본 외식산업에 등장하고 있는 새로운 조류는 위성점포의 확산이다. 위성점포는 관리운영을 총괄하는 모(母)점포하에 한정된 메뉴와 간단한 장비, 저비용으로 출점하는 점포를 말한다. 맥도날드는 1994년 이후 급속히 위성점포를 늘려 왔다. 주로 대학 구내, 쇼핑센터, 푸드코트, 볼링장, 병원, 경기장 등에 출점하였다. 이러한 위성점포의 등장으로 대형 패스트푸드 체인들이 출점하기 힘들었던 지역과 입지에 이들 체인점포가 늘어갔다.

5) 2000년대

2000년대에 들어 일본 외식기업들은 해외진출에 의욕을 보이기 시작하여, 일본의 주력분야라고 볼 수 없었던 프렌치 레스토랑, 햄버거, 야키니쿠 등을 주품목으로 하여 해외진출을 하였다. 또한 다양한 형태의 음식배달 시스템이 등장하면서, 고령자와 환자식 등을 발전시켜 사회적 책임을 위한 활동도 하였다. 특히 스카이락은 많은 점포수를 바탕으로 시작한 '룸서비스'라는 배달서비스에 박차를 가한 시기였다.

이 시기의 큰 특징으로는 정보기술의 진보와 식자재의 개발이 새로운 외식콘셉트와 독특한 서비스를 가능하게 하였다는 것이다. 라멘캄은 고객이 구입한 식권을 카운운터의 종사원에게 건네주면 2분 내에 제품이 나오는데, 이것은 주문정보가 식권발매기에서 직접 주방으로 전달되어 바로 조리에 착수할 수 있기 때문이다. 이렇듯 일본의 외식산업은 대형화가 아닌 전문점 형태로 업태를 전환하고, 식자재 식품거래 사이트와 같은 B to B를 활발히 전개하기도 하였다.

〈표 2-3〉 일본 외식산업의 연대별 성장과정

연 도	특 징	업 체
1960년대 이전	• 1940년대 초 요식업 전개 • 1950년대 음식업의 태동기 • 1960년대 외식산업의 태동기 (음식업 자유화를 토대로 발전)	• 로얄(1950)
1970년대	• 외식산업의 전환기 • 외식의 대중화 • 패스트푸드 전성기 • 패밀리 레스토랑 활성화	• 스카이락, KFC(1970) • 맥도날드, 로얄호스트(1971) • 롯데리아(1972) • 데니스재팬(1973) • 카사, 웬디스(1978)

1980년대	• 외식산업의 성장기 • 프랜차이즈 가속화 및 다점포 전개 • 고감도 외식산업으로 진입 • 종합 정보네트워크 구축 및 점포 종합 관리 시스템 확립	• 외식그룹 태동(스카이락, 로얄, 세이부세존, 다이에이)
1990년대	• 외식산업의 성장기 및 침체 회복기 • 민속요리점의 출현과 해외진출 • 복합점포, 공동출점	
2000년대	• 활발한 해외진출이 활발 • 다양한 형태의 음식배달 시스템 등장 • 정보기술의 발전과 새로운 식자재 개발 • 대형 패밀리 레스토랑의 전문점 형태로 업태 전환 • 외식업체를 대상으로 한 전문 B to B사이트 등장	

• • • 에도시대 이후에 생겨난 '소바'

일본은 나라시대에 이미 메밀이나 밀을 재배하기 시작하였다. 그러나 소바와 우동이 음식문화로서 꽃을 피운 것은 에도시대 중기 이후이다. 우동은 무로마치시대서부터 현재와 같은 형태였지만 메밀이 소바 형태의 식품이 되기까지는 시간이 조금 더 지나서다. 소바에 대한 전래는 1992년 세키모치씨가 나가노현 기소군 오쿠와폰 스하리에 있는 정승사에서 덴쇼 2년(1574) 3월에 소바를 먹었다는 고문서를 발견하면서부터 알려지기 시작했고 이것이 소바의 시초가 되었다. 이후 에도시대 초기에는 지방 마을에서 국수 매매가 이루어졌으며 길거리 찻집에서 국수가 제공되었다는 사실도 밝혀졌다. 또한 고문에서 알 수 있는 흥미로운 사실은 에도 초기에는 소바집의 간판이 일본 동서 지역 모두 '우동, 소바'로 되어 있어 우동이 면 문화의 중심이었다는 것을 증명한다. 그러나 에도시대 중기가 되면서 간판이 '소바, 우동'으로 바뀐 것을 보면 소바가 인기를 끌었음을 알 수 있다. 간사이(교토, 오사카 지역)에서는 우동의 세력이 뿌리 깊어 '관서우동', '관동소바'라는 2대 분식 문화권이 형성되었다. 에도시대 중기 초엽인 17세기 말에는 소바, 우동의 다른 말인 '겐돈 소바', '겐돈 우동'이라는 명칭이 생겨서 소바가게는 '겐돈야'라고 불렸다. 그 유래는 간분 2년(1662) 가을, 요시하라에 처음으로 생긴 유곽의 이름인 '겐돈'에서 연유한다. 같은 시기에 에도쪼 이쪼메의 소바집 주인인 난자에몽이라는 사람이 소바를 만들어 요사하라의 유곽에서 판매한 것을 계기로 싸구려 유곽의 이름인 겐돈이라는 이름이 붙여졌고 그 이름이 세상에 널리 알려졌다.

월간 HOTEL & RESTAURANT 2002. 1. 8.

2. 최근 일본 외식산업의 동향

1) 윤리적 소비 트렌드

2011년 발생한 동일본대지진은 일본 전체에 큰 충격과 영향을 끼쳤다. 즉 사람과 사람 사이의 관계를 다시 생각하는 계기가 되었고, 자기정체성이나 지역사회에 대한 가치관이 바뀌는 전환점이 되었으며, 가성비 중심의 소비로부터 공정거래나 환경, 지역사회에 공헌하려는 움직임이 생겼다. 이러한 형태의 소비를 최근 일본에서 윤리적 소비라고 칭하며 일본의 각 지자체도 보급 · 계몽활동을 하고 있다.

일반적으로 외식업계는 힘들다는 인식이 강하여 취업준비생에게 비인기 업종에 속하는데, 이것은 국내의 경우도 마찬가지이다. 그러나 가나가와현을 중심으로 23개의 점포를 운영하는 ㈜First Drop은 매년 매출액 25%의 성장률을 기록하며, 취업희망자가 끊이지 않는 회사로 유명하다. 그 이유는 대표메뉴인 시라스(멸치의 치어)요리의 매출액 1%를 바다환경보호단체에 기부하여 환경을 생각하는 회사라는 인식이 자리잡으면서 소비자에게 호감을 받게 되었기 때문이다.

2) 개인별 효용에 따른 소비패턴 다양화

일본 소비자들은 가격을 중시하면서도 자기가 원하는 가치에 맞는 상품을 소비하려는 의미있는 소비를 지향하는 경향이 강해지고 있다. 즉 가격만으로 소비하기보다는 가치를 따지는 소비패턴을 보이고 있는 것이다. 세븐일레븐의 새로운 PB전략을 보면, PB상품은 NB상품보다 저렴하고 맛도 떨어진다는 인식이 있으나 일반적으로 통용되는 'Private Brand'의 약어 PB를 세븐일레븐 독자적으로 'Premium Brand'라고 명시하면서 새로운 전략으로 추진하였다.

3) 핏 음식(Pit Food) 문화

여러 활동을 하는 사람이 다음 활동을 하기 전에 머리를 식히거나 다음 일에 적합한 심리 상태를 만들기 위한 목적으로 가볍게 식사를 하는 것을 '핏 음식'이라고 하는데, F1 등 자동차 레이스에서 주행과 주행 사이 단시간에 급유 및 타이어 교환을 의미하는 '핏 인(Pit In)'에서 유래되었다고 한다. 최근에는 근무시간을 끝낸 회사원이 본업과는 다른 활동을 하는 것이 흔해지면서, 회사에서 일을 끝낸 후 바로 다른 활동을 넘어가기에는 머릿속에 회사 일이 남아있는 경우가 많아 새로운 활동에 집중하기 위해서 식사하는 '핏 음식'이 새로운 트렌드가 되었다.

참/고/문/헌

한국외식산업연구소, 『외식사업경영론』, 백산출판사, 1995.
신재영 외, 『외식산업개론』, 1999.
김헌희 외, 『외식산업경영의 이해』, 2001.
월간 HOTEL & RESTAURANT, 2002. 1. 8.
土井利雄, 『外食; Fast Food Chains』, 日本經濟新聞社, 1988.
Spears Marian C., 『Foodservice Organizations』, Macmillan Publishing Company, 1991.
Bessie Brooks Westetal, 『Food Service in Instiution』, New York: John Weily, 5th ed., 1977.
Stokes, J. W., 『How to Manage To a Restaurant』, New York: Wm.C. Brown Co., 1986.
Doi. Toshio, 「An Inside Look at Japanese Food Service」, The cornell H.R.A Quarterly, vol. 6, 1992.

03 Chapter 외식산업의 분류

1 업종 및 업태에 따른 분류

외식산업에서 업종이란 취급하는 메뉴에 의해 분류한 것으로 한식, 양식, 일식, 중식 등으로 나눈 것이고, 업태란 미국에서 사용하기 시작한 용어로 자신이 원하는 레스토랑의 유형 즉, 분위기, 장소, 가격, 서비스 방법에 따라 구분한 것이다.

우리나라 외식산업을 업종 및 업태로 구분하면 다음과 같다.

〈표 3-1〉 업종 및 업태에 따른 레스토랑의 분류

업태	패스트푸드	패밀리 레스토랑	다이닝 레스토랑	디너하우스
객단가	4,000~9,000원대	15,000~30,000원대	30,000~80,000원대	40,000~100,000원대
주고객층	10, 20대	20, 30대	20~40대	40대 후반
이용빈도	수 회/주	1~2회/주	1회/월	1~2회/월
서비스 방식	셀프 및 카운터서비스	풀서비스	풀서비스	풀서비스
메뉴구성	한정메뉴	퓨전메뉴	콘셉트가 확실한 메뉴	한정메뉴
메뉴제공 시간	3분 이내	15분 이내	15분 이내	30분 이내

한식업체	한솥도시락, 김밥천국, 얌샘, 봉구스밥버거	원할머니보쌈, 채선당, 놀부보쌈	대중 한식당	정식당, 안압정, 고매홈, 벽제갈비, 석란 등의 고급한정식과 호텔한식당
일식업체	스시990, 오니기리, 유나인	기소야, 이찌로, 일본 생라면	삼수장어, 군산횟집	호텔일식당
중식업체	만두전문점	대중화된 중식당	선궁, 로터스 가든	만리장성, 금룡, 팔선
양식업체	롯데리아, KFC, 버거킹, 맥도날드	블랙스미스, 스파게티아, 서가앤쿡	TGI프라이데이, 아웃백스테이크하우스, 빕스	아테네, 호텔양식당
기타 주점	투다리	치어스, 칸, 하이트광장, 홍가, 피시앤그릴	기린비어, 페스타	호텔의 바

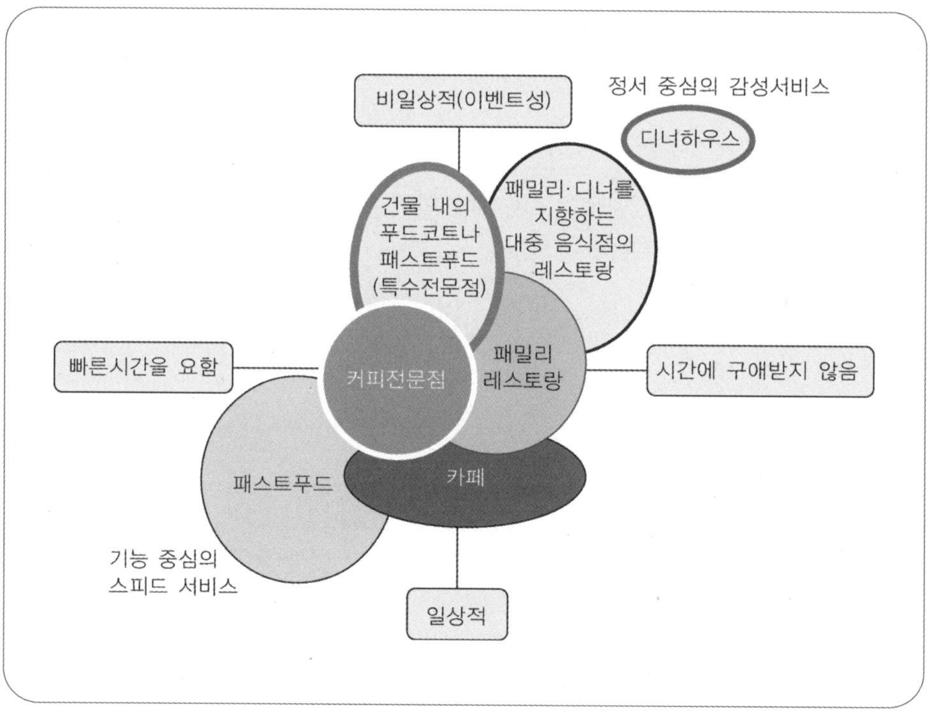

〈그림 3-1〉 업태의 포지셔닝과 서비스

2 기본적 분류

1. 외식산업의 기본적 분류

외식산업에 속해 있는 각각의 외식사업단위들은 개인소유, 프랜차이즈, 대규모 외식기업, 국가나 기타 공공단체로부터 보조를 받는 사업 등으로 광범위하고 다양한 규모와 조직으로 경영활동을 하고 있다.

일반적으로 외식산업은 음식, 주류, 음료를 제조하고 판매하는 사업으로 오직 영리만을 목적으로 경영활동을 하는 상업적 외식사업과 국가나 공공단체 또는 기업에서 직원의 복리후생 차원에서 비영리를 목적으로 실시하는 비상업적 외식사업으로 대별할 수 있다.

상업적 외식사업은 판로가 일반대중에게 넓게 열려 있는 일반적 외식사업과 특정 시설에 제한되어 있는 제한적 외식사업으로 구분할 수 있다. 제한적 외식사업은 음식을 공급, 판매하는 것을 주된 업무로 하는 외식사업과 철도, 항공기에서와 같이 음식을 제공하는 것이 단지 부차적인 업무에 불과한 외식사업으로 구분할 수 있다. 또한 외식사업이 공공소유형태인가, 아니면 사유형태인가 하는 기준으로 외식사업을 분류할 수 있다. 다시 말하면 외식산업은 상업적 · 비상업적, 경영활동의 목적, 판매시장의 형태, 소유형태 등을 기본으로 분류할 수 있다.

1) 상업적, 비상업적 분류

오직 영리만을 목적으로 음식판매활동을 하는 상업적인 외식사업과 국가나 공공단체로부터 보조를 받거나 기업에서 직원들의 복리후생 차원에서 비영리를 목적으로 음식과 서비스를 제공하는 비상업적인 외식사업으로 구분한다. 이러한 분류방법은 어떠한 분류방법보다 외식산업 전체를 포괄시켜 설명할 수 있기 때문이다.

이에 따른 우리나라 외식산업의 분류는 다음과 같다.

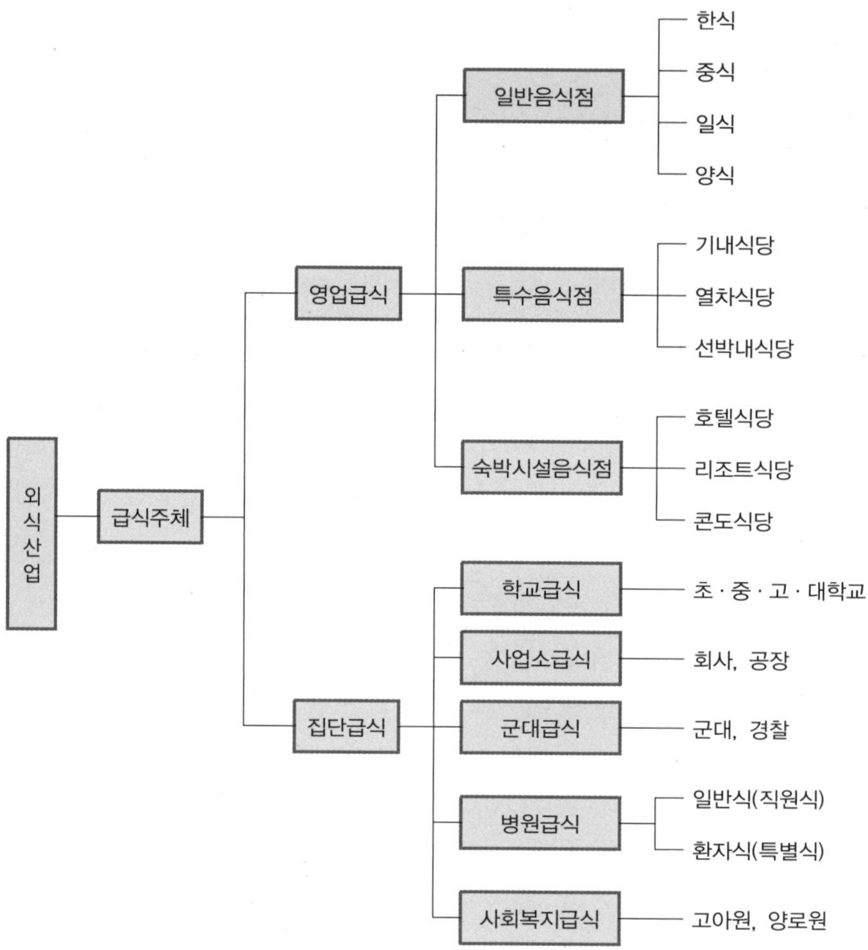

〈그림 3-2〉 우리나라 외식산업의 기본적 분류

2) 경영활동의 목적에 의한 분류

호텔의 식음료업장이나 일반 외식업소처럼 일정장소에서 음식을 공급하고 판매하는 행위를 주된 경영활동으로 하는 외식사업과 철도, 항공기, 학교 등에서와 같이 음식을 제공하는 활동이 단지 부차적인 업무에 불과한 외식사업으로 구분한다.

3) 판매시장의 형태에 의한 분류

판매시장의 형태에 따라 사업활동 범위가 일반대중에게 넓게 열려 있는 일반적 외식사업과 판매시장이 기차, 항공기, 유람선, 연회, 병원, 학교, 교도소처럼 특정시설에 제한되어 있는 제한적 외식사업으로 구분한다.

4) 소유형태에 의한 분류

공공기관에서 소유하여 운영하는 형태와 개인적인 사유형태로 운영되는 외식사업으로 구분한다.

2. 시장 및 비용지향적 분류

외식산업은 크게 시장지향적 외식사업과 비용지향적 외식사업으로 나눌 수 있다. 시장지향적 성격을 갖는 외식사업으로는 호텔 식음료업장, 패밀리 레스토랑, 패스트푸드점, 일반적인 한, 중, 일식업소 등이다. 반면 비용지향적 성격을 갖는 외식사업으로는 교도소의 급식이나 병원에서 환자들을 상대로 한 급식 그리고 회사직원들을 위한 급식소 등 사회복지적 성격을 띠는 곳에서 찾아볼 수 있다. 시장지향적 외식사업과 비용지향적 외식사업의 특징은 다음과 같다.

1) 시장지향적 외식사업

(1) 고정비용의 지출

임대료, 세금, 임금, 보험료, 건물과 설비의 감가상각비 등 많은 고정비용이 들어간다. 이런 고정비용은 판매량에 관계없이 지출되는 비용이며, 호텔 레스토랑이나 패밀리 레스토랑에서는 고정비용이 더 많이 지출된다.

(2) 매출액의 증대

비용을 줄이기보다는 매출액을 높이는 것에 치중하여 이익을 극대화시키려 한다. 이는 사업의 수익성을 높이기 위해 비용을 줄이기보다는 판매를 증가시키는 데 중점을 둔다는 것을 뜻한다. 예를 들면, 1인당 평균매출액을 높이게 만들든가, 아니면 고객의 수를 증가시키는 것이다. 이러한 이유로 시장지향적 외식사업에서는 판매량을 정확히 점검하는 것이 매우 중요한 업무가 된다.

(3) 수요의 불안정

상품에 대한 수요가 불안정하다. 따라서 이를 극복하기 위한 여러 가지 형태의 판매방법과 전략을 필요로 한다.

(4) 가격변동

타 업체와의 경쟁, 판매촉진방법 등에 따라 상품의 가격변동이 매우 심하다.

2) 비용지향적 외식사업

(1) 변동비용의 지출

고정비용보다 식재료비, 전기, 가스 등 구입비용과 같은 변동비용의 지출이 많다. 변동비용은 사업의 규모에 따라 지출의 정도를 같이 한다. 직원을 위한 단체급식 같은 곳은 고정비용이 상대적으로 적게 드는 영업의 한 형태이다.

(2) 비용의 축소

예산을 편성하고 매출을 증대시키는 등 상품의 판매량을 증가시키기보다는 비용을 줄이는 것에 중점을 둔다. 따라서 비용지향적 사업은 이익의 증가를 가져오기 위해 재료를 구입하고, 1인분의 양을 정하며, 직원 수를 정하는 것에 이르기까지 모든 업무영역에서 전체비용을 줄이는 것을 강조한다.

(3) 안정된 수요확보

비용지향적 외식사업은 시장지향적 외식사업과 비교하여 대부분의 가격이 비교적 저렴하기 때문에 시장에서 상품에 대한 잠재력이 높으며, 또한 안정된 수요를 확보할 수 있다. 따라서 공장이나 대학교 등에서의 음식판매를 보다 넓은 시장으로까지 확대시킬 수 있다.

(4) 시장의 안정성

시장이 비교적 고정되어 있기 때문에 상품의 가격변동이 심하지 않다. 외식산업에 속해 있는 외식업소들은 대부분 위의 두 가지 범위 중 하나에 속하게 된다. 그러나 어떤 경우는 시장지향적인 사업과 비용지향적인 사업으로 구분하는 방법에 의해서 정의되지 않는 외식사업의 영역이 있기는 하지만, 이때는 두 가지 특성이 함께 나타난다고 볼 수 있다.

3 국가별 분류

1. 한국의 분류

1) 식품위생법에 의한 분류

외식업을 식품위생법에 준거하여 분류하면 다음과 같다. 농업 및 수산업에 속하는 식품의 채취업을 제외한 식품 또는 첨가물을 채취 · 제조 · 가공 · 조리 · 저장 · 소분 · 운반 또는 판매하거나 기구 또는 용기 · 포장을 제조 · 운반 · 판매하는 업을 식품위생법에 의한 범주의 영업으로 정의하고 있다.

(1) 휴게음식점영업

음식류를 조리 · 판매하는 영업으로서 음주행위가 허용되지 아니하는 영업이다(주로 다류 아이스크림류 등을 조리 · 판매하거나 패스트푸드점, 분식점 형태의 영업 등을 포함한다. 다만, 편의점, 슈퍼마켓, 휴게소, 그 밖에 음식류를 판매하는 장소에서 컵라면, 일회용 다류 또는 그 밖의 음식류에 물을 부어 주는 경우는 제외한다).

(2) 일반음식점영업

음식류를 조리 · 판매하는 영업으로서 식사와 함께 부수적으로 음주행위가 허용되는 영업이다.

(3) 단란주점영업

주로 주류를 조리 · 판매하는 영업으로서 손님이 노래를 부르는 행위가 허용되는 영업이다.

(4) 유흥주점영업

주로 주류를 조리 · 판매하는 영업으로서 유흥종사자를 두거나 유흥시설을 설치할 수 있고 손님이 노래를 부르거나 춤을 추는 행위가 허용되는 영업이다.

유흥시설은 유흥종사자 또는 손님의 노래, 춤, 만담 그리고 곡예와 같은 유흥을 위하여 설치한 무대장치, 무도장, 조명시설 그리고 음향시설을 말한다. 다만 단란주점에서 손님이 노래를 할 수 있도록 하기 위하여 설치한 보건복지부령이 정하는 음향 및 반주시설을 제외한다.

(5) 위탁급식영업

집단급식소를 설치 · 운영하는 자와의 계약에 따라 그 집단급식소에서 음식류를 조리하여 제공하는 영업이다.

(6) 제과점영업

주로 빵, 떡, 과자 등을 제조 · 판매하는 영업으로서 음주행위가 허용되지 아니하는 영업이다.

〈표 3-2〉 식품위생법의 분류

식품제조 · 가공업	식품을 제조 · 가공하는 영업
즉석판매제조 · 가공업	통 · 병조림 제품, 레토르트식품, 냉동식품, 어육제품, 특수용도식품(체중조절용 조제식품 제외), 식초, 전분, 알가공품, 유가공품을 제조 · 가공업소에서 직접 최종소비자에게 판매하는 영업
식품첨가물제조업	• 감미료 · 착색료 · 표백제 등의 화학적 합성품을 제조 · 가공하는 영업 • 천연 물질로부터 유용한 성분을 추출하는 등의 방법으로 얻은 물질을 제조 · 가공하는 영업 • 식품첨가물의 혼합제재를 제조 · 가공하는 영업 • 기구 및 용기 · 포장을 살균 · 소독할 목적으로 사용되어 간접적으로 식품에 이행될 수 있는 물질을 제조 · 가공하는 영업
식품운반업	직접 마실 수 있는 유산균음료(살균유산균음료 포함)나 어류 · 조개류 및 그 가공품 등 부패 · 변질되기 쉬운 식품을 전문적으로 운반하는 영업. 다만, 해당 영업자의 영업소에서 판매할 목적으로 식품을 운반하는 경우와 해당 영업자가 제조 · 가공한 식품을 운반하는 경우는 제외
식품소분 · 판매업	• 식품소분업: 통 · 병조림 제품, 레토르트식품, 냉동식품, 어육제품, 특수용도식품(체중조절용 조제식품 제외), 식초, 전분, 알가공품, 유가공품 또는 식품첨가물의 완제품을 나누어 유통할 목적으로 재포장 · 판매하는 영업 • 식품판매업 - 식용얼음판매업, 식품자동판매기영업, 유통전문판매업, 집단급식소 식품판매업, 기타 식품판매업
식품보존업	식품조사처리업, 식품냉동 · 냉장업
용기 · 포장류제조업	용기 · 포장지제조업, 옹기류제조업

2) 관광진흥법에 의한 분류

관광진흥법에서는 관광객을 위하여 운송, 숙박, 운동, 오락, 휴양, 또는 용역과 함께 음식을 제공하거나 그 밖의 관광에 부수되는 시설을 갖추어 이를 이용하게 할 수 있도록 관광사업의 등록을 하거나 지정을 받은 관광사업자가 음식사업을 하는 범위이다. 특히 관광이라는 것이 집을 떠나 행하는 행위인 만큼 외식은 꼭 필요한 것이다. 물론 관광객이 이러한 관광진흥법에서 분류하고 있는 관광사업체를 이용한다고는 할 수 없으나 어디까지나 관광진흥법이 관광객의 편의를 증진하기 위하여 음식제공을 규정하고 있는 한 음식과 관련된 관광사업의 분류와 특성을 인식할 필요가 있다.

(1) 관광숙박업

관광숙박업 모두가 숙박과 음식을 제공하는 것은 아니다. 호텔업, 휴양콘도미니엄업은 음식을 제공하지 않고 있는데 이는 건전한 국민관광을 유도하고 발전시키려는 국가시책에 부응하기 위하여 등록·운영되는 업종이니만큼 저렴하고 편리한 숙박시설을 제공하는 외에 직접 취사할 수 있는 시설을 제공하는 것과 같이 여행자의 편의를 위하여 운영하고 있음에 유의할 필요가 있다.

(2) 관광객이용시설업

관광객 이용시설업의 경우에는 음식과는 관계없는 외국인전용 관광기념품판매업을 비롯하여 간접적으로 관계가 있는 전문휴양업, 종합휴양업, 자동차야영장업, 관광유람선업, 그리고 직접적으로 관계가 있는 관광음식점업과 외국인 전용 유흥음식점업으로 구성되어 있다.

(3) 관광편의시설업

관광편의시설업은 음식과 관련이 없는 관광사진업을 비롯하여 간접적으로 관련이 있는 자동차정류장시설업, 직접적인 관련이 있는 관광토속주판매업, 전문관광식당업, 그리고 일반관광식당업으로 구성되어 있다.

3) 한국표준산업기준에 의한 분류

(1) 한국통계협회의 분류

한국통계협회에서는 한국표준산업분류에 따라 숙박 및 음식점업으로 대분류를 하였고, 이를 숙박, 음식점 및 주점업 2개로 분류를 하였다. 따라서 음식점업은 음식점과 주점업으로 세분하고 있다.

〈표 3-3〉 한국통계협회의 분류

대분류	중분류	소분류	세분류	세세분류
숙박 및 음식점업	음식점 및 주점업	음식점	한식 음식점업	한식 일반 음식점업
				한식 면요리 전문점
				한식 육류 요리 전문점
				한식 해산물 요리 전문점
			외국식 음식점업	중식 음식점업
				일식 음식점업
				서양식 음식점업
				기타 외국식 음식점업
			기관 구내식당업	기관구내식당업
			출장 및 이동 음식점업	출장 음식 서비스업
				이동 음식점업
			기타 간이 음식점업	제과점업
				피자, 햄버거, 샌드위치 및 유사 음식점업
				치킨 전문점
				김밥 및 기타 간이 음식점업
				간이 음식 포장 판매 전문점
		주점 및 비알코올 음료점업	주점업	일반 유흥 주점업
				무도 유흥 주점업
				생맥주 전문점
				기타 주점업
			비알코올 음료점업	커피 전문점
				기타 비알코올 음료점업

(2) 한국산업훈련연구소의 분류

한국산업훈련연구소는 레스토랑을 점포음식, 무점포음식, 급식, 그리고 연회와 같이 광의적으로 구분하며, 점포음식은 음식점, 요정, 그리고 알콜음식점으로 구분한다. 음식점은 점내음식점으로 레스토랑, 카페테리아, 전문음식점, 그리고 다방으로 분류하고, 매점은 패스트푸드, 도시락, 김밥, 그리고 델리커숍(delicashop)으로 분류하며, 알코올음식점은 대포집, 바 카바레, 그리고 술집으로 분류한다.

무점포음식은 노점과 택배음식으로 구분하고 택배음식을 부식물 택배, 음료류 택배, 조리품 택배, 그리고 출장조리로 분류한다. 급식은 집단급식과 교통급식으로 나누어, 전자를 학교급식, 병원급식, 그리고 사무실급식으로 분류하고 후자를 기내급식, 차내급식, 그리고 선내급식 등으로 분류한다. 연회는 호텔과 여관으로 나눈다.

2. 미국레스토랑협회(NRA: national restaurant association)에 의한 분류

음식서비스업의 복잡화와 다양화에 힘입어 외식업을 정의하고 여러 구성요소를 유형별로 구분하는 데에는 여러 가지 방법이 있다. 그러나 그 구분이 어떻게 행하여지든 세부적인 구분에 있어서는 상당히 중복되는 부분이 있다. 이 구분들은 어느 정도 독단적인 것이라고 볼 수 있으며 뚜렷한 경계선을 긋는 것은 상당히 어렵다. 흔히 이용되고 있는 미국레스토랑협회(NRA)에 의한 외식구분은 상용, 기관, 그리고 군시설이다.

미국레스토랑기관(Retaurants & Institutions)은 〈표 3-4〉와 같이 분류한다. 상용시설은 대중을 대상으로 한 영리목적의 영업체로 운영되고 음식서비스를 제공하는 외식시설이 포함된다. 이러한 시설은 외식매출 중 거의 85%를 차지하고 단순히 먹고 마시는 곳, 계약음식점, 숙박업음식점, 그리고 백화점 내에 있는 레스토랑을 포함한다. 미국레스토랑협회에 따르면 먹는 곳에 관하여 다른 범주도 있을 수 있지만 대부분이 레스토랑, 런치룸(lunch room), 상용 카페테리아, 제한메뉴 레스토랑, 패스트푸드 체인과 프랜차이즈, 숙박업, 음식점, 아이스크림과 냉동커스터드 스탠드, 그리고 소셜 케이터러(social caterers)와 같은 상용시설이다.

〈표 3-4〉 미국레스토랑협회의 분류

대분류	소분류	
상용업체 (commercial feeding)	1. 음식전문점 (eating places)	① Restaurants, lunchrooms ② Limited menu restuarants, Refres-hment places ③ Commerical cafeterias ④ Social caterers ⑤ Ice cream frozen custard stands ⑥ Bars/tyaverns
	2. 계약음식점(food contractors)	① Manufacturing & industrial plants ② Commercial & office b-uildings ③ Hospitals & nursing homes ④ College & universitie-s ⑤ Primary & secondary schools ⑥ In-transit feeding(airlin-es) ⑦ Recreation & sports centers

<table>
<tr><td rowspan="6">상용업체
(commercial feeding)</td><td>3. 숙박업음식점
(lodges places)</td><td>① Hotel restaurants ② Motor hotel restaurants ③ Motel restua-rants</td></tr>
<tr><td>4. 소매업음식점(retail host restaurants)</td><td>① Drug and proprietary store restaurants, General merchandise store restaurants ② Variety store restaurants, Food store restua-rants Grocery store restaurants, Gasoline service station restaur-ants and mincellaneous retailers</td></tr>
<tr><td>5. 위락시설음식점
(recreation & sports)</td><td>① Drive-in movies ② Bowling lanes
③ Recreation and sport centers</td></tr>
<tr><td colspan="2">6. 이동캐터러(Mobile caterers)</td></tr>
<tr><td>7. 자판기(vending &
non-store retailers)</td><td>① Sales of hot food ② Sandwiches ③ Pastries
④ Coffee and other hot beverages</td></tr>
<tr><td>1. 직원식당(employee feeding)</td><td>① Industrial and commercial organizations
② Seagoing and inland waterway vessels</td></tr>
<tr><td rowspan="6">기관업체
(institutional feeding)</td><td colspan="2">2. 단체가 운영하는 학교음식점(public & parochial elementary, secondary schools)</td></tr>
<tr><td colspan="2">3. 대학교운영음식점(colleges & universities)</td></tr>
<tr><td colspan="2">4. 교통업음식점(transportation)</td></tr>
<tr><td>5. 병원운영음식점
(Hospitals)</td><td>① Voluntary and proprietary hospitals ② Long-term general, TB, Mental hospitals ③ Sales or commercial equivalent to employees in stateand local short-term hospitals and federal hospitals</td></tr>
<tr><td colspan="2">6. 보육원, 양로원, 고아원, 장애인음식점(nursing homes, homes for aged, blind, orphans, mentally & physically handicapped)</td></tr>
<tr><td colspan="2">7. 클럽, 위락시설캠프(clubs, sporting & recreational camps)</td></tr>
<tr><td rowspan="2">군업체
(military feeding)</td><td colspan="2">1. 장교전용음식점[officers & NCO clubs(“open mess”)]</td></tr>
<tr><td colspan="2">2. 일반군음식점(foodservice-military exchanges)</td></tr>
</table>

기관시설은 사업체, 교육기관, 정부, 그리고 기관조직에서 자체의 직원들을 위하여 운용하는 음식시설이다. 음식시설은 주요 조직의 한 부분이고 업무활동을 보조하기 위한 보조서비스로 제공되며 어떤 업체에서는 수익적으로 운용되기도 하지만 이러한 시설은 영리를 목적으로 하는 외식사업이 아니고 종사원, 학생, 환자, 그리고 거주자들에게 편의성을 제공하는 데 목표를 두고 있다.

상용과 기관시설의 주요한 차이는 업체의 목표와 목적에 있으며 이는 〈표 3-5〉와 같이 요약할 수 있다.

〈표 3-5〉 미국레스토랑기관(Restaurants & Institutions)의 분류

상용부문	기관부문
풀서비스(full service)	직원식당(employee feeding)
패스트푸드(fast food)	학교식당(schools)
숙박업음식점(lodging)	병원식당(hospitals)
소매업음식점(retail)	대학교식당(colleges and universities)
슈퍼마켓음식점(supermarkets)	군식당(military)
위락시설음식점(recreation)	보육원식당(nursing homes)
C-스토어음식점(C-stores)	교통업음식점(transportation)
케이터링(catering)	탁아소음식점(day care)
	양로원음식점(elder care)
	기타 우애클럽(fraternal clubs), 교도소(prisons), 위락시설캠프(recreational camps)

〈표 3-6〉 상용시설과 기관시설 간의 비교

구분	상용시설	기관시설
음식서비스	주로 독립적으로 음식만을 제공하는 것을 목적으로 한다.	음식서비스는 경영시스템의 아주 작은 부분일 뿐이고 건강과 교육을 목적으로 한다.
시장	시장을 구축하고 반복사업이 되기 위하여 시설과 메뉴는 중요하다.	특정소비자의 욕구를 가지고 있는 반복시장을 가진다.
소비자만족	소비자의 욕구를 만족시키는 것이 목적이다.	소비자의 만족과 더불어 고객의 요구조건을 충족시키는 것이 목적이다.
고객관계	성패가 고객만족과 직접적으로 관련이 있다.	고객들을 만족시키는 것뿐만 아니라 요구조건의 충족과 관련이 있다.
고객욕구	일반적으로 일시적인 목표에 바탕을 둔다.	아주 특별하고 영구적인 목표(요양환자에 적합한 영양)에 바탕을 둔다.
수익	수익은 주요한 동기 중 하나이다.	수익은 주요한 동기가 아니고 대부분의 업체는 예산이 제한되어 있다.
운영	식사량을 예측하기가 어렵다.	식사량은 기대하는 고객의 수가 있기 때문에 예측하기가 쉽다.
분위기	고객의 수를 예측할 수 없어 특별한 상황에서는 혼잡할 수도 있다.	고객의 수를 예상할 수 있어 혼잡하고 바쁜 분위기는 없다.
관리자	오랜 시간의 작업으로 스트레스를 받을 수 있다.	작업시간을 예상할 수 있어 스트레스를 덜 받게 된다.
메뉴	고객들이 정규적으로 방문하는 것이 아니기 때문에 메뉴의 계획과 생산은 비교적 쉽다.	정규식을 바탕으로 하기 때문에 메뉴의 계획과 그 생산은 복잡하다.

3. 영국의 경우

영국의 외식산업분류 방법과 내용은 호텔과 케이터링산업(Hotel & Catering Industry)이라고 표준산업분류상 나타났다. 그러나 분류기준에 맞도록 되어 있는 호텔과 케이터링산업을 정확하게 정의하기란 그리 쉽지는 않다고 본다.

왜냐하면 식료와 음료는 호텔과 케이터링산업을 구성하는 한 부분이지만, 분류상에 나타난 내용처럼 집을 떠난 모든 사람들에게 식료와 음료를 제공하는 업소가 포함되는 것은 결코 아니기 때문이다.

영국의 경우 식료와 음료업장의 주요 부분은 다음과 같이 2가지 특징이 있음을 알 수 있다.

(1) 상업적인 업소

공영 또는 개인소유, 상업적인 소유의 외식업은 일반시장, 호텔, 레스토랑, 스넥바, 패스트푸드와 테이크 어웨이, 클럽, 기관 종사원 케이터링, 교통기관 케이터링 등이다.

(2) 보조 또는 복지 업소

기관 케이터링(학교, 대학, 병원, 군대, 교도소)과 종사원 케이터링 등이다.

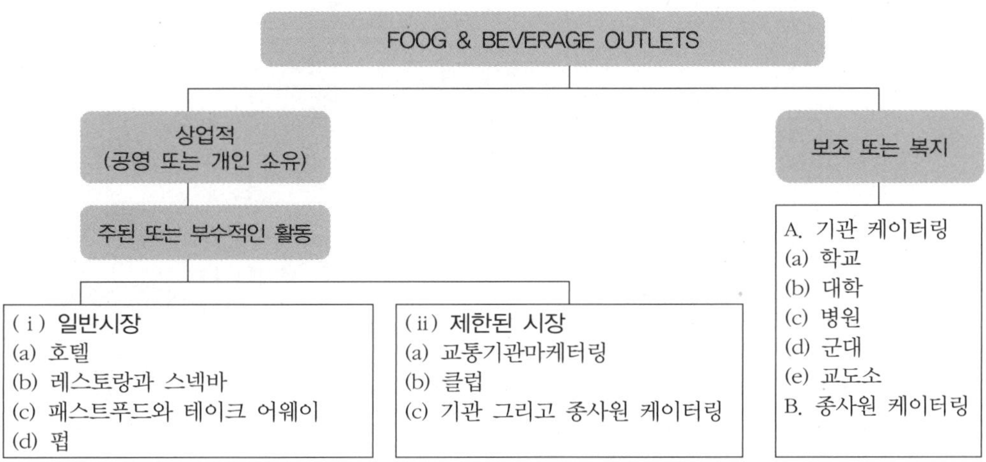

〈그림 3-3〉 영국 식음료업장의 구분

4. 일본의 경우

일본의 경우에는 급식주체와 음료주체로 구분하여 외식업을 분류하는 기본틀을 유지하였다. 그리고 급식주체를 다시 영업급식과 집단급식으로 세분하였으며, 또한 영업급식에는 일반식당과 특수타입의 식당, 여관, 호텔로 구분하였다.

그러나 최근에 와서는 급식주체와 음료주체에서 점포음식과 무점포음식, 그리고 급식과 연회로 새롭게 분류하였다.

* 이 분류에는 패스트푸드가 들어 있지 않음.
* 식당 · 레스토랑 등이 급식으로 분류되고 있음.

자료: 미야에이지(1992), 외식비즈니스, 한국산업훈련연구소 : 4.
나정기(2000), 『외식산업의 이해』에서 재인용.

〈그림 3-4〉 일본의 외식산업의 분류

자료: 미야에이지(1992), 외식비즈니스, 한국산업훈련연구소: 5.
나정기(2000), 『외식산업의 이해』에서 재인용.

〈**그림 3-5**〉 일본의 새로운 분류

4 학자별 분류

1. 바라반과 두로체의 분류

음식서비스업은 음식서비스를 앞에서와 같이 분류하기도 하지만 어떤 학자들은 이와는 다른 측면에서도 분류하고 있다. 바라반(Baraban)과 두로체(Durocher)는 대부분의 분류가 평균 지불가격, 주제, 음식의 민족성, 그리고 세분시장에서 이루어져 왔으며 이들 중 세분시장에 의한 분류는 가장 많이 사용하고 있는 방법으로 풀서비스 레스토랑, 패스트푸드 레스토랑, 초등학교와 중학교 음식점, 직원식당, 병원식당, 숙박업 음식점, 대학교 음식점, 군 음식점, 위락시설 음식점, 편의점, 보육원 음식점, 교통업 음식점, 소매업 음식점, 그리고 기타와 같이 구분하고 있다.

2. 라틴의 분류

라틴(Lattin)은 음식서비스를 시장별로 일반적인 개별시장, 교통시장, 호텔시장, 소매시장, 여가시장, 학생시장, 산업체시장, 그리고 보양을 위한 시장과 같이 분류하고 있다.

3. 레이드의 분류

레이드(Reid)는 음식서비스를 〈표 3-7〉과 같이 분류하고 있다.

〈표 3-7〉 레이드의 분류

대분류	소분류
콘티넨털/고메이 부문 레스토랑(continental or gourmet segment restaurant)	
전문레스토랑(specialty restaurant)	초기 미국식, 독일식, 또는 이탈리아식 레스토랑(early American, German, or Italian restaurant)
커피숍(coffee shops)	
카페테리아(cafeterias)	공립카페테리아[public cafeterias(Morrison's and Duff's)], 사립카페테리아[private cafeterias(ARA Services or SAGA corporation)]
패스트푸드(fast-food)	맥도날드, 버거킹, 웬디스, 하디스, 켄터키 프라이드 치킨(KFC), 처치스, 롱존실버스, 기타 국가체인이나 지역체인

4. 칸의 분류

칸(Khan)은 서로 다른 관점에서 음식서비스를 평가하는 데 도움을 줄 수 있는 것이 소비자 욕구의 측면에서 분류하는 것이라 하여 음식서비스를 〈표 3-8〉과 같이 분류하였다.

〈표 3-8〉 칸의 분류

대 분 류	소 분 류
패스트푸드 서비스 (fast foodservices)	
중가격 레스토랑 (midpriced restaurants)	패밀리 레스토랑, 커피숍, 디너, 팬케이크하우스, 주제 레스토랑
상급 레스토랑 (upscale restaurants)	고급 레스토랑(fine restaurants), 주제 레스토랑
테이크아웃 음식서비스 시설 (take-out foodservices facilities)	피자, 델리샌드위치, 파스타, 고메이 샐러드, 특정 민족음식(중식 또는 멕시칸식(Chinese or Mexican foods), 햄버거, 치킨, 아이스크림
숙박업 음식서비스 (hotel/motel foodservices)	
여가시설 음식서비스 (foodservices at leisure facilities)	오락공원, 동물원, 경기장, 휴양지역, 휴가지(vacationlands), 기타 관광지(tourist attractions)의 음식서비스
요양시설 음식서비스 (foodservices in health-care facilities)	병원, 보육원, 요양원(convalescent centers)의 음식서비스
사업/산업체 음식서비스 (foodservices in business and indusry)	산업체의 카페테리아와 레스토랑
교육기관 음식서비스 (foodservices in educational institutions)	학교, 대학, 대학교의 음식서비스
지역 음식서비스 (community foodservices)	WIC(Women, Infant, Children)프로그램, Wheels프로그램 식사, 기타 유사 프로그램

5. 카스자리안의 분류

카스자리안(Kaszarian)은 시설계획의 측면에서 음식서비스를 일반레스토랑, 호텔음식서비스, 패스트푸드업, 직원음식서비스, 대학음식서비스, 병원음식서비스, 그리고 항공사케이터링으로 분류하고 있다. 編

〈표 3-9〉 카스자리안에 의한 분류

조리공간	공 간	서비스 유형
카페테리아, 레스토랑, 병원, 호텔, 런천카운터	패스트푸드, 소규모 레스토랑, 중규모 레스토랑이나 소기관 업체, 대규모 레스토랑이나 중규모 기관업체, 간단한 메뉴의 대규모 기관업체, 복잡한 메뉴의 호텔레스토랑이나 기관업체, 케이터링시설, 스낵바	테이블서비스 레스토랑, 스낵바, 런치카운터, 패스트푸드 레스토랑, 디너, 드라이브인, 그릴, 와인바, 카페테리아-스트레이트라인(cafeteria-straight line), 카페테리아-프리플로우 또는 스크램블(cafeteria-free flow or scramble), 나이트클럽, 델리카트슨, 카페, 티룸, 팬케이크하우스, 뷔페

6. 코스체바와 터렐의 분류

코스체바(Kotschevar)와 터렐(Terrell)은 〈표 3-10〉과 같이 시설계획의 측면에서도 소비자의 유형에 따라 음식서비스를 분류하였으며 이러한 측면에서 칸(Khan)은 대학 · 대학교 음식서비스, 학교 음식서비스, 산업체 음식서비스, 패스트푸드 서비스, 전문레스토랑, 그리고 병원 음식서비스로 구분하기도 했다.

〈표 3-10〉 코스체바에 의한 분류

대분류	소분류
상용 음식서비스 (commercial foodservice)	항공사, 숙박업, 바와 라운지, 상용카페테리아, 상용커피숍, 배달, 패스트푸드점/드라이브인, 서비스레스토랑
학교 음식서비스(school foodservice)	
대학/대학교 음식서비스 (college and university foodservice)	구내카페테리아, 구내커피숍과 스낵바, 전문케이터링, 유니온빌딩(union buildings), 패컬티클럽(faculty club), 레지던스홀(residence halls)
병원 음식서비스(hospital foodservice)	
산업체 음식서비스 (industrial foodservice)	직원식당(executive dining room), 좌석서비스(seated service), 카페테리아, 이동판매와 자판기서비스
기타 음식서비스	

참/고/문/헌

권정희 외, 『최신외식경영론』, 2013.
나정기, 『외식산업의 이해』, 백산출판사, 2000.
미야 에이지, 『외식비즈니스』, 한국산업훈련연구소, 1992.
신재영 외, 『외식산업개론』, 1999.
Marian C. Spears, 『Foodservice Organization; A Manageral and Systems Approach』, Merrill, 1995.
Stokes, J. S., 『How to Manage a Restaurant』, New York: Wm. C. Brown Co., 1986.
Khan, 『Mahmood A., Concept of Foodservice Operations and Management』, VNR, 1990.
Lundberg, Donald E., 『The Restaurant; From Concept to Operation』, John Wiley & Sons, 1985.

04 Chapter 외식산업의 운영형태

1 독립경영

독립경영(independent operation)이란 법률적 형태로 명시하고 있는 개인기업, 주식회사, 기타 그 어떤 기업의 형태로 체인이나 경영계약방식을 택하지 않고 자신의 노하우를 가지고 외식업소를 직접 단독으로 경영하는 방식을 말한다. 우리나라 대부분의 외식업소들은 규모가 작고 영세한 관계로 독립경영방식으로 가장 많이 운영되고 있다. 독립경영은 설립 및 운영이 용이하고 시장동향 등 환경에 기민하게 대응할 수 있으며, 창의능력이 충분히 발휘될 수 있는 반면, 자본력, 기술력, 생산력에는 한계가 있다.

2 체인경영

체인경영(chain operation)이란 서로 다른 위치에 소재하고 있는 적어도 2개 이상의 외식업소가 동일한 개념과 경영방침 아래 형성되어 운영하는 것을 말한다. 외식사업의 체인경영에서 얻을 수 있는 이점은 한 마디로 규모의 경제이다. 한 단위 업소를 대형화하는 것도 규모의 경제를 이룰 수 있는 방법이 되기도 하지만, 외식사업상품의 특성인 상품이동과 저장의 한계성으로 인하여 확보할 수 있는 시장권이 제한되기 때문에 단일외식업소의 확대로는 규모의 경제를 이루는 데 한계가 있다. 그러나 같은 시설을 지닌 외식업소들이 동일한 영업방침, 동일한 상품, 동일한 서비스 수준 등을 갖추고 각각 하나의 단위외식업소로 운영될 때 조금 더 효율적인 규모의 경제가 적용될 수 있다. 즉 외식사업 체인경영의 핵심은 다점포를 통한 효율의 향상이다.

체인경영에는 우리가 일반적으로 말하는 직영체인(regular chain), 자율체인(voluntary chain), 프랜차이징(franchising)이 있다.

1. 직영체인

직영체인(regular chain)이란 단일자본 · 동일 경영자에 의해 설립된 체인점을 말한다. 이는 회사가 독자적으로 자기자본 전액을 출자하여 체인형태를 확장해 가는 방식을 말하며, 동일경영자와 단일자본에 의한 다점포화를 의미한다고 볼 수 있다.

외식사업에서는 최소한 하나 이상의 직영점을 두고 이를 바탕으로 하여 영업을 하고 있다. 이론적으로는 직영체인이 높은 효율성을 얻게 되어 있지만, 실제로는 다른 방식보다 효율이 낮은 경우가 많다. 그 이유는 직영점의 직원은 주인이 아니기 때문에 최소한의 의무만 이행할 뿐 더 이상의 노력을 하는 데 게을리하기 때문이다.

직영체인의 장점은 본사 직원이 직영점에 파견되어 영업을 하므로 본사의 경영방침이 그대로 전수되어 상품의 품질표준화를 지키게 됨으로써 상표에 대한 이미지를 그대로 전달할 수 있는 것이다. 또한 다른 체인방법과 달리 직영점에서 얻어지는 모든 수익이 본사에 귀속되므로 수익성이 높은 편이다. 직영점은 본사의 영업방침을 그대로 준수하기 때문에 따로 교육장소가 없는 점포는 본사에서 프랜차이지와 그의 직원, 본사의 직원을 교육시킨다. 이에 반해 직영체인의 단점은 직영점 개설에 따른 모든 비용을 회사측에서 지불해야 하기 때문에 직접투자에 따른 재무위험성이 높으며, 본사의 힘으로 자본력과 필요한 인력을 마련해야 하므로 체인전개의 속도가 느리다.

2. 자율체인

자율체인(voluntary chain)이란 독립자본에 의한 다수의 소매점이 모여서 각자가 갖고 있는 기능의 일부를 체인본사에 위탁하여 프랜차이즈 시스템을 갖추고 영업을 하는 방식이다.

따라서 상호나 상표는 통일하되, 점포운영은 개개인이 자율적으로 하고, 본사에 내는 보증금이나 로열티 등의 비용을 없앤 경영시스템이다. 자율체인의 가장 큰 장점은 판매원가를 낮출 수 있다는 것이다. 대기업은 구매활동에 있어 가격과 수량 측면에서 유리한 입장에 있기 때문에 소규모 개인점포와는 경쟁이 되지 않는다. 따라서 자율체인 본부에서 원재료나 상품을 대량으로 공동구입함으로써 경쟁력을 갖출 수 있게 된다.

자율체인의 장점은 가맹비, 보증금, 로열티가 없기 때문에 프랜차이즈에 비해 창업비용이 저렴하다. 물론 공동브랜드인 경우 공동으로 광고 및 홍보, 판매활동을 벌이기 위해 일정금액의 회비를 내기도 하지만, 그렇게 많은 액수는 아니다. 자율체인은 상호와 인테리어, 간판 등 최소한의 이미지만 통일할 뿐 경영은 독립점포만큼 자율적이다. 외식산업의 특성상 자율체인으로 운영되는 외식업소는 거의 없다. 이것은 본사에서 맛과 서비스의 질을 동일하게 유지할 수 없기 때문이다. 또한 자율체인은 브랜드의 유명도에 따라 매출액이 크게 영향을 받는 분야에서 상대적으로 본부의 이미지 관리 및 경영관리가 엄격한 프랜차이즈보다 불리한 점이 많다. 따라서 자율체인은 별다른 노하우 없이 판매 위주로 운영할 수 있는 업종에 유리한 경영방식이다.

3. 프랜차이즈 체인

1) 프랜차이즈(franchise)의 개념 및 현황

Franc라는 프랑스어에서 유래된 프랜차이즈는 '노예 상태로부터의 해방'이라는 뜻으로, 중세에 세금수세관이 일정 지분을 자신의 소득으로 남기고 나머지를 교황에게 납부했던 데서 유래한다. 이러한 역사가 있는 프랜차이즈의 사전적인 의미는 ① 계약연쇄점, 가맹점 ② 상품을 제조하고 판매하는 메이커 ③ 프로 야구에서는 야구단의 본거지 또는 본거지 구장(球場)에서 시합할 때의 '독점 흥행권'이다.

국제 프랜차이즈 협회(IFA: International Franchise Association)에서는 '프랜차이즈 시스템이란 본부가 가맹자에 대하여 일정한 보수의 대가로서 사업활동을 행하는 권리를 부여하는 면허를 준비하는 것이며 조직, 교육훈련, 머천다이징, 경영관리 등에 관한 계속적인 관계'라고 정의하였다.

따라서 외식사업에서 프랜차이즈란 '일종의 체인사업으로 체인본점인 프랜차이저(franchisor)가 가맹점에게 상품 · 광고 · 상표 · 경영방식 · 상품제조상의 Know-How 등을 프랜차이지(franchisee)에게 제공하여 주고, 그에 대한 가입비나 매출에 일정금액을 프랜차이저(franchisor)인 체인본사에게 제공하는 방식으로 쌍방 간의 공존공영을 목적으로하는 일체의 비즈니스이다.

농림축산식품부와 한국농수산식품유통공사의 보고서에 따르면, 미국의 프랜차이즈 시장은 유통 식품, 자동차, 비즈니스 서비스, 상업 및 주거서비스, 숙박업, 개인서비스, 패스트푸드, 부동산, 유통 제품 및 서비스 그리고 풀서비스 레스토랑으로 크게 10개의 사업으로 나눌 수 있다. 따라서 외식업 프랜차이즈의 형태는 풀서비스 레스토랑과 패스트푸드점이 중심이며, 사업성장률은 각 영역마다 다를 것으로 전망하고 있다. 프랜차이즈 레스토랑의 성장세는 2013년 다소 주춤하였으나 최근 5년간 꾸준히 성장세를 보이고 있으며, 2015년에는 대략 약 8% 수준의 높은 성장률을 나타냈다.

공정거래위원회에 따르면 국내 프랜차이즈의 가맹본부 수는 2020년 기준으로 전체 5,652개 가운데, 외식업체는 4,208개로 74.5%를 차지하고 있다. 또한 브랜드 수는

2020년 현재 전체 7,094개 가운데, 외식브랜드는 5,404개로 76.2%를 차지하였다. 이는 전년도에 비해 증가하는 추세로 보인다.

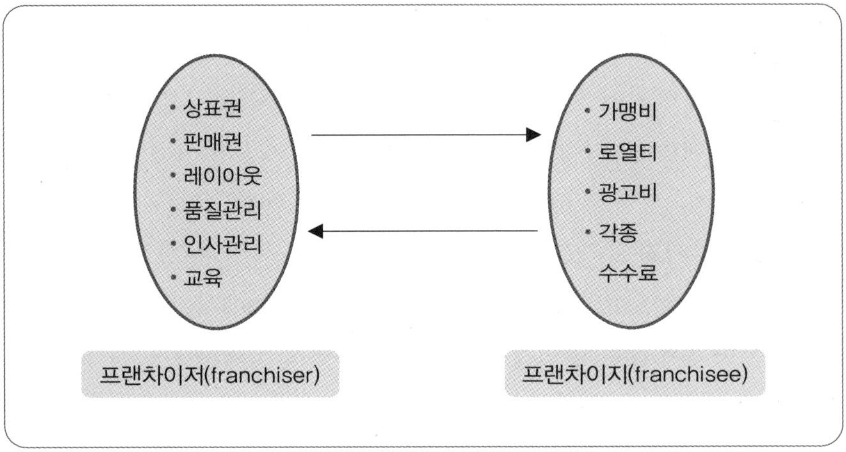

〈그림 4-1〉 프랜차이즈 시스템

2) 프랜차이저(franchisor)의 장단점

(1) 장점

① 높은 이익발생

프랜차이저는 직접투자 없이 상표사용 허가와 기술지도만으로도 그에 따른 급부가 있으므로 적은 자본으로 많은 이익을 얻을 수 있고, 프랜차이지가 도산한다 할지라도 재무적으로 직접피해를 입지 않는다.

② 통일된 상호 사용

체인 본사가 기존의 자사 브랜드나 상호를 갖고 시장에 진출해 있을 경우, 이미 정립되어 있는 소비자의 좋은 평판을 활용할 수가 있다. 또한 프랜차이즈 시스템을 활용할 경우 회사의 이미지나 로고 등을 널리 확장할 수 있는 장점도 갖고 있다.

③ 빠른 체인화

대부분의 외식체인 기업은 체인화에 필요한 노하우를 갖추었다 할지라도 자금과 인력이 충분하지 않다. 프랜차이지들의 자본과 인력을 이용하여 빠르게 체인화를 시도할 수 있다.

④ 경영 노하우의 활용

체인 본사는 이미 확립되어 있는 마케팅 전략 및 상품이나 경영 노하우 등에 대한 전문지식을 적극 활용하여 사업을 펼쳐나갈 수 있다.

⑤ 높은 지역사회 적응력

프랜차이지는 레스토랑이 위치하고 있는 곳에 오래 거주하였기 때문에 본사의 인력이 파견된 것보다 쉽게 지역사회에 적응하여 지역사회와 갈등을 일으키지 않는다.

⑥ 조직의 최소화

체인 본사는 가맹점이 자기 책임하에 경영되고 있으며 독립재산제로 운영되므로 가맹점의 일일 매출 점검에 대해 신경 쓸 필요가 없다. 따라서 본사는 관리 조직과 인원을 최소화할 수 있는 장점이 있어서 최소의 비용과 자본으로 최대의 경영효과를 올릴 수 있다.

⑦ 새로운 아이디어 제안

체인 본사는 가맹점으로부터 신상품이나 서비스에 대한 새로운 아이디어를 제안받아서 채택할 수도 있기 때문에 대다수가 가맹점주의 좋은 아이디어를 사업 경영에 접목시킬 수 있는 장점도 있다. 따라서 다수의 동반자를 확보한 상태에서 사업을 영위할 수 있어 비체인화 자영점포에 비해 사업효과를 극대화할 수 있다.

(2) 단점

① 경영정책변화 추구 곤란

체인 본사는 가맹점과 일체화된 경영전략 및 경영방침을 수행하기 때문에 독립사업에 비해 상품 개발 및 시장 전개 등에 있어 독자적인 변화 추구가 곤란하다. 따라서 급격한 경영혁신, 신속한 영업방침 등의 실행에 많은 제약이 따른다.

② 가맹점 폐쇄의 한계

가맹점이 체인 본사의 신용을 추락시키거나 체인사업 계약을 위반했다고 하더라도 자체적으로 신속하게 가맹점을 폐쇄시키는 데는 한계가 있다.

③ 법적분쟁 가능성

만일 프랜차이저의 능력이 프랜차이지가 바라는 기대 수준에 이르지 못한다고 판단할 시 프랜차이지는 프랜차이저의 능력을 의심하고, 최악의 경우 프랜차이즈 계약을 일방적으로 파기하는 상황까지 갈 수 있다.

④ 부실 가맹점의 문제

본사의 영업실적은 각 가맹점의 매출과 직결되어 있기 때문에 항상 영업에 제한을 받는다. 따라서 부실 가맹점이 다수 존재하면 본사의 사업에도 직접적인 타격이 올 수밖에 없다.

⑤ 광고비 과다 지출

체인 본사의 과다한 광고비 지출은 본사 및 가맹점 내의 매출증대 효과를 가져오는 경우도 많지만, 경우에 따라서는 영업구조에 영향을 주기도 한다. 더 나아가서는 과대광고로 체인 본사가 도산할 가능성도 상당히 내포되어 있다. 따라서 체인 본사는 매출증대 정도와 가맹점 모집 실적 등을 고려하여 적절한 광고비 집행에 각별히 신경써야 한다.

3) 프랜차이지(franchisee)의 장단점

(1) 장점

① 저렴한 영업비용

정형화된 상품구성과 체인 본사의 통일된 상점설계 및 홍보지원으로 창업비용을 최소화할 수 있어 자영사업에 비해 단시일 내에 최소의 투자로 최대의 효과를 낼 수 있다.

② 개장 전 서비스와 기술 서비스

이것은 개장 전 필요한 모든 서비스를 의미하는데 건축설계, 실내장식, 각종 장비의 설계 및 배치, 종사원의 교육과 교육훈련 그리고 마케팅 전략 등이 포함된다.

③ 전문가의 경영컨설팅

예비 가맹점 점포구입 시 상권 분석, 계약 관련 서류 등의 검토, 상품 조달 및 진열, 영업 및 홍보방법 컨설팅, 개점 후 매출증대 및 사업성공을 위한 컨설팅을 본사 또는 본사가 위촉한 전문 컨설턴트로부터 받음으로써 안정된 사업을 영위할 수 있다.

④ 교육지원

본사와 협의하여 가맹점도 종사원에 대한 교육 프로그램을 활용할 수 있으며, 경우에 따라서는 본사로부터 직접 종사원에 대한 교육지원을 받을 수도 있다.

⑤ 영업지침서 활용

예비 가맹점은 사전에 본사가 제작한 사업에 대한 상세한 영업지침서를 활용할 수 있기 때문에 사업경험이 없더라도 비교적 손쉽게 창업에 접근할 수 있다.

⑥ 공동광고효과

예비 가맹점은 사업을 시작하는 데 있어 본사로부터 사업운영에 대한 자문과 광고 및 홍보에 대한 지원을 받을 수 있기 때문에 비체인점에 비해 영업상 강점이 있다.

⑦ 장기 안정적 영업기능

실제 영업을 하고 있는 가맹점은 그 동네나 주변 소비자에 대해 본사보다 더 밀착되어 있기 때문에 단골고객 확보가 용이하며, 나아가 안정적이고 장기적인 영업이 가능해진다.

⑧ 지속적인 정보 입수로 전략경영 가능

가맹점은 본사를 통해 새로운 시장 개척 및 신상품에 대한 정보를 지속적으로 받아볼 수 있기 때문에 주변 경쟁점포와 견줄 수 있는 경영전략뿐만 아니라 차별화된 마케팅 전략 실행도 가능하다.

⑨ 대량구매에 의한 원가 절감 효과

프랜차이지에게 일정 설비와 원재료는 지정된 것을 구입 사용케 하고 있으며, 이 경우 본사와 해당 품목을 생산하는 특정회사의 계약으로 할인구매가 가능하고 혹은 프랜차이저가 직접 자회사를 두고 싼 가격으로 공급한다.

(2) 단점

① 독자적인 경영권 제한

프랜차이지가 됨에 따라 프랜차이저의 경영정책이나 방침에 따라서 경영활동을 해야 하고 독자적인 상품개발판매가 제한되므로 독자적인 정책을 펼치지 못할 수가 있다.

② 지속적인 로열티 지출

가맹점은 본사와의 계약 조건에 따라 일정 기간 단위로 정해진 로열티 등을 본사에 지불해야 하기 때문에 지속적인 로열티 등의 지출부담을 안게 된다.

③ 본사의 파산으로 인한 연쇄도산 우려

체인 본사의 재무구조 취약 및 사업 경험부족으로 본사가 부실화될 경우 가맹점도 연쇄 도산할 가능성이 높다. 따라서 가맹점 시점부터 재무구조 및 사업 경험이 풍부한 체인 본사를 선택하는 것이 무엇보다도 중요하다.

④ 계약서상의 불평등성

프랜차이저와 프랜차이지 관계가 되기 위해서는 계약서를 작성하는데 이 계약서는 프랜차이저가 만들어 놓은 기본 계약서에 당사자 간의 합의에 의하여 약간의 수정을 거쳐 서로 서명을 하게 된다. 이 계약서는 주로 프랜차이저의 입장에서 작성되었기 때문에 프랜차이지에게는 불리한 점이 많다.

⑤ 평판 하락

체인 본사의 영업 실패 및 평판 하락으로 인해 가맹점이 간접적인 피해를 보는 경우도 적지 않다. 체인 본사의 경영이 부실할 경우 가맹점은 자체 영업실적과 상관없이 간접적으로 악영향을 받는 경우가 많기 때문에 수시로 본사의 영업상황을 체크하는 일도 잊어서는 안 된다.

〈표 4-1〉 프랜차이즈 시스템의 장단점

구분	가맹 사업자 측면	가맹 계약자 측면
장점	• 소규모 중앙조직만으로 큰 이윤획득 및 시장 개척 가능 • 매장 관리비용 감소	• 가맹사업자의 사업상 명성과 신용을 이용 • 경영기법 습득, 선전이 용이
단점	• 지속적인 지도 및 원조가 필요 • 가맹계약자가 장래 경쟁자로 변화할 수 있음	• 가맹사업에 의한 지도 및 통제 • 가맹료, 로열티 지급

〈표 4-2〉 프랜차이즈 비즈니스의 주요 핵심역량

구분	핵심역량	주요내용
제품(메뉴) 및 서비스의 개발	차별화된 제품	• 경쟁우위의 품질, 유일무이성 제품의 취급 및 개발 • 유효적절한 가격전략 및 가맹점 공급의 경제성 • 차별화된 주력제품, Leading 제품군의 육성 및 개발 • 제품구성 및 가치창출 제품군의 구축
	차별화된 서비스	• 영업방식의 특이성 및 테마성, 신콘셉트 지향 • 제품 제공방식, 요리 및 먹는 방법의 독창성 • 고객만족과 감동의 접객성, 창의성, 차별성, 전문적인 숙련성
원부재의 개발	식자재 및 포장재의 경쟁력	• Mass System에 의한 경제성(대량구매, 대량생산) • 양질의 스펙(Spec.) 및 체계적인 구매 네트워크의 구축 • 우수한 OEM 및 기술경쟁력 우위의 협력업체 확보 • 포장재(Take Out용, Out Box용 등)의 기능적 및 시각적인 경쟁력
	물류 시스템의 구축	• Cold Chain System의 확보 및 물류센터 확보 • 전국 거점망 구축 및 종합 네트워크 형성 • 전산 정보 및 유통망의 구축
점포기획	표준점포개설	• 홍보용 안테나숍(모델숍)의 타입별 표준화 구축 • 각 부분별 3S 시스템의 확립
	명확한 점포콘셉트	• 점포 레이아웃의 독창적인 차별화 • 영업, 서비스, 분위기, 테마성 등 점토 Identity의 확보
마케팅 전략	촉진(판매촉진, 광고, 홍보 등)의 활성화	• 4대 매체의 활용(TV, 라디오, 신문, 잡지)의 극대화 • 점포 내 POP광고 및 각종 이벤트의 활성화 • 특별 및 특가상품 제공 등 집중 특화광고 • 단체, 기관, 업체 등 협력지원 및 연계행사 • 창립기념, 사은행사 등 다양한 판촉활용 및 개발
교육훈련	교육훈련 체계 및 내용의 전문성 구축	• 내용, 방법, 기간을 포함한 과정 및 프로그램의 활립 • 가맹점 점포경영에 관한 기능, 기술, 지식 등의 과정 • 신체품 개발, 판촉, 이벤트 등과 관련된 과정 • 매출활성화, 고객관리기법 등 경영관리의 과정

교육훈련	가맹점에 제공되는 지식 및 기술력	• 본사의 이념, 사훈, 경영목표 및 방침의 수립 • 사업의 비전과 미션의 제시 • 상품 및 이와 관련된 지식, 제조기술(제조법), 상품취급 및 관리법 • 접객서비스 및 경영마인드 제고 • 설비, 기계 장치, 기물류의 조작 및 관리법 • 점포, 위생, 종사원, 재무, 기장 등 제반 경영관리 • 촉진(광고, 홍보, 판촉, 인적판매) 및 각종행사 • 손익관리, 수요예측기법, 고객관리, 이미지관리
수익성 제시 및 상권분석	수익성 제시능력	• 예상매출 및 이익의 채산성 제시 • 예상되는 기대효과 및 활용전략
	상권 분석력	• 추정 손익계산, 투자회수, 내부수익률법 활용 • 통행량, 교통량, 제반 경쟁관계 등을 포함한 조사, 분석
다양한 정보	정보, 자료의 전략화	• 조사, 수집을 통한 분석, 평가, 진단 후 정책에 반영 • 전산정보화 및 종합 네트워크 시스템 구축
금융지원	금융지원의 내용	• 신규 가맹개설에 필요한 자금 융자 • 가맹점 운영자금의 융자 • 기존 가맹점의 시설자금 융자(수리, 개보수, 재투자 등)
	금융지원의 방법	• 본사의 자기자본으로 융자하는 방법 • 본사의 지급보증 방법 • 본사가 금융기관 알선 혹은 가맹점이 직접 융자받는 방법
경영지도 및 관리	S/V(슈퍼바이저) 제도의 활성화	• 본사와 가맹점 간의 원활한 교량역할(문제 및 갈등의 해소) • 지원, 지도, 육성, 감독, 관리, 조정 등의 역할과 기능 수행
	철저한 가맹점 지도 및 관리능력	• 세부관련 지원 • 영업분석 및 대응방안 • 기타 경영관리 제반내용의 지도

〈표 4-3〉 체인경영의 비교분석

종 류 / 항 목	직영체인	자율체인	프랜차이즈
주 체	기업본사	개인점포	전문기업
경 영	비독립	독립	독립
자 본	단일자본	가맹점	가맹점
점포경영	본부에서 위임	독립한 오너	독립한 오너
시장 개척	새로운 점포개설	기존 점포의 가맹	신규점포와 기존점포의 가맹
계약범위	없음	경영일부	경영전반
상품공급 범위	본부경유 혹은 지시	본부구입	본부경유, 지시 추천
가격통제	본부	자유	원칙은 본부 추천
지 도	슈퍼바이저 순회	자유	슈퍼바이저 순회
본부통제	완전통제	약함	강함
본부와의 관계	동일	임의 공동체	경영이념 공동체
점포이미지	동일	기본적 동일	동일

3 경영대리계약

이 방식은 호텔산업에서 많이 사용되고 있다. 식당경영능력이 부족하거나 없는 사람 또는 많은 부동산을 가지고 있는 사람 또는 기업(이하 소유주)이 외식체인본부에 대리경영케 하는 방식이다. 소유주는 식당경영에 필요한 토지, 건물, 시설, 집기 등은 물론이고 운영자금까지 제공하고 외식체인본부도 식당경영에 필요한 모든 권한을 소유주로부터 위임받아 경영하는 것이다. 즉, 완전한 소유와 경영의 분리현상이 나타난다.

법적으로는 외식체인본부 소유주에게 고용당하여 식당을 경영하는 대리인의 입장이기 때문에 경영 중에 일어나는 문제 중에서 고의성이 있는 것을 제외하고는 소유주가 모든 책임을 져야 한다. 예를 들어 외식체인기업이 잘못된 판단으로 재무적인 피해가 발생하였다든지 법적 소송이 야기되어 패소 당했다든지 하는 갖가지 모든 책임은 궁극적으로 소유주에게 귀결된다.

1. 소유주의 장단점

경영계약을 함으로써 소유주가 얻는 장점은 외식사업 노하우를 가지고 있는 업체의 모든 경험과 기존의 시스템을 공유할 수 있다는 것이다. 반면 소유주에게 불리한 점은 계약에 의하여 모든 경영권을 위탁경영회사에 위임하였기 때문에 계약만료 시까지 경영에 직접 참여할 수 없고, 일정기간 단위로 재무보고만 받을 뿐이다.

또한 경영부진으로 인하여 손해를 볼 때라도 총매출액의 일정비율을 지불해야 하고, 운영조직의 대부분이 위탁경영회사 소속의 직원이므로 많은 지출이 뒤따른다.

2. 위탁경영회사의 장단점

위탁경영회사의 유리한 점은 위탁경영에서 발생하는 수익이 프랜차이즈 계약하에서 발생하는 수익보다 보통 높다는 것이다. 경영수수료는 총매출액의 일정비율이고, 이외에도 경영성과급이 있다. 대부분의 경우 직접투자를 하지 않고 투자를 하는 경우도 적은 비율로 하기 때문에 재무적으로 커다란 손해를 당하지 않는다.

위탁경영회사는 직접 자사의 직원을 파견하여 영업부문부터 인사, 구매, 판매 등에서 모든 권한을 가지고 자기소유 업소처럼 운영하기 때문에 자사의 경영방침을 그대로 적용하여 상표손상의 위험은 거의 없다.

반면 위탁경영회사의 불리한 점은 경영권이 없는 소유주는 경영실태를 하나하나 감시하며, 위탁경영회사가 실책을 범했을 때 항의로 경영활동이 중단되기도 하고, 심한 경우 법적 분쟁이 일기도 한다. 경영자금이 부족할 때는 소유주로부터 운영자금을 지원 받아야 하기 때문에 소신있고 과감한 경영이 어렵다.

참/고/문/헌

김진우, 「국내 패스트푸드 프랜차이즈 사업의 발전방향에 관한 연구」, 용인대학교 석사학위논문, 2000.

최덕철, 『서비스마케팅』, 학문사, 1995.

한국외식산업연구소, 『외식사업경영론』, 백산출판사, 1995.

신재영 외, 『외식산업개론』, 1999.

원석희, 『서비스운영관리』, 형설출판사, 1999.

최영만, 『마케팅』, 효일문화사, 1999.

김시종, 『상품학개론』, 학문사, 1998.

Mahmood A. Khan, 『Restaurant Franchising』, VNR, 1992.

Young, S., 「The role of affective states and locus of attribution in evaluations of service」, Canadian Journal of Administrative Science, vol. 13, 1996.

05 Chapter 외식산업의 조직구성

1 외식산업의 조직특징

1. 조직의 구조적 의미

외식산업은 높은 품질의 음식, 쉴 수 있는 공간, 오락장소, 그리고 여가활동을 제공하여 가정이라는 느낌을 들도록 하는 사업체들로 구성되며, 이 사업들의 성공에 필요한 주요 지원서비스는 음식서비스이다. 여러 패키지상품, 전시유형, 그리고 제공서비스로 조리된 음식상품의 생산과 서비스는 외식산업의 모든 분야에서 고객욕구와 수요를 충족시키기 위해서 필요하다. 음식서비스와 관련되면서 영업에 이용할 수 있는 여러 가지 외식산업 조직구조에 대한 전략들을 이해하기 위해서는 여러 조직의 특징을 섬세하게 분석하여 검토할 필요가 있으며 특징을 살펴보면 다음과 같다.

1) 관리기준별 특징

외식산업의 서비스와 생산관련 업무의 관리수준은 정책을 수립하고 사업의 지속적인 성공에 영향을 미칠 수 있는 주요한 의사결정을 할 책임이 있는 사람인 최고관리자에서부터 시작된다. 반면에 중간관리자들은 기본적인 관리기능으로 볼 수 있는 기획, 관리, 지시, 통제, 계획능력, 그리고 라인조직과 스태프 조직, 상하 간의 의사조절, 부서와 부서 간의 업무 등을 조정하는 데 책임이 있어야 한다. 또한 영업관리자와 함께 일반직원들은 업무기능을 수행하는 단계이므로 일반 업장이나 레스토랑에서 이 기능들은 고객서비스와 함께 음식조리의 생산과정을 모두 포함해야 한다.

2) 업무조직별 특징

(1) 라인조직과 스태프조직의 구조적 특징

① 기업조직에서 영업에 관련한 책임자(부장)는 모회사가 소유한 레스토랑에 대한 책임이 있어야 한다.

② 프랜차이즈 영업의 책임자는 프랜차이지가 소유한 레스토랑에 대한 책임이 있어야 한다.

③ 식재료의 구매, 분배, 그리고 조사개발(R&D)관 관련한 책임자는 구매, 저장, 그리고 모든 재료의 분배에 대한 책임과 권한이 있어야 한다. 또한 조사개발은 기업의 미래영업에 큰 영향을 미칠 수 있는 새로운 상품의 디자인과 개발이기 때문에 개발에 대한 책임과 도전의식이 있어야 한다.

④ 인사담당업무의 책임자는 기업의 종사원들과 관련된 활동의 조정과 그에 대한 평가기준을 설정하여 적절하게 적용할 수 있는 능력이 있어야 한다. 그에 대한 결과는 인사담당책임자의 책임과 권한이 주어진다.

⑤ 프랜차이즈 시스템 개발과 관련한 책임자는 프랜차이즈 시스템의 운영방법과 서비스방법 및 가맹점의 영업성과에 대한 책임과 업장의 디자인 및 건축에 대한 책임이 있어야 한다.

(2) 중간관리자의 권한과 책임

① 프랜차이즈의 영업과장은 모든 프랜차이즈 업체의 지속적인 영업에 책임이 있다. 이러한 포지션은 또한 인사부과장, 교육과장, 출고, 구매, 조사개발, 그리고 품질보증 부서의 과장이라고 한다.

② 음식서비스 업체의 생산과 서비스담당 관리자는 외식기업 수준에서 조리상품과 재료들의 제조에 책임이 있다. 또한 외식기업이 구매한 모든 식재료들의 저장과 출고에 책임이 있다.

③ 식재료 구매과장은 외식기업이 요구한 모든 재료들과 상품들의 구매에 대한 책임과 권한이 있다.

④ 음식상품 조사개발 담당자는 향후 새로운 트랜드 상품개발과 업장의 콘셉트 개발에 책임이 있다.

⑤ 품질보증과장은 레스토랑들의 모든 측면에 대한 표준품질을 개발하고 이 표준들을 충족시키고 유지하기 위한 프로그램을 고안하고 시행할 책임이 있다.

⑥ 인사과장은 모든 직원의 고용과 해고에 대한 책임이 있다. 이러한 포지션에는 또한 종사원 편익프로그램을 시행하는 책임까지 포함한다.

⑦ 교육과장은 외식기업 수준에 맞는 교육 프로그램들을 기획하고 시행할 책임이 있으며, 다양한 교육 프로그램들은 외식기업의 중간관리자와 일반 종사원들을 위해 필요하다.

⑧ 외식기업의 입지관련 담당부서 책임자는 업소의 위치를 선정하고 프랜차이즈 시스템에서 생산하는 상품의 판매와 구매에 관한 협정에 책임이 있다.

⑨ 음식서비스담당 관리자는 종사원들의 개개인 서비스 콘셉트와 레스토랑을 위한 디자인설계를 개발할 의무와 책임이 있다. 어떤 퀵 서비스업체들은 서로 다른 디자인설계를 필요로 하는 여러 다른 레스토랑 디자인 콘셉트를 가지고 있다.

⑩ 시설담당 관리자들은 업장의 시설설계와 장비디자인 및 건축과 관련한 업무를 계획할 책임이 있다.

2. 조직구성과 운영

외식산업에서 업무에 관한 모든 사항은 업체의 조직에 대한 구체적인 구성내용과 그에 따른 운영방안에 있다. 일반적인 기업들의 조직구성과 운영에 대한 용어는 종종 서로 바꾸어 사용하기도 한다. 그러나 각 외식기업들의 조직구성과 운영은 철저하게 독립적인 기능을 가지고 있는 것이 특징이다.

외식기업의 업무조직에 대한 구성과 운영방법은 서로 독립적인 기능이 서로 복합적인 틀을 유지하면서 목표를 달성해야만 한다. 업무에 대해 조직은 필요하고 적합한 종사원들의 수의 결정을 지칭하는 것이다. 또한 조직구성은 조직목표와 정책, 인적자원계획, 채용, 오리엔테이션과 교육훈련/개발, 업무수행평가, 보상, 그리고 유지와 같은 7단계로 구성된다.

여기서 종사원의 수 결정은 최초의 노동력 필요조건을 고려하여 신입사원을 채용하는 데 있다. 먼저 채용광고를 하고 서류심사 이후에 면접을 하여 고용할 인원을 선발한 후 오리엔테이션과 교육을 마치고 나면 현장 실무에 들어간다. 현장 실무결과에 따라 종사원을 확보하는 일련의 과정을 거치는 것이 일반적이다. 이러한 결정은 사전조리업무에 있어 음식상품의 생산표준과 서비스직무분석을 이용하는 것이 오히려 객관적으로 수행될 수 있다. 또한 업무스케줄은 특정한 직무, 메뉴, 또는 조리에 있어 필요한 종사원의 수와 같은 직무분석만을 바탕으로 하는 것이 아니라 서비스의 유형도 감안하여 계획되어야 한다.

조직운영은 조직구성조건에 의해 결정된 적당한 종사원의 수를 확보하는 것을 지칭한다. 조직운영은 업무활동의 양과 노동력의 수요가 영업시간마다 다양하기 때문에 문제가 발생할 수 있다.

1) 직무관리시스템

외식업체의 업무에 대한 조직을 구성하는 데 있어 가장 큰 역할은 직무담당자가 가지고 있는 관리 리스트의 이용에 의해 영향을 받을 수 있다. 이러한 리스트는 예컨대 개개인의 직무가 구체적으로 분석되고 그에 대한 내용을 설명하고, 규정은 기본적인 틀을 유지하고 급료계산이나 출퇴근시간관리 내용을 요구한다.

새로운 종사원이 고용될 때 필요한 곳에서 일을 시키기 위해서가 아닌 특정수의 업무와 분리된 직무를 위해 고용되어야 한다(개개의 직무에 대한 직무기술서와 직무명세서가 도움이 된다). 직무담당자 관리리스트 시스템을 이용하는 업체들은 사전에 종사원들 개개인의 직무 및 업무와 책임을 계획하여 직무관리시스템 중복을 피할 수 있어야 한다.

직무관리형태에 설정한 직무를 수행할 수 있다고 해서 결코 모든 종사원의 수를 예측할 수 있다는 것을 의미하지 않는다. 가령 10명의 조리사가 리스트될 수 있으나 8명 이상은 안 된다면 8명만 고용해야 한다.

직무관리 리스트의 이용은 또한 근무시간에 관한 불만족을 제거하는 데 도움이 될 것이다. 종사원은 특정한 시간 동안에 행하여야 할 명확한 직무를 위해 고용되었기 때문에 조직운영은 특정 업무시간과 업무 날짜에 주어진 종사원들의 책임에 관한 사항이 명시되어야 한다. 조직운영에 있어 가장 중요한 하나의 목표는 바쁜 시간과 바쁘지 않은 시간에 맞추어 적절히 노동력을 안배하는 것이다.

사전에 행하는 조리업무는 이러한 목표를 달성하는 데 도움이 될 수 있다. 종사원들은 바쁜 식사기간 동안에 다른 업무를 수행할 필요가 없도록 바쁘지 않은 기간 동안 가능한 한 사전에 업무를 수행하도록 한다.

메뉴를 구성하는 것은 매출을 향상시킬 수 있는 유일한 방법이기 때문에 음식항목에 배열된 메뉴상품을 생산하는 데 소요되는 시간을 줄이기 위해서 항상 변화할 수 있다. 예를 들어 대학가의 고급 레스토랑은 축구경기 이후에 몰려드는 것에 대하여 정규메뉴 대신에 로스트비프를 제공하는 것이 그 경우이다. 이것은 서빙기간 동안 주방의 노력을 덜 수 있다. 이것은 더 값비싼 식품원가를 제공할 수 있으나 값비싸고 비효율적인 일시적인 노동력이 결코 필요 없다는 의미이다.

종사원들이 스태거드 시간제(staggered hours)로 일하고자 한다면 분열근무조(split shifts)는 아주 유용할 수 있다.

주 5일 근무하는 업체들은 바쁜 기간 동안에는 주 6일 근무로 운영하고 오버타임

에 대한 임금을 지불한다. 바쁘지 않은 기간 동안에 종사원들은 인건비를 낮추는 데 도움이 되는 자발적인 휴무를 선호한다. 10시간 근무, 주 4일 근무의 채택은 업체에게 도움이 될 수도 있다. 조직운영과 조직구성은 대규모 업체들이 영업분석가들을 고용할 만큼 중요하다고 할 수 있다.

2) 직무기술서와 명세서

직무기술서와 명세서는 외식업체의 특성과 조직의 구조, 그리고 업체의 경영목표에 따라 달라진다. 다음과 같은 예로 직무기술서와 직무명세서를 설명할 수 있다.

〈표 5-1〉 직무기술서와 직무명세서

<table>
<tr><td colspan="2" rowspan="4">Date : 20xx. 8. 5.</td><td>Position : Commis I(breakfast staff)</td></tr>
<tr><td>Department :</td></tr>
<tr><td>Report to :</td></tr>
<tr><td>Location :</td></tr>
<tr><td>Summary</td><td colspan="2">Commis II 부재 시 스토브섹션을 담당하여 업무를 수행하고 모든 음식을 최종적으로 체크하여 서비스직원에게 전달한다. sous chef(또는 ass't chef)를 보좌하여 부재 시 그 역할을 대신하며 sous chef의 지시에 따라 실무적 일을 수행하고 주방업무 전반에 관하여 함께 의논하며 부하 직원의 고충을 수렴하여 해결한다.</td></tr>
<tr><td>Responsibilities</td><td colspan="2">05:30 야간조로부터 업무 인수
로그북 확인
객실점유율을 확인하여 음식생산량을 예측하고 부하 직원들에게 전달
06:00 조식뷔페 체크
07:00 inside kit. 음식생산 체크
outside kit. 음식생산 체크
08:00 소스점검
09:00 중식뷔페 계획
10:00 영업준비상태 확인
11:00 중식뷔페 준비
12:00 중식뷔페 세팅
가니쉬와 콘디멘트 확인 및 셋업상태 최종 점검
outside kit. 음식생산 체크
13:30 점심식사
14:00 inside kit.와 outside Kit. 음식생산 상태를 확인하여 바쁜 경우에는 음식생산을 도와주고 한가한 경우에는 backside 업무를 도와 마무리
14:30 오후조장에게 업무 인계</td></tr>
<tr><td>Other Considerations</td><td colspan="2">1. food store와 direct food 주문서를 작성한다.
2. 미팅
3. 기술교육주관</td></tr>
</table>

3. 생산성과의 관계

외식사업의 가장 중요한 자산은 종사원이며 그들의 심리적인 욕구들은 생산성에 있어 중요한 것일 수 있다. 외식업체의 종사원들은 그들이 조리상품을 생산하고 제공하는 과정에서 단지 음식상품을 만드는 사람으로만 취급받을 수 있다.

외식업체의 종사원들이 더 많이 조리상품을 생산하고 그들 자신의 조리업무에 대한 직업에 관하여 긍지를 갖을 수 있도록 하는 자극제로서 참여가 허용되어야 한다. 종사원은 그의 참여가 빈약하여 신임을 받지 못한다면 무조건 불만과 대책없는 비판을 하려 한다. 사기를 증가시키고 결석률을 줄이기 위해 계근에 대하여 보너스를 제공할 필요가 있다. 이들 보너스들은 부수적인 돈이나 이용하지 않은 병가에 대한 여분임금의 형태가 될 수 있다. 종사원들은 병가를 그들에게 주어지지 않는 것으로 생각하기 때문에 그들은 실제로 아프건 안 아프건 그것의 이점을 가지려고 한다.

음식서비스 산업은 인센티브나 수익몫의 배분이 없는 것으로 잘 알려져 있다. 그러나 동기는 단순히 재정적인 의미뿐만 아니라 심리적인 의미를 가질 수 있다.

종사원들에게 어떤 부류의 직원에 대해 관심을 가지고 있고 영업에 중요하다는 것을 인식하도록 할 필요가 있다. 또한 종사원들은 어떠한 물질적인 혜택에 있어 차등보다 불평등과 편견이 더 사기를 떨어뜨리는 것으로 생각한다.

물론 외부적인 요인들이 생산성에 영향을 미치기도 한다. 사람들이 많이 외식함으로써 더 많은 판매량을 달성할 수 있어 생산성이 증가한다. 그러나 관리자의 관리정도는 종사원의 생산성에 중요한 영향을 미친다. 선발, 고용, 오리엔테이션, 교육, 그리고 감독 모두가 생산성에 영향을 미친다. 관리자는 직무를 먼저 맡길 수 있는 자를 고용하고 곧바로 그들에게 직무를 맡기는데 이것은 보통 빈약한 생산성과 높은 이직율을 초래한다. 관리자는 사전에 종사원들의 생산활동을 계획하지 못하고 대신에 단지 필요로 할 때 어떠한 것을 누군가에게 하도록 지시하는 것이 전부이다. 계속적으로 변화하는 항목들을 생산하는 외식사업체들에게 있어서는 높은 수준의 감독이 필요하다. 일반산업에서는 10명의 종사원에 한 명의 감독자가 바람직한 비율이나, 외식사업에서 이 비율은 보통 30명당 1명 꼴이다.

그리고 외식사업체들이 여러 파트타임 종사원들을 고용할 수 있는 것이 또 다른 문제이다. 풀타임 종사원보다 더 많은 직원이 필요할 수 있다는 것은 복잡성을 더해준다. 더구나 관리자들은 너무 강압적이어서는 안 된다고 생각하여 자신의 직무에만 몰두하여 적합한 인건비를 분석하기 위한 시간을 보내지 않는다.

• • • 리더십 발휘 이렇게 하라

▲ **솔선**

부하 직원 앞에서 작업 방법을 행동과 태도로 나타내라. 즉, 부하에게 모범을 보이는 것이다. 조직의 장으로서 부하의 신뢰를 얻으려면 필요한 때, 필요한 경우에 먼저 솔선해야 한다.

▲ **부하의 장점을 살리고 성공을 경험시킨다**

개인적 특기를 인정하고 살려주면 각자가 필승의 신념을 가지고 불안해 하지 않는다. 사막의 명장으로 일컬어지는 독일의 롬멜장군도 "승리의 기회를 체험하는 것이 필승 신념의 원천이다"라며 반드시 이길 수 있는 소작전으로 부하의 사기를 높였다. 군인의 리더십과 기업인의 리더십이 동일하지는 않지만 조직 목표를 실현하려면 목표 현실에 성공한 경험을 얻어야 다음 목표도 성공할 수 있다.

▲ **유도력**

유도력은 부하에게 나아갈 방향을 명확히 보여주고 이끌어 가는 힘. 때로는 뒤에서 밀어주는 힘을 말한다. 유도력을 갖추려면 점장은 조직의 목표에 충실해야 한다. 경영자나 상사에 대한 비판은 역으로 부하의 경멸을 살 뿐이며 신뢰감을 살 수 없다. 또한 점장을 판단력이 있어야 한다. 판단이 둔한 점장, 결단을 하지 않는 점장은 부하가 안심하고 따를 수 없다.

▲ **격려와 동기 부여**

이것은 한마디로 필요한 때 필요한 방법으로 사기를 북돋우는 방법이다. 부하는 인간으로서 다양한 욕망을 가지고 있다. 그 외 심리적인 욕구 5단계설도 있지만 심리적인 긴장에서 해방되고 싶은 욕구, 변화를 추구하는 욕구, 공정을 원하는 욕구, 참가의 욕구, 인정받고 싶은 욕구 등 여러 가지 욕구가 있다. 점장으로서 자신의 권한 내에서 부하의 욕구를 충족시킬 수 없는 면도 많지만 그것에 대해 원조를 아끼지 않는 자세가 부하의 신뢰도를 높인다. 특히 시의적절하게 부하를 인정하는 것이 최대의 동기 부여다.

▲ **논리적인 사고와 설득력**

관리의 구체적인 방법에는 건전한 판단과 과학적인 접근법이 있다. 리더가 비약을 잘 하거나 엉뚱한 생각을 하면 부하의 신뢰감을 얻을 수 없다. 그러나 현실의 점장 업무에서는 부하의 무리한 요구를 들어야 할 때가 있다. 그럴 때 점장은 부하를 납득시켜야 한다. 그 능력이 설득력이다. 설득력이 있고 없음은 인간관계의 결과이기도 한데 부하가 점장에 대해 '점장도 노력하고 있다'고 생각한다면 점장에게 무리한 부탁을 하지 않을 것이다. 그런 의미에서도 점장의 솔선하는 태도는 설득력을 더욱 강하게 한다.

▲ **리더십의 두가지 방향**

리더십에는 업적추구와 부하에 대한 인간적 배려라는 두 가지 측면이 있다. 점장의 개인적 마인드에 따라 업적이냐 사람이냐 중 어느 하나에 역점이 주어진다. 그러나 업적추구와 부하에 대한 인간적 배려는 전후관계가 아니고 부하의 협조를 통해 실적을 향상시키고 업적 향상을 통해 팀워크를 강화하는 동신 관계에 있다. 이것을 가능하게 하는 것이 참된 리더십이다.

2 외식업무 내용

대부분의 음식서비스업에서 이용할 수 있는 직무포지션의 유형을 이해하기 위하여서는 직무기술서와 레스토랑과 주방의 조직차트를 보는 것이 도움이 된다.

레스토랑 영업은 전체 음식서비스 관리자팀을 요구한다. 호텔/리조트의 일부분이든 하나의 레스토랑 체인이든지 개인이 소유하는 것이든지 레스토랑은 일반적으로 조직차트가 같은 유형이다. 물론 개개의 직무포지션 수는 레스토랑의 규모와 매출량에 따라 다르다. 흔히 2개의 직무로 나뉘는데 전방직무는 고객서비스와 관련된 직무를 말하며 후방직무는 고객서비스지역 이외의 레스토랑의 모든 직무를 의미한다.

1. 영업직 업무내용

1) 매니저

개인 레스토랑 영업에 있어 레스토랑 매니저는 주방장과 협조하여 업무를 수행한다. 조직구성과 교육은 고객관계를 취급하는 것과 함께 이러한 포지션의 주요기능이다. 게다가 매니저는 영업의 수익성에 책임이 있다. 이것은 식음료 원가결정뿐만 아니라 가격결정과 메뉴프로그램의 개발을 포함한다. 건물건축과 환경상태뿐만 아니라 안전과 위생에 대한 관리는 또한 주요한 책임들이다. 여러 레스토랑과 개별 단위에 개별매니저들이 있는 상황에서 대부분의 이들 책임들은 구매매니저, 하우스엔지니어, 식음료매니저, 그리고 컨트롤러에 의해 분담된다.

2) 보조매니저

개인 레스토랑에서 보조매니저는 종종 매니저의 책임들 중 몇몇 책임을 맡게 된다. 보조매니저는 매니저 부재 시 전체 영업에 책임이 있다. 대부분의 업체에서 보조매니저는 전방직원들을 교육시킬 책임을 맡는다. 다단위시설에서 보조매니저는 maitre d'hotel이다.

3) 업장지배인

이는 아웃렛매니저(outlet manager)라 불리며 업장의 운영 및 고객관리, 인사관리, 교육훈련과 부서장 간의 직간접적인 중계역할을 한다.

(1) **업장관리**: 매출관리, 재고관리, 업장환경정돈, 원가관리, 특별행사기회
(2) **고객관리**: 고객대장관리, 고객불평처리 및 예방, 예약관리
(3) **인력관리**: 근태관리, OJT, 인사고과, 교육훈련
(4) **재산관리**: 집기, 비품관리
(5) **문서관리**: 문서의 기록과 보관

4) 업장부지배인

업장지배인을 보좌하며 지배인 부재 시 업무를 대행한다.

5) 다이닝룸 캡틴

서비스할 때 스테이션으로 알려진 다이닝룸의 공간 내에서 서비스와 고객관계에 대한 책임은 이러한 포지션의 주요 기능이다. 다이닝룸 캡틴은 테이블사이드의 음식 조리에 관한 업무지식을 가지고 있어야 하고 다른 직원들에게 교육시킬 수 있어야 한다. 이러한 포지션의 이점을 살리기 위하여서 캡틴들은 와인리스트와 메뉴에 관하여 상당한 지식을 가질 필요가 있다.

(1) 접객책임자로서 영업준비상태와 종사원의 복장 및 용모를 점검한다.
(2) 고객을 영접하고 식음료의 주문과 서비스를 담당한다.
(3) 호텔 내의 전반적인 사항을 숙지하여 고객에게 정보를 제공한다.
(4) 주문전표와 계산서를 관리한다.

6) 웨이트직원과 버스퍼슨

이들 포지션들은 고객들에게 높은 품질의 전문서비스를 친절히 제공할 책임이 있다. 레스토랑 영업의 스타일은 웨이트직원이 제공해야 할 서비스의 유형에 따라 달라진다. 버스퍼슨은 가능하다면 웨이트직원을 도와주어야 하고 코스들 간 음식을 치우고 테이블을 재세팅할 책임이 있다.

(1) 웨이트직원의 책임

① 캡틴을 보좌하며 주문된 식음료를 직접 고객에게 제공한다.
② 책임구역의 영업준비와 청소를 담당한다.

(2) 버스퍼슨의 책임

① 캡틴과 웨이트직원을 보좌하며 서비스를 보조한다.

② 테이블 세팅과 청소를 담당한다.
③ 식당에서 필요한 은기물류, 글라스, 그리고 리넨류를 보급한다.
④ 음식을 운반하며 사용이 끝난 접시를 세척장으로 옮긴다.

7) 호스트와 호스티스

이들 포지션들은 그리트리스(greetress)라고도 불리며 고객을 영접하고 좌석으로 안내할 책임이 있으며 가능하다면 웨이트직원을 도와주어야 한다. 풀서비스 레스토랑은 분위기와 서비스의 수준에 따라 이러한 포지션을 위하여 maitre'd를 고용한다. 캐주얼 패밀리스타일의 업체는 일반적으로 이러한 책무를 위하여 호스트나 호스티스를 고용한다.

8) 헤드바텐더

1개 이상의 알코올음료 점포를 가지고 있는 레스토랑영업에서 헤드바텐더는 구매, 조직구성, 교육, 그리고 음료원가의 예측에 대한 책임이 있다. 바텐더, 칵테일서버, 그리고 캐셔는 헤드바텐더에게 보고한다.

9) 와인스튜어드

와인스튜어드는 소믈리에(sommelier)라고 하며 식전주(aperitif)와 와인을 권유하고 제공하며 와인의 진열과 재고를 점검·관리한다.

10) 시니어바텐더

(1) 바의 접객책임자로서 영업준비 상태와 종사원의 복잡 및 용모를 점검한다.
(2) 음료의 적정재고를 파악하고 보급 및 관리를 한다.
(3) 영업종료 후 재고조사를 실시하여 재고품목조사서(inventory sheet)를 작성 · 보고한다.

11) 바텐더

(1) 시니어바텐더를 보좌하며 칵테일을 주조한다.
(2) 음료 및 부재료를 수령하며 바 카운터를 청소한다.
(3) 모든 집기류의 정리정돈 및 청결을 유지한다.

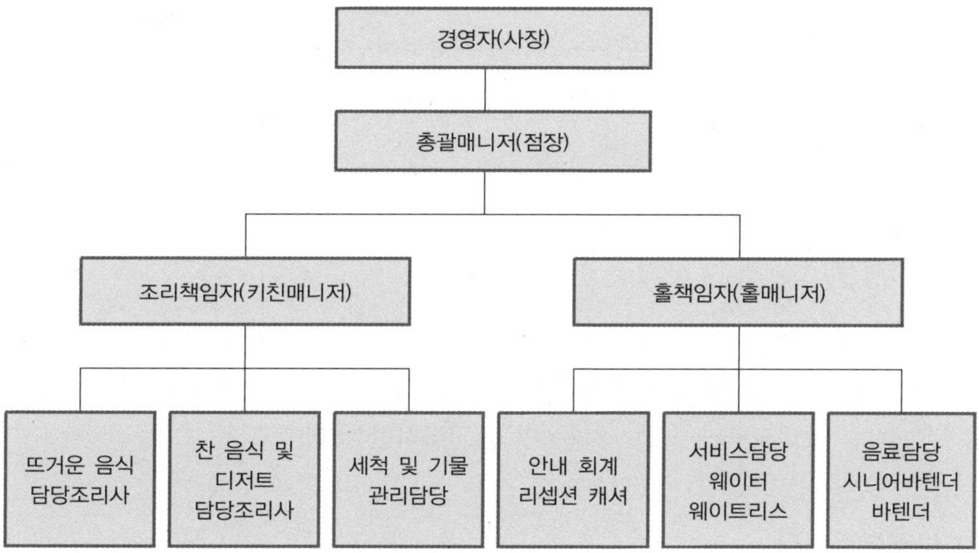

〈그림 5-1〉 외식산업체 기본 조직도

2. 생산직 업무내용

후방조직으로서 주방은 업체들의 특성에 따라 다른 직위와 직무를 가지고 있다. 주방장, 조리사, 보조조리사, 그리고 아르바이트나 임시직과 같은 가장 단순한 조직에서부터 총주방장, 부장, 차장, 과장, 대리, 사원, 그리고 임시직과 같은 조직, 또는 executive chef, sous chef, chef steward, working chef, chef de partie, night chef, banquet chef, second cook, soup cook, broiler cook, fry cook, vegetable cook, cook's helper, swing cook, garde manger, pastry chef, ass't pastry chef, baker, baker's helper, butcher, fish butcher, chicken butcher, oyster man에 이르기까지 약간씩 다른 성격의 조직과 직무가 존재하고 있으나 다음과 같은 조직과 직무가 일반적이다.

1) 총주방장

총주방장(executive chef: grand chef)은 음식서비스 업체의 유형과 규모에 따라 다양하다. 조리부의 가장 높은 직책으로 조리부를 대표하며, 직원의 인사관리, 메뉴의 개발, 그리고 식자재의 구매에 이르기까지 조리부의 원활한 운영을 위한 전반적인 업무를 수행하며 이에 대한 책임을 진다.

2) 부주방장

부주방장은 수셰프(sous chef)라고 부른다. 이들의 책임은 라인쿡 포지션을 맡는 것뿐만 아니라 총주방장의 부재 시에 주방에 대한 책임을 맡으며 요리의 개발 및 정보수집과 직원 조리교육과 같은 주방운영의 실질적인 책임을 진다.

3) 보조부주방장

이는 아웃렛셰프(outlet chef: chef de tournant)라 부르며 단위 영업장이 부재 시 그 역할을 대신하거나 특별행사 시 지원, 파견되는 주방장으로 조리부 전 영업장에 대한 일반적 지식을 갖추고 있어야 한다.

4) 교육주방장

이는 트레이닝셰프(training chef: chef de traiteur)라 부르며 조리에 관한 전문지식을 갖고 교육에 관한 자료수집, 기획, 그리고 강의를 담당한다.

5) 업장주방장

이는 헤드셰프(head chef: chef de partie)라 부르며 단위업장의 주방책임자로 업장의 신메뉴 개발, 고객접대, 인력관리, 원가관리, 위생안전관리 및 조리기술 지도와 같은 단위 영업장의 주방업무를 총괄하며 그 책임을 진다.

6) 보조업장주방장

이는 어시스턴트 헤드셰프(assistant head chef: commis chef de partie)라 부르며 업장주방장 부재 시 그 역할을 대신하며 단위 주방장의 지시에 따라 실무적 일을 수행한다.

7) 감독주방장

이는 슈퍼바이저(supervisor: 1'eme commis chef de partie)라 부르며 수련과정의 견습주방장으로 보조업장주방장에 준하는 업무를 수행하며 섹션주방장과 함께 모든 조리업무의 mise-en-place를 수행·점검한다.

8) 섹션주방장

섹션주방장(section: 1'eme commis chef de partie)이라 부르며 핫섹션, 콜섹션, 그리고 디저트섹션으로 나누고 주방장의 지시에 따라 실무적 조리업무를 수행한다.

9) 라인조리사

라인조리사(line cook)은 주방에 여러 조리스테이션에서 이루어지는 조리업무에 대한 책임을 진다. 주방시설의 규모와 조리를 위하여 이용되는 조리방법의 다양성은 조리라인에 스테이션의 수를 결정하게 된다. 그릴스테이션, 소우테스테이션, 그리고 브로일러스테이션은 대부분의 주방이 가지고 있는 스테이션이다. 어떤 라인조리사는 garde manger와 같은 특정 부분의 음식조리를 전담한다. 차가운 음식 디스플레이, 샐러드와 뷔페조리, 그리고 아이스조각은 garde manger셰프의 업무이다.

10) 페이스트리 셰프

페이스트리 셰프는 본래 브래드와 롤보다는 디저트 생산에 책임이 있다. 페이스트리 셰프는 뷔페와 데커레이션을 위하여 고도로 창조적인 디스플레이 작품생산과 관련된 일을 담당한다. 이러한 특정한 부분의 음식준비는 1990년대에 더 많은 수요를 창출하였다.

11) 조리사

조리사는 1'eme commis de cuisine라 부르며 섹션주방장을 보좌하여 조리업무를 수행하고 냉장고 정리와 guy load의 청결상태와 같은 주방 내의 위생에 대한 업무를 수행한다.

12) 보조조리사

보조조리사는 2'eme commis de cuisine라 부르며 조리사를 보좌하여 조리업무를 수행하고 주방장의 지시에 따라 식재료를 수령하고 이에 따른 빈카드(bin card)를 작성한다.

13) 견습사원

이는 트레이니(trainee: stagiaire)라 부르며 견습사원으로 주방업무에 관한 기본적인 사항을 신속히 습득하려는 노력이 필요하다. 채소와 같은 식재료의 기초적인 취급에 대하여 정확히 배워야 하고 특히 칼의 사용법 및 보관, 방화, 안전 및 위생에 대한 교육을 철저히 받아야 한다.

14) 스튜어드장

이는 치프스튜어드(chief steward)라 부르며 각종 주방용기 및 식기류의 구매의뢰 및 관리와 부하직원의 교육을 담당한다.

15) 보조스튜어드장

이는 어시스턴트 치프스튜어드(assistant chief steward)라 부르며 스튜어드장의 부재 시 그 역할을 대행하며, 각종 연회행사 시 기물공급 및 설치를 담당한다.

16) 스튜어드

일선 영업장의 쓰레기 수거 및 처리와 조리기물의 세척을 담당한다.

17) 스튜어디스

일선 영업장에 배속되어 각종 식기류의 세척과 식기세척원의 관리를 담당한다.

3 외식산업의 조직구성

1. 정규직 구성

정규직 사원의 결정은 어떠한 정해진 기준에 근거하여 결정되는 것은 아니나 일반적으로 업무량을 기준으로 하여 결정하기도 한다. 또한 그 업무량도 과소와 과대로 나누어 정규직 사원수를 결정하여야 하고 주별 휴무, 국경일, 대체휴일, 월차, 연차, 병가, 경조사, 군훈련, 교육, 사업여행, 결근, 지각, 조기퇴근, 휴직, 그리고 부가휴

일을 고려하여 결정하여야 한다. 이러한 요인들 중에는 1년 동안 전혀 발생하지 않는 것도 있다. 그러한 요인까지 감안할 경우에 정규직 사원의 수는 어느 정도가 적당한가는 상당히 어려운 과제이다.

2. 비정규직 구성

음식서비스 산업은 대부분의 업체들이 정상적인 8시간 근무에 적합하지 않은 하루에 3번의 식사시간을 제공해야 할 때 문제가 생긴다. 어떤 업체들은 하루 온종일 근무할 파트타임 종사원들을 이용하는데 이것은 특히 고학력 종사원들이 방과후나 주말에 이용될 수 있어 효과적이다.

종사원 범위를 제공하는 것 이외에 파트타임 종사원들은 업체에 이롭다. 예컨대 이들은 보통 풀타임 종사원들에게 주어지는 값비싼 의료와 연금과 같은 혜택을 받지 못한다. 주말에 그들은 정규 풀타임 종사원들 대신에 근무하기도 한다. 그러나 파트타임 종사원들을 고용함으로써 교통비, 급료지불, 부수적인 회계, 그리고 조직운영과 관련된 여러 문제들이 발생할 수 있다.

또 다른 유형의 파트타임 종사원은 풀타임으로 근무할 수 있는 사람이나 풀타임 종사원의 자격요건을 갖추고 있지 못한 종사원들이다. 하나의 정규포지션를 채우기 위해 두 명 이상의 종사원들이 이용될 때 풀타임 종사원(FTEs: Full-time Equivalents)으로 고려되기도 하다.

• • • 선진국의 파트타이머 현황

▲ 자신의 시간을 가질 수 있는 파트타임 근무 선호하는 일본

일본에서는 노동자의 시간제 근무가 해마다 늘어 미래의 고용형태로 정착될 수도 있다는 뉴스가 보도되기도 했다. 일본 경제기획청이 1999년말 발표한 '국민생활백서'에 따르면 주당 35시간 미만의 '시간제 근무'는 전체고용의 21%를 차지했다. 이는 지난 1990년보다 6% 늘어난 수치이다. 시간제 노동자 가운데 여성의 경우

풀타임 직장을 찾지 못해 하는 수 없이 선택하기보다 대부분 자신이 원하는 시간에 일하고 근무시간을 단축하고 싶다는 이유 때문인 것으로 밝혀졌다.

▲ **시간제 근무로 실업률 줄인 네덜란드**

네덜란드는 실업률이 높은 유럽 등 선진국에서 근로시간 단축과 시간 근로제의 확대로 일자리를 나눠 실업률을 낮춘 본보기로 꼽힌다. 정규 노동자와 똑같은 사회보장혜택을 받는 시간 근로제를 도입해 일자리를 늘리는 한편 기업은 노동시장의 유연성을 높였다.

유럽 정부들은 네덜란드 사례를 본받아 국민의 기초생활비를 보장하면서 서비스 산업분야의 시간제 노동을 활성화해 일자리를 확대 추진하고 있다.

파트타임제를 정착시킬 수 있었던 주 요인은 '바스너 협약'으로 기업이 돈을 벌어야 일자리가 생기므로 노조가 생산성 증가를 초과하는 임금인상은 하지 않겠다는 약속이며 실제로 이 협약이 발표된 1982년 이후 일자리는 늘어났으나 임금은 거의 오르지 않았다. 바스너 협약의 기본은 파트타임으로, 네덜란드는 총 근로인구의 30%가 시간제 근로자이며 계약직 근로자가 12%에 해당, 총 42%가 비정규직이다.

네덜란드는 유럽국가 중에서 노동시장의 유연성이 가장 확실한 나라로 이는 지식경영제와 접목되는 특징이 있다. 비정규직 근로자가 일자리를 유지하고 임금을 인상 받기 위해 새로운 지식을 쌓으려는 노력을 게을리하지 않는다는 것이다.

• • • 파트타이머에게 인기 있는 유능한 매니저가 갖춰야 할 6가지 기술

1. **좋은 화술**

   매니저의 의사소통능력은 외식산업에서 가장 중요한 요소 중의 하나이다. 능력 있는 화술자는 자신감뿐 아니라 직원들 사이에서도 확고한 리더십을 발휘할 수 있게 된다.

2. **직원들을 내부의 고객으로 대한다.**

   매니저들의 경우 자신 혼자서 잘했다고 칭찬을 받기보다는 그의 직원들이 그들의 업무를 잘 수행해 나갈 수 있도록 해 주는 일이 더 중요한 업무이다. 또한 매니저들이 직원들을 대하는 태도에 따라 직원들이 고객을 대하는 태도도 달라지게 된다는 검을 명심하라. 직원들이 업무를 시작할 때 관리자는 항상 밝은 웃음으로 친절하게 맞아 주어야 한다. 절대로 "빨리빨리해"라는 식으로 불친절하면서 업무만 강요하는 모습으로 직원들을 대해서는 안 된다.

3. **당신이 갖고 있는 최고의 자원인 직원들에게 항상 투자한다.**

일본 속담에 다음과 같은 말이 있다. "어떤 사람이 당신을 위해 일하고 있다면 당신은 그를 위해 일해야 한다. 그들을 사랑하고 그들을 리드해야 한다."

4. **좋아하지 않는 음식이나 지겨운 미팅이 더 오래 지속되는 법이다.**
교육 프로그램은 재미있고 생동감 있고 특색 있게 만들어야 한다.

5. **직원들로부터 복종을 바라기보다는 동의를 얻도록 한다.**
직원들에게 더 나은 서비스, 높은 판매실적, 낮은 비용 등이 왜 중요한가를 쉽게 설명해 주어야 한다. 레스토랑이 성공적으로 운영되고 있다면 그곳에서 일하는 직원들도 성공하는 것과 같은 것이기 때문이다.

6. **당신 곁을 떠나지 않는 사람은 바로 당신뿐이다.**
지속적으로 주변의 도움을 받을 수 있는 최선의 방법은 사람들이 떠나고 싶지 않도록 환경을 만들어 주는 것이다. 이를 위해서 매일매일 직원들도 고객처럼 대하고, 관리 감독하는 것이 아닌 항상 리드하고 그들의 잠재력을 키울 수 있도록 만들어 주고, 항상 재미있는 분위기를 만들어주자.

3. 조직운영의 유형

조직운영의 유형으로는 서로 다른 여러 유형이 있으며 개개의 스케줄은 서로가 관련되어 있다.

보통 스케줄은 개별메뉴항목을 위한 생산스케줄, 스테이션 생산, 그리고 스태프 범위까지 포함한다. 여기서 생산스케줄은 특정일이나 식사 또는 특정시기 동안 어떠한 것이 생산되어야 하는지를 결정하며 다음과 같이 향후 생산하는 데 필요한 내용들을 포함한다.

〈표 5-2〉 일일 생산스케줄

일일 생산스케줄				
날짜 ________				요일 ________
항목	양	레시피번호	필요한 식사나 시간	책임부서
애플파이	12	B-605	5 P.M.	베이크숍
-	-	-	-	-

일일 생산스케줄의 내용들은 베이크숍과 같은 작업스테이션에 책임이 있으며 자신의 스케줄을 갖는다. 더 소규모의 업체들은 생산스케줄과 스테이션업무 안내를 동시에 취급한다.

〈표 5-3〉 베이크숍의 일일 생산스케줄

스테이션: 베이크숍						
항목	양	레시피번호	필요한 시간	시작	완료	책임자
애플파이	12	B-605	2시간	2:30	4:30	홍길동
-	-	-	-	-	-	-

스태프 범위의 스케줄은 업체의 여러 단위들에 대한 범위를 제공한다. 문제는 개별업무 스케줄이 생산스케줄과 스테이션업무 제시 이전에 준비될 때와 스케줄된 개별시간들이 그들에 따르지 않을 때 발생할 수 있다. 업체가 개별시간 스케줄과 같은 시간에 이들을 준비할 만큼 충분히 정교하다면 생산 노동조건에 의해 개별조직운영과 시간이 조정될 수 있다. 다이닝룸의 조직운영은 다이닝룸 종사원의 업무생산표준에 의해 예측한 고객들의 수에 바탕을 둔다. 정규식사 시간 동안 바쁜 것은 이러한 조직운영을 어렵게 한다.

기본조직운영의 형태로는 2가지가 있다. 하나는 블락과 스태거드 스케줄이다. 이는 근무조에 편성된 모든 인원이 동시에 일을 시작하고 동시에 끝내는 형태이다.

또 하나는 작업유형에 바탕을 둔 조직운영으로 서로 중복되어 있는 형태인 스태거드 스케줄이다.

〈표 5-4〉 블락스케줄

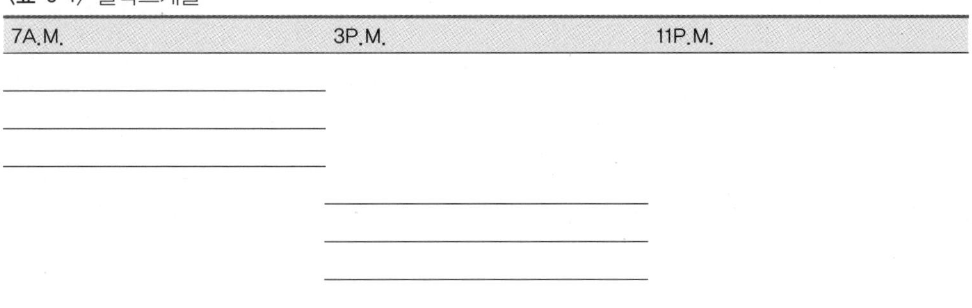

〈표 5-5〉 스태거드 스케줄

오전 7	오전 10	오후 3	오후 6	오후 11

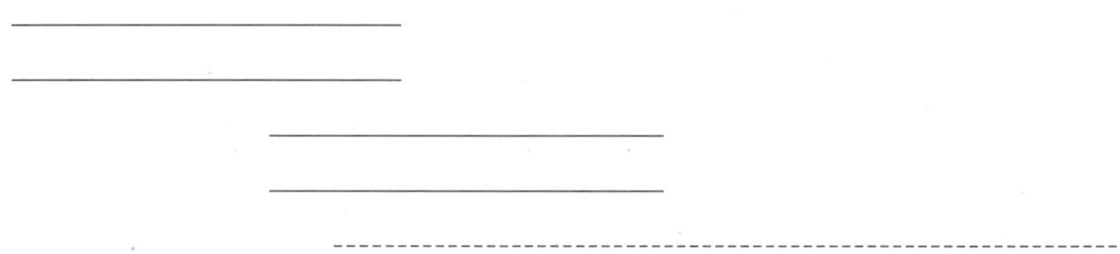

이와 같이 스태거드 스케줄을 도입함으로써 6명보다 오히려 5명 종사원들로 작업 스테이션을 운용하는 것이 가능해졌다. 외식사업체 대부분이 하루 업무활동량이 일관되지 않기 때문에 상당한 노동시간과 원가를 절약할 수 있다.

비효율적이지만 블락스케줄도 이점을 가지고 있다. 모든 사람들이 출석하고 시간을 지키고 있는지를 체크하는 것이 용이하고 모든 사람들에게 즉시 정보를 제공하기가 더 쉽다. 종사원들은 함께 일을 시작하고 마치기를 선호할 수 있다는 점에서 이점이 있는 조직운영이기도 하다.

• • • 단시간 근로자 근로기준법 적용지침의 주요사항

근로자 5인 이상 사업장에서 주당 15시간 이상 일하는 단시간 근로자에 해당

- 1주일간 일하기로 한 날을 개근하면 유급 주휴일이 보장되고 한달 이상 근무하면 연월차 휴가를 준다.
- 여성 단시간 근로자에게는 월 1회의 유급 생리휴가와 60일간의 유급 산전휴가가 보장된다.
- 주당 15시간 이상 일하는 단시간 근로자가 1년 이상 계속 근로했을 경우 30일분 이상의 평균임금을 퇴직금으로 지급해야 한다.
- 단시간 근로자를 채용할 때는 반드시 임금, 근로시간, 근로조건, 등을 명시한 근로계약서를 작성, 근로자에게 교부토록 한다. 계약서와 근로자 명부, 임금대장 등 근로계약에 관한 서류는 3년간 보관토록 한다.

- 정당한 이유가 없을 경우 단시간 근로자를 해고할 수 없으며 정당한 이유가 있더라도 해고 30일 전에 예고해야 하고, 30일 전에 예고하지 않은 때에는 30일분 이상의 통상임금을 지급해야 한다.
- 연장근무를 해야 할 경우에도 근로자의 합의를 얻어야 한다.
- 유급휴가나 연월차 수당을 주지 않는 사업주에게 2년 이하의 징역이나 1천만 원 이하의 벌금을 물린다. 1년 이상 근무한 단시간 근로자에게 퇴직금을 주지 않을 경우 3년 이하의 징역 또는 2천만 원 이하의 벌금이 부과된다.

(단시간 근로자 = 파트 타이머)

참/고/문/헌

R호텔. 조리직무.

R호텔. 식음료직무.

Rh호텔. 조리직무.

H호텔. 조리직무.

Khan, M. A., 『Foodservice Operations』, New York: AVI Publishing Co., 1987.

Law, C. M., 『Training Foodservice Employees』, Genevieve LaGreca, 1988.

Scanlon, N., 『Restaurant Management』, New York: Van Nostrad Reinhold Co., 1993.

Spears, M. C., 『Foodservice Organizations』, New York: Macmillan Publishing Co., 1991.

C.C Constance and M. J. Becker, 「Job Satisfaction and Performance, An Empirical Test of Some Theoretical」, Organizational Behavior and human Performance, Vol. 9, No. 2, 1973.

C.E. Jurgenson, 「Job Perference」, Journal of Applied Psychology, Vol. 42, 1978.

E.A. Locke, 「The Nature and Causes of Job Satisfaction」, Handbook of Industrial and Organizational Psychology, M.D. Dunnette(ed), Chicago Rand-Mc-nally, 1976.

Edwin B. Flippo, 「Personnel Management」, New York : McGrow-Hill Inc., 1976.

F. Herzberg, B. Mausner&B.B. Synderman, 「The Motivation to work」, John Wiley & Sons, 1956, PP. 52-89.

J. G. March & H.A. Simon, 「Organization」, John Wiley & Sons, Inc., 1958.

06 Chapter 한국 외식산업의 현황

1 한국의 외식 트렌드

외식산업은 인간의 기본적인 욕구를 충족시켜주는 대표적인 서비스산업으로 경제발전에 따른 소득수준의 향상, 여가시간의 증대, 맞벌이 부부의 증가, 생활패턴의 변화 등과 함께 국내 · 외 외식기업들의 활발한 국내시장 진출로 인해 국내 외식산업의 2018년 기준 연간 매출액 규모는 약 138조 원으로 2009년 69조 원에 비해 연평균 약 7%씩 증가했다. 2019년의 성장규모는 약 180조 원을 상회할 것으로 보았고, 매년 9%의 성장을 도달할 것으로 예측하였으나, 2020년 코로나19의 영향으로 10조 원대의 하락세를 이룰 것이라고 전망하였다.

거리두기 단계 격상은 외식업체 매출 감소에 직격탄이었다. 외식업체의 영업 매출이 큰 폭으로 줄어들면서, 2020년 한국외식산업연구원이 1, 3분기 실시한 '코로나19 외식업계 영향 기획조사' 결과를 살펴보면 '방문외식'의 경우 1분기 90.5%, 3분기 89%로 대다수 업체에서 매출이 감소했다고 응답했다. 포장외식(1분기 27%, 3분기 22.5%), 배달외식(1분기 17.8%, 3분기 18.2%)의 매출 감소 업체 비중은 상대적으로 낮게 나타났다.

이에 2021년 농림축산식품부(이하 농식품부)에서 발표한 2021년 외식경향[트렌드] 발표 자료를 살펴보고자 한다.

1. 외식 트렌드 키워드

농식품부는 빅데이터 분석 및 외식 관련 전문가 20명, 소비자 2,000명을 대상으로 설문조사를 통해 외식 트렌드 키워드를 발표하였다. '홀로 만찬', '진화하는 그린슈머', '취향 소비', '안심 푸드테크', '동네상권의 재발견'이 그것이다. 이렇게 발표된 5개의 키워드는 외식문화 · 소비성향 · 영업전략 등과 관련된 단어 1,423개를 수집하고, 그중 문헌조사와 전문가 설문조사 및 빅데이터 분석을 통해 도출된 20개 단어에 대해 최종 선정된 것이다.

또한 농식품부는 2014년부터 외식 트렌드 정보를 제공하여 외식업 경영자의 합리적 의사결정을 돕고, 소비자와 소통을 꾸준히 추진해왔는데, 이러한 결과로 최근 5년간 외식 트렌드의 키워드 변화를 다음 그림과 같이 보여주었다.

2017	2018	2019	2020	2021
나홀로 열풍	가심비	뉴트로 감성	그린오션	홀로 만찬
반(半)외식의 다양화	빅블러	비대면 서비스화	Buy me - For me	진화하는 그린슈머
패스트 프리미엄	반(半)외식의 확산	편도족의 확산	멀티 스트리밍 소비	취향 소비
한식의 리부팅	한식단품의 진화		편리미엄 외식	안심 푸드테크
				동네 상권의 재발견

출처: 농림축산식품부, 2020년 11월 25일, 농식품부, 2021년 외식경향[트렌드] 발표

〈그림 6-1〉 최근 5년간 외식 트렌드의 키워드 변화

1) 홀로 만찬

'홀로 만찬'은 1인 가구 증가 및 코로나19의 영향으로 확산된 혼밥 문화와 다양한 1인용 배달음식 출시 등으로 혼자서 원하는 장소에서 원하는 식사를 선호하는 외식 경향을 말한다.

2) 진화하는 그린슈머

'진화하는 그린슈머'는 환경보호, 동물복지 등 윤리적 가치에 따라 소비를 결정하는 가치소비가 늘어나면서, 소비자가 친환경 포장재 사용, 대체육 소비, 채식주의 등을 추구하는 현상을 의미한다.

3) 취향 소비

'취향 소비'는 1980년부터 2004년생 소비자 중심으로 취향에 따른 체험소비와 구독서비스 이용, 복고풍의 재유행, 이색 식재료 조합과 음식과 패션 브랜드 간 조합 등을 선호하는 경향을 뜻한다.

4) 안심 푸드테크

'안심 푸드테크'는 편리한 외식소비와, 위생·안전에 대한 소비자의 관심이 증가하면서 정보통신 기술을 이용한 비대면 예약·주문·배달·결제 등의 서비스 이용이 증가하는 현상을 뜻한다.

5) 동네 상권의 재발견

'동네 상권의 재발견'은 코로나19 등으로 인해 거주지 인근의 배달 음식점 등 식당 이용이 늘어나면서 동네 맛집, 동네 상권 등에 대한 관심과 소비가 증가하는 현상을 의미한다.

2. 외식 소비행태 조사결과

농식품부는 2020년 외식 소비행태 조사결과를 발표하였는데, 당해 소비자가 선호하는 음식은 방문외식의 경우 한식이 75.4%, 배달외식은 치킨이 55%, 포장외식은 패스트푸드가 42.3%로 나타났다.

최근 3년간의 외식 소비행태의 변화를 살펴보면 다음과 같다.

1) 방문외식

방문외식의 경우 2018년은 한식이 1위, 구내식당이 2위, 중식이 3위를 차지했고, 2019년에는 한식이 1위, 패스트푸드가 2위, 구내식당이 3위를 차지했다. 2020년에는 한식은 그대로 1위를 차지하였지만, 패스트푸드가 2위, 제과제빵류가 3위를 차지해 베이커리 업계의 새로운 시장성을 확인할 수 있다.

〈표 6-1〉 소비자가 선호하는 방문외식의 순위

연도	1위	2위	3위
2018	한식	구내식당	중식
2019	한식	패스트푸드	구내식당
2020	한식	패스트푸드	제과제빵류

2) 배달외식

배달외식의 경우 최근 3년 내내(2018~2020년) 치킨이 부동의 1위를 지켰고, 마찬가지로 중식이 2위로 나타났다. 3위로는 2018년과 2019년에 패스트푸드가 차지했지만, 2020년에 들어 한식이 3위를 차지한 것은 특이할 만한 점이다. 이는 코로나19로 인해 재택근무가 늘어나고, 가정에서 보내는 시간이 증가하면서 패스트푸드보다는 가족들의 끼니를 배달로 대신하는 경향이 있는 것은 아닌지 추측해볼 수 있는 대목이다.

〈표 6-2〉 소비자가 선호하는 배달외식의 순위

연도	1위	2위	3위
2018	치킨	중식	패스트푸드
2019	치킨	중식	패스트푸드
2020	치킨	중식	한식

3) 포장외식

포장외식의 경우 최근 3년 내내(2018~2020년) 패스트푸드가 단연 1위를 차지하였고, 2018년의 경우 패스트푸드에 이어 한식, 분식류 순으로 2위와 3위로 나타났다. 2019년의 경우에는 한식과 치킨의 순으로 2위와 3위를 차지했으나, 2020년에는 제과제빵류와 한식이 2위와 3위를 차지해 방문외식과 함께 제과제빵류에 대한 선호도가 높아졌음을 알 수 있다.

〈표 6-3〉 소비자가 선호하는 포장외식의 순위

연도	1위	2위	3위
2018	패스트푸드	한식	분식류
2019	패스트푸드	한식	치킨
2020	패스트푸드	제과제빵류	한식

3. 외식상품 선택 시 중요 요인

소비자가 외식업체를 선택할 때 가장 우선적으로 고려하는 것은 맛과 가격으로 조사되었다. 그다음으로 음식점을 방문하는 경우에는 청결도, 배달음식의 경우 배달비용을, 포장음식의 경우 음식의 양을 고려하는 것으로 조사되었다.

1) 음식점 방문 시 고려사항

음식점을 방문할 때의 고려사항으로 최근 5년간의 트렌드 변화를 살펴보면, 2016~2019년은 맛이 가장 높게 나타났고, 다음으로는 가격, 위치접근성의 순으로 나타났다. 2020년에는 맛, 가격, 청결도의 순으로 나타났다. 즉 청결도가 음식점을 방문할 때 중요한 요인으로 새롭게 등장한 것을 알 수 있다.

〈표 6-4〉 음식점 방문 시 고려사항

연도	1위	2위	3위
2016~2019	맛	가격	위치접근성
2020	맛	가격	청결도

2) 음식 배달 시 고려사항

음식을 배달할 때의 고려사항으로는 2016년과 2017년은 맛, 가격, 신속제공의 순으로 중요시하는 것으로 나타났고, 2018~2019년은 맛, 가격, 주문편리성의 순으로 중요도가 높은 것으로 나타났다. 하지만 2020년은 맛, 가격, 배달비용의 순으로 나타나 최근 배달의 민족과 같은 배달용역업체가 발달함에 따라 편리하지만, 배달비용에 대한 부담감이 커지는 것에 대한 인식이 높아진다는 것을 알 수 있다.

〈표 6-5〉 음식 배달 시 고려사항

연도	1위	2위	3위
2016~2017	맛	가격	신속제공
2018~2019	맛	가격	주문편리성
2020	맛	가격	배달비용

3) 음식 포장 시 고려사항

음식을 포장할 때의 고려사항으로는 단연 맛과 가격이 1위와 2위를 차지하였다. 2016~2019년까지는 3위가 위치접근성이었으나, 2020년에는 음식의 양이 3위를 차지한 것이 특이한 점으로 보인다.

〈표 6-6〉 음식점 포장 시 고려사항

연도	1위	2위	3위
2016~2019	맛	가격	위치접근성
2020	맛	가격	음식의 양

2 외식브랜드별 현황 및 전망

1. 패밀리 레스토랑 업계

우리나라에서 '패밀리 레스토랑'이 생겨난 때는 대략 30여 년 전으로 1986년 아시안게임과 1888년 서울올림픽을 계기로 세계 각국의 패스트푸드 프랜차이즈들이 입성하였다. 국내에 들어온 서구식 패밀리레스토랑의 원조는 일본에서 온 패밀리 레스토랑 '코코스'였다. 고급 레스토랑과 비슷한 품질의 음식을 제공하면서도 가격은 훨씬 저렴한 편이었고 특히 직원들에 의한 생일축하 퍼포먼스 등의 서비스를 제공하면서 중산층의 인기를 얻기 시작하였다. 코코스를 시작으로 T.G.I.F, 베니건스, 마르쉐, 아웃백스테이크하우스 등이 생겨났다. 어린아이들 둔 가족부터 연인, 친구 등 다양한 손님들이 축하하거나 기념할 일이 생기면 패밀리 레스토랑을 방문하는 것이 하나의 외식문화가 되었다. 하지만 1997년 IMF 외환 위기, 그리고 무리한 확장으로 인하여 T.G.I.F, 베니건스, 아웃백스테이크하우스 등은 매각되거나 점포 수가 줄어들거나 브랜드 자체가 아예 없어지기도 하였다. 2000년대 중반 이후 1인 가구 증가 및 출산 자녀 수의 감소로 인한 외식트렌드의 변화로 가족과 친구 또는 연인과 함께 방문하던 패밀리 레스토랑에 방문 고객 수가 계속적으로 감소하고, 청년취업난으로 인하여 주 고객층이었던 2030세대의 구매력도 많이 감소하였다.

외식보다는 간편식이나 배달음식으로 끼니를 간단히 때우는 것을 선호하는 1인 가구의 증가는 배달의 민족이나 요기요와 같은 배달앱 및 가정간편식 시장의 성장과 맞물리면서 패밀리 레스토랑은 더욱 쇠퇴하고 있다. 그리고 '파인다이닝 열풍'으로 인하여 이왕 패밀리 레스토랑을 갈 기회가 있으면 고급 레스토랑을 찾아 각자의 개성에 맞는 다양한 맛집 탐방문화가 새로운 트렌드로 자리 잡았다. 이에 패밀리 레스토랑들도 대세로 자리 잡은 가정간편식 시장과 배달서비스를 제공함으로써 새로운 반전을 꾀하고 있다.

2. 패스트푸드 업계

1980년대 이후 20여 년 동안 고속성장을 유지하던 패스트푸드 업계는 고객의 인식변화와 사회적 변화의 영향으로 저속성장에서 마이너스 성장세로 접어들었다. 2003년의 화두였던 건강과 웰빙 문화의 영향으로 패스트푸드 업체들의 출점과 매출 모두 전년 대비 마이너스 경영으로 돌아섰다.

이러한 상황에서 패스트푸드 업계는 패스트푸드의 부정적 인식을 타파하고 프리미엄급 제품으로 메뉴 라인에 변화를 꾀하면서 다양한 슬로건을 앞세운 이미지 캠페인으로 고객을 사로잡기 위한 홍보전략을 다양하게 수행하였다.

품질은 그대로 유지하면서 런치타임에는 가격을 낮춰 제공하고, 블루베리, 유자, 매실 등의 건강 식재료를 이용한 다양한 디저트 메뉴를 개발하여 매장을 카페처럼 이용할 수 있게 하며, 고객의 니즈를 반영한 프리미엄 메뉴와 저가 메뉴를 개발하였다. 특히 드라이브 스루, 배달서비스, 24시간 매장 운영 등 고객의 눈높이에 맞춘 서비스를 맞춘 서비스를 통하여 국내 패스트푸드 업계는 2010년대에 놀라운 영업성장을 하였다.

하지만 최근에는 최악의 불황 속 가성비와 본질에 집중하며 경쟁력을 강화하기 위해 안간힘을 쓰고 있다. 인건비 상승에 따라 운영 효율성을 높이기 위한 노력도 계속됐다. 특히 분식업계와 패스트푸드 업계는 키오스크 등 무인화 시스템에 박차를 가하며 효율성 혁신에 주력하는 모습을 보였다. 무인화·자동화 서비스를 뜻하는 비대면 서비스가 확대됨에 따라 패스트푸드 업계의 키오스크 도입이 두드러졌다. 맥도날드는 2015년 키오스크 첫 도입 후 현재 전체 420여 개 매장 중 250여 개 매장에 키오스크를 설치했다. 특히 휠체어를 탄 고객도 편리하게 이용할 수 있도록 디지털 키오스크 기능을 업계 최초로 선보여 키오스크 화면 버튼을 누르면 휠체어 눈높이에 맞춰 화면이 축소되거나 아래로 이동해 이용 편의를 도왔다.

2016년 쉐이크쉑이 국내에 진출하면서 프리미엄 버거 시장이 새롭게 열렸다. 당시 건강을 해친다는 인식 때문에 매출이 하향세를 타던 버거 업계는 쉐이크쉑 열풍으로 프리미엄급 메뉴들이 다시금 주목받으면서 활력을 찾아갔다. 이에 타 버거 브랜드도 프리미엄 버거를 잇달아 출시해 트렌드를 이어갔다.

국내 브랜드인 맘스터치의 성장이 두드러지고 있다. 맘스터치는 2016년 코스닥에 상장한 해마로푸드서비스㈜의 대표 브랜드다. 2018년 매출액은 약 2,850억 원으로 2017년 2,395억 원 대비 약 12% 신장했다. 외식시장 불황 속에서도 맘스터치가 수익을 낸 요인은 '가성비 · 가심비'를 목표로 삼아 메뉴 개발과 매장 운영한 결과다.

코로나19 사태로 외식업계가 전반적으로 극심한 침체를 겪고 있는 가운데 패스트푸드 업계의 시장 재편이 가속화되고 있다. 외식업체 대부분이 사업을 축소하고 일부는 폐점까지 하는 상황에서 후발주자가 잇따라 진입하는 등 반대의 행보를 보이며 경쟁도 한층 치열해지고 있다. 2021년에는 맥도날드와 롯데리아의 양강 체제였던 국내 햄버거 시장은 최근 크게 요동치고 있다. 버거킹과 맘스터치, 노브랜드 버거가 급격히 매장 수를 늘리는 가운데 고든 램지, 교촌 등 국내외 신흥 주자들이 버거 전쟁에 뛰어들었다.

국내 햄버거 업계는 그동안 롯데리아-맘스터치-맥도날드-버거킹 순으로 많은 매장 수를 기록했다. 매출액 기준으로는 1위 롯데리아, 2위 맥도날드가 양강 구도를 형성하고 3위 사업자를 두고 버거킹과 맘스터치 등이 경쟁해왔으나 매장 수에서 맘스터치가 롯데리아를 앞질렀고, 맥도날드는 버거킹에 밀렸다. 이 두 브랜드가 점포 수로 밀린 것은 각각 42년, 33년 만이다. 2020년 가맹 사업을 본격화한 노브랜드 버거도 1년 만에 120호점을 돌파했다.

코로나19로 인하여 버거 시장은 급성장했다. 포장과 배달에 적합한 음식인 데다 매장도 '혼밥'(혼자 하는 식사)에 적합한 구조로 꾸며졌기 때문이다. 한때 건강식 열풍으로 부진을 겪기도 했지만, 최근 수제와 프리미엄 등을 앞세우면서 '버거=한 끼 식사'라는 인식이 생긴 것도 주효했다. 버거 시장이 재성장하기 시작하면서, 후발 주자들도 경쟁적으로 뛰어들고 있다. 최근엔 영국 출신의 세계적 요리사 고든 램지가 만든 햄버거가 아시아 최초로 한국에 진출을 준비 중이다.

향후 국내 햄버거 시장이 더욱 커질 것으로 전망하고 있다. 특히 햄버거 프랜차이즈를 중심으로 다양한 신제품 출시 등 시장 성장세를 이끌 것으로 예상한다. 새로운 메뉴 개발은 곧 햄버거에 대한 소비자 관심을 높일 수 있기 때문이다. 패스트푸드는 과거 '정크푸드'라는 부정적 인식으로 침체하기도 했으나 코로나 사태와 함께 1인 가구를 중심으로 '간편한 한 끼 식사'로 다시 각광 받고 있으며 최근 가성비 좋은 메뉴도 다양해진 데다, 배달도 빨라 향후 시장 전망 역시 긍정적이다.

3. 피자업계

코로나19를 겪으면서 피자업계는 기존 홀 매장 중심에서 최근 배달 중심 매장으로 늘려가고 있다. 배달 · 테이크아웃 시장의 성장과 편의의 확대 및 배달 앱의 확산과 1인 가구의 증가 등이 그 원인이다. 주문 편의성도 높아졌다. 배달 앱은 사용자 중심으로 발전해 주문과 결제가 손쉬워졌고 앱 가맹점도 늘면서 전체 배달 시장이 커졌다. 경쟁이 심해지면서 업체들은 차별화된 마케팅과 할인으로 소비자 공략에 나섰다. 피자헛은 2020년 '고객 중심'을 전면에 내세워 마케팅을 전개했다. 배달 시 30%, 포장 시 40% 할인하는 '3040프로모션'을 진행했다.

가성비 소비 트렌드가 확산됨에 따라 이를 충족하는 신메뉴가 큰 인기를 얻었다. 피자헛이 2020년 6월 출시한 '크런치 치즈 스테이크'와 11월 선보인 '딥치즈 쉬림프 스테이크' 피자가 역대급 매출을 올렸다. 특히 크런치 치즈 스테이크는 한 달에 55만 개 판매 기록을 세우기도 했다.

파파존스는 2020년 매콤한 맛의 인기에 따라 '타바스코 핫치킨 피자'를 출시했다. 도미노피자는 2020년 3월 '더블크러스트 치즈멜팅 피자'를 출시했다. 가성비가 좋은 이 메뉴는 폭발적인 인기를 누리며 지난해 신메뉴 평균 대비 5.8%p 이상 매출이 높았다.

각 사 마케팅 담당자들은 2021년의 트렌드로 가성비를 넘어선 가심비와 1인 가구 라이프스타일, 푸드테크의 진화, 빅데이터 선호가 될 것이라고 말했다. 1인 가구 소비 형태는 더 확산될 전망이고 가격은 물론 심리적 만족까지 얻으려는 소비자의 욕구도 커질 것으로 보인다.

피자헛은 3040프로모션과 FCD 매장 확대, 가심비 마케팅, 1인 가구 라이프스타일에 맞춘 서비스를 계속 발굴하기로 했다. 피자마루는 비대면 빅데이터가 중요하다고 판단하여 앱 서비스를 강화한다. 올해 신메뉴 트렌드는 가성비 메뉴에 건강과 퓨전을 추가하고 1인 가구 겨냥 메뉴가 주를 이룰 것으로 보인다.

피자헛은 젊은 여성층을 위한 메뉴 개발을 진행하고 파파존스는 지속성이 중요하다며 분기별로 신메뉴를 내놓을 계획이다. 도미노피자는 다양한 소스, 특별한 식재료, 새로운 요리법을 개발하고 1인용 밀(Meal) 콘셉트의 메뉴도 개발하기로 했다.

인력난은 더 심해질 것으로 전망됨에 따라 피자알볼로 매장은 무인매장이 점점 늘어나고 있다. 또 지난해 프랜차이즈 갑질 논란으로 인해 상생 경영이 무엇보다 중요한 문제로 떠오르고 있다.

피자헛 관계자는 "프랜차이즈 업계의 경우 인건비에 민감하므로 모든 업체가 이를 극복할 방법을 찾기 위해 노력할 것으로 보인다"고 밝혔다.

4. 단체급식 업계

1) 코로나19 이전

'단체급식 사업은 국내용'이라는 상식이 무너지고 있었다. 삼성웰스토리, 아워홈 등 단체급식 기업들이 해외에서 사업성과를 내고 있기 때문이었다. 특히 중국과 베트남 단체급식 시장에서의 성과가 두드러졌다. 새로운 시장 개척과 성장이라는 두 마리 토끼를 단체급식기업들이 잡은 것이다.

삼성웰스토리가 2012년 해외시장에 진출한 이후 2019년 연매출은 2,025억 원에 이른다. 아워홈도 해외시장 개척에 중점을 두고 있다. 아워홈은 삼성웰스토리보다 2년 빠른 2010년 중국 단체급식 사업을 시작했고 베트남 시장에는 2017년 진출했다. 아워홈은 베트남 북동부에 있는 하이퐁에 법인을 설립하여 국과 탕, 찌개로 만든 간편식 제품과 조미김 수출 사업도 진행하고 있다. CJ프레시웨이는 2012년 베트남 호치민에서 단체급식 사업을 시작해 현재 중국 9곳, 베트남 10곳 등 총 28곳의 해외사업장을 운영 중이다. 현지 진출한 한국 기업들이 주요 고객이다.

이들 기업의 해외 진출은 국내 단체급식 시장이 포화 상태에 이른 것과 관련이 깊다. 대단위 제조업 종사자가 줄어들면서 단체급식 수요도 감소하고 있기 때문이다. 주 52시간제 도입과 최저임금 상승에 따른 인건비 가중도 이들 기업에는 부담이다.

반면 베트남 등 신흥 시장에서는 단체급식 수요가 늘고 있다. 국내 급식기업들이 쌓아온 단체급식 물류 · 구매 역량의 경쟁력이 높다는 평가까지 받고 있다.

2) 코로나19 이후

코로나19 이전까지 승승장구하고 있던 단체급식 업체들은 2021년 하반기에 실적 회복을 기대했지만, 코로나19의 4차 대유행이 찾아왔다. 교육부가 2학기 전면 등교를 예고했지만, 발표가 불투명해지면서 단체급식 시장 회복에 대한 희망의 불씨는 꺼져가고 있다.

단체급식 업체들의 공통 추세는 기존의 급식 사업을 포장 및 판매 분야로 넓혔다는 점이다. 코로나19로 인해 테이크아웃 수요가 점점 많아지고 있으므로 구내식당에 간편식 판매 공간을 마련하거나 '혼밥' 수요층을 위한 메뉴도 개발하고 있다. 신세계푸드는 샌드위치부터 시작해서 김밥, 조각 과일, 햄버거 등 100여 종의 테이크아웃 음식을 제공한다. 2021년 1분기에는 구내식당의 테이크아웃 이용률도 작년보다 31% 증가했다.

신세계푸드는 포장 및 배달서비스를 적극적으로 제공하며 실적 부진을 만회했고, 2020년 말에 시작한 '노브랜드 버거' 사업이 성장세를 타고 있다. 가정간편식(HMR)과 간편한 조리가 가능한 냉동 생지인 '파베이크' 판매량의 지속적인 증가도 실적 회복에 한몫했다.

이들은 키즈 및 시니어 분야에 집중하여 사업을 진행할 전망이다. 키즈 분야는 영유아뿐만 아니라, 학부모, 교직원, 선생님 등 고객층을 세분화하여 고객 특성에 맞는 맞춤 서비스를 제공할 것이다. 시니어 분야는 재가 노인을 위한 식사 배달서비스나 노인시설을 위한 위탁 급식 서비스를 구축하고 있다. 키즈 및 시니어 분야는 일반적인 단체급식에 비해 수익성이 높고, CJ프레시웨이는 이미 2021년 1분기에 유의미한

실적을 기록해서 좋은 전망을 보인다.

골프장도 단체급식 업체들의 성지로 급부상하고 있다. 코로나19로 인해 골프를 즐기는 소비자가 늘어나면서 클럽하우스 식당의 운영권을 따내기 위한 경쟁이 치열해지고 있다. 특히 2030세대 중 골프를 즐기는 비중이 늘어나고 있으므로, 기업들은 MZ세대를 저격한 마케팅을 선보이기도 한다. 아워홈은 골프 은어를 담은 '벙커전'이라는 해물파전을 내놓았고, 신세계푸드는 골프공 모양의 빵인 '안전빵'을 골프장 전용 간식거리로 출시했다. 이와 같은 유머러스한 음식들은 재미를 추구하는 젊은 세대에서 호응을 얻고 있다.

주요 고객층이었던 학교가 거의 문을 닫고 전체적인 단체급식 시장이 위축됐지만, 관련 업계들은 저마다의 사업 분야를 확장해나가고 있다. 코로나19의 확산세가 줄어들지 않고 있으므로 급식 · 식자재 업체들의 장기적인 플랜과 블루오션 공략이 더욱 중요해지고 있다.

3 외식업체의 아웃소싱 현황

1. 아웃소싱의 개념

아웃소싱(outsourcing)이라는 말은 로즈 페로가 설립한 EDS(electric date systems)사가 1970년대 후반부터 1980년대 초반 사이에 자사 내에서 이루어지던 정보시스템 분야에서 일반적으로 사용되었다. 어의적으로는 out과 sourcing의 결합어로서 일반적으로 외부의 전문회사를 활용하여 기업활동의 일부를 수행하게 하고 이를 통해 기업의 핵심역량을 강화하여 내부적으로 전략적 이득을 추구하는 활동이라 할 수 있다. 아웃소싱의 의미는 단순하게 외부기능이나 자원을 전략적으로 활용, 재화와 서비스의 외부구매, 특정 업무를 자회사 이외의 외부 업체에 장기적으로 위탁하는 것 등 다양하다. 문자 그대로 해석하면 외부자원을 활용한다는 의미이며 이는 조직의 주요 및 부가적 활동을 수행하는 데 외부의 자원을 활용한다는 의미가 크다.

모든 업무를 자사 내에서 끌어안고 정보를 내부에 축적하는 종래의 경영스타일로부터 변혁하여 기업의 경쟁 핵심역량에 집중하고 그 나머지의 것들은 외부 전문업체에 맡김으로써 기업의 경쟁력을 높이는 것이라고 할 수 있다.

2. 아웃소싱의 도입단계

우리나라 기업들은 1990년대에 들어와서 서서히 아웃소싱의 중요성을 인식하고 조금씩 도입하기 시작했다. 그러나 단기적인 비용절감, 인원감축 등의 용도로만 아웃소싱을 사용해 왔다. 이제는 더 많은 기업이 비용절감뿐만 아니라 핵심역량 강화와 기업의 부가가치 제고를 위해 전략적으로 아웃소싱을 이용해야 한다.

기업경영의 고도화, 업무의 복잡화 등에 따라 한 기업이 모든 기능과 프로세스를 독자적이고 효율적으로 수행한다는 것은 불가능하다. 일반적으로 아웃소싱의 발전과정은 다음과 같은 단계를 거치면서 발전하였다.

첫째 단계에서는 각 기업이 조직의 합리화 및 효율화를 목적으로 비용절감을 위한 아웃소싱이었다.

둘째 단계에 오면서 핵심역량이 있는 전략적 부문만을 제외하고는 외부의 전문적 기능을 활용하는 전략적 아웃소싱으로 발전하였다. 즉 과거에는 제조 물류 등 단순한 업무대행형을 중심으로 아웃소싱이 이루어지다가 기획기능이 포함된 전략적 부문으로 확장된 것이다.

마지막으로 고객기업과 아웃소서 쌍방이 핵심역량을 제공하며 전략적으로 제휴하는 코소싱(co-sourcing)으로 발전하였다. 나아가 국제화 시대를 맞이하면서 외부자원이나 기능의 활용범위를 범세계적으로 넓히는 글로벌 소싱(global-sourcing)으로 발전을 거듭하고 있으며 결국 단위기업(module corporate)을 거쳐 가상기업(virtual corporate)을 등장시키고 있다.

3. 아웃소싱의 장단점

외식업에서 아웃소싱의 가장 큰 장점은 고정비를 변동비로 바꿀 수 있어 시장의 변화에 대한 대응력을 높여주어 경쟁력과 이익률을 향상시킬 수 있으며 연공서열 위주의 인사에서 능력 위주의 인사정책 변화로 기업의 경쟁력이 강화될 수 있다.

핵심분야에 경영자원을 집중할 수 있으며 홍보대행사 혹은 광고대행사를 이용할 경우 보다 전문화된 상품개발 및 특화된 시장 진출이 쉽다.

외식기업에서의 아웃소싱 전략은 양질의 서비스를 계속적으로 공급받을 수 있는지의 여부가 성공의 관건이라 할 수 있다. 그러나 국내 환경에서 아웃소싱의 역사가 짧고 특히 외식업에서 아웃소싱이 많지 않으므로 공급측면에서 위험성을 내포하고 있다.

또한 주요업무를 맡겼을 때 상호 의사소통이 문제시되며 고객의 불만이나 불편사항이 발생하였을 때 책임소재가 분명치 않다는 단점도 있다.

4. 외식기업의 아웃소싱 도입 현황

마르쉐, T.G.I프라이데이스, 맥도날드 등 대형 외식업체들이 자체적으로 해오던 대외 홍보업무를 PR대행 전문업체에 맡기는 사례가 늘고 있다

T.G.I. 프라이데이스는 뉴스커뮤니케이션스에 홍보대행을 맡겼으며 마르쉐는 KPR에 일임했다. 또 맥도날드가 지난해 코콤PR에 홍보를 맡긴 데 이어 버거킹도 두산그룹 홍보실에서 담당해 오던 홍보업무를 전문대행업체인 엑스퍼트 커뮤니케이션스에 맡기고 있다.

홍보대행사들이 제공하는 홍보업무는 단신기사 등의 보도자료를 작성하고 기획기사를 개발해 언론에 배포하는 업무가 중심이 된다. 기획기사 개발은 새로운 뉴스가 아니더라도 담당업체에 대한 주의를 끌 수 있는 기삿거리를 만들어 제공하는 것으로 참신한 아이디어가 요구되는 부분이다.

프랜차이즈 업체의 경우 신세대 주점 천하일품은 현재 전국에 80개 체인점을 보유한 중견 외식업체로 지난 1998년 7월부터 두산물류로부터 물류아웃소싱을 하고 있다.

천하일품은 물류 아웃소싱을 통해 배송시간의 단축과 식자재의 냉도, 냉장, 상온 온도대별 품질관리, 배송횟수 증가 등 물류개선을 통해 가맹점의 만족도를 향상시켜 본사에 대한 신뢰성을 높일 수 있었다.

외식사업에 있어 아웃소싱이 성공을 거두려면 '무엇을 위해 어떻게 아웃소싱을 도입하며 그 결과 어떠한 성과를 올릴 수 있는지'를 정확히 규명해야 한다. 결론적으로 아웃소싱은 현재 국내 상황으로서는 위험부담이 다소 크지만 노동집약적인 외식사업이 수익성을 확보하기 위해서는 앞으로 외국산을 대체할 수 있는 국산 식자재의 개발과 더불어 고정비인 인건비를 변동경비로 대체할 수 있어야 할 것이다. 특히 최근 고용환경 변화에 능동적으로 대응하기 위해 아웃소서는 명확한 비전 제시와 직원의 전문성 제고를 통해 고객이 기대하는 고품격 서비스를 지속적으로 제공할 수 있도록 노력해야 할 것이다.

코로나19 이외에도 국내 식품 · 외식업계에 악재가 되는 최저임금의 급등, 근로시간 단축(주 52시간), 김영란법으로 인한 접대비 제한, 미투 사건으로 인한 직장 회식의 간소화 등이 맞물려 지금보다 훨씬 더 깊은 침체기로 빠져들 것이 자명하다.

지난 1990년대 중반 일본 외식업계에서 CK(central kitchen: 중앙공급식 주방) 무용론이 크게 제기된 바 있다. 당시 일본 외식업체들은 대다수가 CK를 운영, 사용하는 제품을 거의 직접 생산하다 보니 다품종 소량생산을 할 수밖에 없었다. 극심한 경기침체로 인해 매출이 급감하면서 CK를 운영하는 관리비 부담이 커지자 CK 운영을 중단하고 원가절감 요인을 찾아 핵심적인 제품만을 남기고 전문회사에 소싱하는 길을 택했다. 주력제품을 전문회사에 맡기니 질적인 면이 크게 높아졌음은 물론이고 원가도 절감할 수 있었다.

우리나라의 외식기업들도 부실 점포를 과감하게 폐점하는가 하면 과거에는 상상도 못 했던 큰 폭의 감원을 하고 CK(central kitchen: 중앙집중식 조리시설)를 폐쇄하는 한편 전문식품 제조기업에 아웃소싱을 주는 등 파격적인 구조조정을 했다.

인건비를 절감하기 위한 전략으로 스마트소싱(smart-sourcing)이 필요하다. 스마트소싱이란 기업이 핵심역량에만 집중하기 위해 비핵심 부문을 과감히 아웃소싱하는 경영전략을 말한다. 단순히 원가절감 차원의 아웃소싱 범주에서 벗어나 질적인 성장을 위해 협력관계를 맺어야 한다.

대표적인 사례로 국내 외식업체에서 가장 많이 사용하는 샐러드의 경우 점포에서 전처리하지 않고 전문회사에 소싱해 원하는 채소 단일 품목 또는 믹스 채소를 납품받아 주방의 효율성을 높이고 인건비를 절감하는 방법이다. 납품받은 샐러드 재료 역시 아웃소싱으로 제공받은 소스나 드레싱을 매뉴얼대로 뿌려서 제공하므로 어떤 직원이라도 쉽게 만들 수 있다. 샐러드뿐 아니라 최근에는 갈비탕, 육개장 등 탕류는 물론이고 찬류에 이르기까지 다양한 메뉴를 만들어 납품하는 중견 식품기업들이 수없이 생겨나고 있다.

제품의 수준도 일반 외식업체에서 만드는 것 이상으로 향상됐기 때문에 이를 납품받아 업소마다 약간의 보완을 해 제공해도 무방할 정도다. 따라서 고인건비 시대에 경영을 효율화하기 위해서는 스마트소싱을 할 수 있는 우수기업을 찾아 상생할 수 있도록 협업하는 것이 상품력을 높이면서도 원가절감을 위한 최선의 방법이다.

국내 식품·외식업계는 물론이고 한국 경제 전체가 수없이 많은 악재들을 동시다발적으로 맞닥뜨리는 절체절명(絶體絶命)의 퍼펙트 스톰(perfect storm: 초대형 위기)에 직면하게 될 것이다. 이런 상황에서 외식 인구가 늘어나 국내 외식업계가 활성화되기를 바라는 것은 불가능하다. 지금까지도 그랬지만 각각의 점포가 도생할 수밖에 없다. 다가올 새로운 위기 속에서도 생존할 수 있는 새로운 묘책을 찾아야 하는데 이 길을 찾지 못하고 있는 것이 국내 식품·외식업계가 겪고 있는 딜레마다.

참/고/문/헌

『월간식당』, 소비자 외식성향에 관한 설문조사, 2012. 2.

한국농촌경제연구원, 2019 식품소비형태조사.

한국농촌경제연구원, 2020 식품소비형태조사.

https://blog.naver.com/hongjig/222429677165, 패스트푸드 업계, '고든램지' 까지 가세…시장 재편되나.

https://blog.naver.com/businessinsight/221746863233, 인터비즈, 이슈앤트렌드.

http://www.foodbank.co.kr/식품외식경제

https://www.edaily.co.kr/news/read?newsId=01728566622553208, 이데일리, 2021. 8. 25.

Part 02 외식산업 경영관리의 이해

FOOD SERVICE INDUSTRY

07 Chapter 외식 접객서비스 관리

1 접객서비스의 개요

1. 서비스의 개념

서비스의 정의를 경영학적 측면에서 살펴보면, 활동론적 정의, 속성론적 정의, 봉사론적 정의, 인간상호관계론적 정의로 나눌 수 있으며, 〈표 7-1〉에서 보는 바와 같이 국내외 여러 학자나 단체들도 서로 상이한 정의들을 내놓고 있다. 그러나 외식산업에서의 서비스란 접객서비스를 의미하며, 음식이라는 유형재와 인적서비스라는 무형재가 동시에 존재한다.

〈표 7-1〉 학자별 서비스의 정의

학 자	정 의
미국마케팅 협회 (AMA)	독자적으로 판매되거나 제품의 판매에 연계되어 제공되는 활동 혹은 만족
코틀러 (Kotler)	타인에게 제공할 수 있는 활동이나 혜택으로 생산되는 시점에서 소멸되고 구매자에게 무형적인 형태의 가치를 제공하는 모든 경제활동
베리 (Berry)	제품은 유형물, 고안물, 객관적인 실체인 반면 서비스는 무형의 활동이나 노력이다.

자이즈말 (Zeithaml)	서비스는 행위, 과정 및 그 결과인 성과이다.
베솜 (Bessom)	자신이 수행할 수 없거나 하지 않는 활동, 만족 그리고 혜택으로서 판매될 수 있는 것을 말한다.
라스멜 (Rathmell)	시장에서 판매되는 무형의 제품
파케트 (Paquette)	서비스는 산출물이 물적인 제품이나 구조물이 아니며, 일반적으로 생산되는 시점에서 소멸되고 구매자에게 무형적인 형태의 가치를 제공하는 모든 경제적인 활동을 포함한다.

2. 접객서비스의 개념

서비스는 외식산업에서 중요한 요소이다. 고객과의 만남을 중요한 부분으로 인식하는 외식산업에서 접객서비스는 고객의 존재에서부터 출발한다. 아무리 점포 분위기가 훌륭하고 맛있는 음식, 청결한 환경이어도 고객에 대한 서비스 없이는 그 의미가 없는 것이다.

서비스는 고객의 입장에서 고객에게 즐겁고 쾌적함을 제공할 수 있는 근원을 창출해내려는 일련의 노력과 정성이 수반되어야 하며, 어떤 고객에게나 최상의 친절과 마음에서 우러나오는 애정을 표출해야 한다. 진정한 의미의 접객서비스는 고객에 대한 단순한 형식보다는 마음 속에서 우러나는 서비스의 제공이다.

서비스(service)란 단어를 다음과 같이 풀어 설명하기도 한다.

- S(sincerity, speed & smile)

  서비스에는 판매의 3S로 중시되어 온 성의, 스피드와 스마일이 있어야 한다. 성의 있고 신속한 서비스를 상냥한 미소로 제공하여야 한다.

- E(energy)

  서비스에는 활기찬 에너지 즉 힘이 넘쳐야 한다. 활기찬 서비스만이 고객에게 한 발짝 더 다가갈 수 있는 것이다.

- R(revolutionary)
  서비스는 새롭고도 혁신적이어야 한다.
- V(valuable)
  서비스는 서비스를 받는 사람이나 서비스를 제공하는 사람 모두에게 가치 있는 서비스가 되어야 한다.
- I(impressive)
  서비스는 특히 고객에게 감명 깊은 것이어야 한다.
- C(communication)
  서비스는 상호 커뮤니케이션이 필요하다.
- E(entertainment)
  서비스는 고객을 진심으로 환대하는 것이다.

외식산업에서의 접객서비스란 '직업에 대한 강한 의지적 욕망과 전문적인 지식을 소유하고 고객에게 취하게 되는 종사원의 모든 행동과 태도에 대한 표현'이라고 정의할 수 있다. 따라서 서비스는 고객의 입장에서 즐겁고도 쾌적함을 느낄 수 있고, 이를 제공할 수 있는 근원을 창출해내려는 일련의 노력과 정성이 수반되어야 하며, 어떤 고객에게나 최상의 친절과 마음으로부터 애정을 표출해야 한다.

진정한 의미의 접객서비스는 고객에게 단순한 기술의 제공보다는 마음속에서 우러나오는 서비스인 것이다.

• • • 말없이 떠난 고객, 얻은 것은 없고 잃어버린 것은 신용과 고객

- 사업을 하는 사람치고 단 한 번이라도 불평불만의 소리를 듣지 않은 사람은 없다. 그러나 고객이라는 제3자는 불평을 토로하지 않고 말없이 떠나는 경우가 많다.
- 미국에서 연구한 것을 보면 어떤 불만이 있을 경우 4%는 불평을 하지만 96%는 불만이 있어도 말을 하지 않는다.
- 불만을 느낀 사람의 91%는 거래처를 바꾸고 평균 16명에게 그 불만을 전달한다.
- 불만을 토로한 사람은 해당 사항이 신속하고 친절하게 처리되었을 경우 54~75%가 다시 거래을 하고 평균 5명에게 만족감을 전달한다.

• 불유쾌한 기분을 가진 채로 '두 번 다시 오나봐라' 하는 생각을 하며 아무말 하지 않은 채로 돌아선 고객이 91%가 된다면 너무나 많은 것을 잃은 셈이 되며, 이처럼 말없이 떠난 고객이 적이 되기 쉽다.

3. 고객만족을 위한 서비스 방법

고객만족을 위한 서비스 방법의 예를 들면 다음과 같다.

1) 고객의 소리와 마음을 읽어라

고객을 진심으로 대하기 위해서는 칭찬의 소리뿐만 아니라 질책의 소리, 불평의 소리 그리고 더 나아가 침묵의 소리까지 경청할 수 있어야 한다. 고객의 소리는 접객을 위한 아이디어가 될 수 있으며 경영혁신의 근원이 된다. 또한 고객 만족을 위해서는 고객의 심기를 읽고 마음을 열게 해야 한다. 고객만족이란 고객의 마음을 기쁘게 하는 것이다.

2) 고객의 입장에서 생각하고 행동하라

내가 고객이라면 무엇을 원할 것인가에 대한 의문을 갖는 역지사지(易地思之)의 자세가 중요하다. 나보다 고객을 먼저 생각해야 한다.

3) 고객과의 만남의 순간을 중시하라

고객과 서비스제공자가 만나는 곳에서 고객만족이 결정된다. 고객과 만나는 최초의 순간 약 15초 안에 만족과 불만족이 결정된다. 최초의 만남의 순간이 중시되므로 종사원의 밝은 목소리와 미소, 복장이 중요하다.

4) 약속은 반드시 준수하라

고객과의 약속은 무조건 준수해야 한다. 고객과의 약속의 이행은 신뢰감을 쌓기에 충분한 것이다. 특히 손해를 감수하면서 약속을 준수할 때 고객은 신뢰감을 갖게 된다.

5) 규정은 고객 중심으로 해석하라

규정을 무기로 고객을 따돌려서는 안 된다. 규정을 이유로 행하여지지 못하는 서비스가 있어서는 안 된다. 규정은 기본을 위한 방어용이 아니라 고객을 위한 서비스용으로 해석해야만 한다.

6) 서비스 보상체계를 갖추어라

서비스가 무너졌을 경우 단순히 말로만 보상하지 말고 보상금, 할인, 보상품 등으로 반드시 보상하여야 한다. 서비스 복구 프로그램을 만들어 활용하여 보다 체계적인 서비스 보상체계를 갖추어야 한다.

7) 내부고객(직원)을 관리하라

직원이 즐거워야 진정한 고객만족 서비스가 가능해진다. 적정한 보수, 자율성의 존중, 칭찬 등으로 신바람을 일으켜야 한다.

8) 핵심기술을 혁신하라

식당은 음식의 맛, 병원은 의료기술이 핵심기술이다. 핵심 기술이 낙후되면 고객만족은 원천적으로 이루어질 수 없다. 핵심기술을 개발하여 서비스의 가치를 높여야 한다.

• • • 고객만족이 정말 중요한가?

- 회사 수익의 65%는 만족을 얻은 고객을 통해서 이루어진다.
- 신규고객 획득 소요비용은 잠재이탈고객 유지비용의 5배가 든다.
- 상위 20%에 해당하는 고객 1인의 매출이 나머지 80%에 해당하는 고객 16명의 매출과 비슷하다.
- 대개의 회사들은 매년 15~20%의 고객을 잃는다.
- 고객 유지율이 몇 %만 증가해도 25% 이상의 이윤을 증가시킬 수 있다.
- 불만족한 고객 100명 중 겨우 4명만이 불만을 토로하고 나머지 고객은 조용히 떠나지만, 떠난 고객들은 각자 10명 이상에게 불평을 털어놓는다.
- IBM(로체스터) 고객 만족도 1% 상승 ⇒ 5년간 수익이 2억 5천만 달러 증가

2 접객서비스 종사원의 자세

1. 접객서비스 종사원의 기본 요건

접객서비스에 종사하는 종사원들은 외적인 태도도 중요하지만 내적인 서비스 정신을 갖추어야 한다. 훌륭하고 성공적인 종사원으로서 직무를 수행하는 데 전제되는 요건으로 다음의 다섯 가지를 들 수 있다.

1) 서비스 정신과 환대성(service mind & hospitality)

서비스는 환대기업의 특성으로 환대산업(hospitality business)이 판매해야 하는 중요한 제품이다. 모든 고객들이 마찬가지로 규격화된 딱딱한 기계적인 행동이나 느낌보다는 인간미가 느껴지는 인적 서비스에 물적 서비스가 부가되어 서비스 받기를 원하는 것이다. 환대기업에서 서비스 정신은 고객의 편안함과 위안의 증대를 위하여 경

주되는 일체의 행위로서 고객을 위한 협조는 모든 종사원에게 하나의 의무로 이해되고 있으나 친절은 때로는 불편한 것으로 받아들여지는 경우도 종종 있다. 그러나 이것은 완벽한 서비스를 위한 불가피한 사려 깊은 행위로 인식되어야 할 것이다. 모든 종사원이 진실된 행위는 친절을 바탕으로 하여야 하며 마음에서 우러나오는 진실된 서비스는 곧 종사원의 성공을 보장해 주는 것이다.

• • • 서비스의 기본 13개 항목

① 서비스의 본질은 손님을 기분 좋게 만드는 것이다.
② 손님을 대할 때는 진심으로 친절하게 대접한다.
③ 서비스는 부담없이 즐기게 하는 것이 기본이다.
④ 서비스는 뒷맛이 중요하다.
⑤ 항상 공평, 균일한 서비스를 하도록 신경쓴다.
⑥ 서비스는 돈에 좌우되지 않는다.
⑦ 회사는 점포의 이미지에 맞는 서비스를 한다.
⑧ 자신의 일에 자부심을 가지고 프로의식을 잃지 않는다.
⑨ 사원, 점원으로서의 지식, 사회인으로서의 양식을 익힌다.
⑩ 독신적인 서비스는 금물, 손님의 반응을 확인한다.
⑪ 지킬 수 없는 약속은 하지 않는다.
⑫ 현상에 만족하지 않고 손님을 위해 할 수 있는 일이 없는가를 생각한다.
⑬ 시대의 유행이나 정세에 민감해야 한다.

2) 청결성(cleanliness)

식당의 생명이라 할 수 있는 것이 바로 위생과 청결일 것이다. 청결이란 언제나 경건과 버금가는 내용이다. 깨끗한 몸과 마음을 떼어놓을 수 없는 동일한 목적이 된다. 머리를 떨구고 힘없이 어깨를 구부리고 다가서는 종사원은 자기의 인품을 깎아내리는 것이고 이와는 반대로 머리를 똑바로 하고 어깨를 펴고 활발한 걸음걸이와 단정한 몸가짐으로 서비스할 때는 더없이 좋은 인상을 상대방에게 줄 것이다. 이 정결함은 일상 생활에서 몸에 배도록 할 것이며 특히 신체의 각 부위, 복장, 태도 등에 깊은 주의를 기울여야 할 것이다. 정결한 마음은 곧 맑은 정신을 갖게 되며 스스로 정결하고 단정한 복장으로 마음을 맑게 유지할 것을 잊지 말아야 한다.

3) 정직(honesty)

명예는 종사원의 정직과 긍지로 유지되고 나아가서는 재산과 시간의 귀중함이 정직과 직결된다. 한 사람의 부정직한 종사원이 저지른 잘못이 식당의 평판과 명예에 어떠한 영향을 미칠 것인가는 추정하고도 남는다. 정직함이 무엇보다도 자기 자신과 직장의 번영을 위해서는 중요한 덕목임을 잊지 말아야 할 것이다.

4) 경제성(economy)

기물들을 자신의 것으로 생각하며 업무를 하는 것은 자신이 속한 부서에 대한 애착과 애정이 담겨 있는 것이다. 그러나 현실은 종사원들의 낭비가 때로는 일상적 양상으로 보일 때가 많으며, 리넨류, 전기, 수도, 접시, 글라스, 실버웨어 등 아무렇게나 소홀히 취급하여 낭비하거나 파손되는 경우가 허다하다. 모든 기물을 아끼는 습관은 종사원 스스로 경영에 기여도를 높이는 것이다.

5) 능률성(efficiency)

능률성이란 적극적인 사고와 행동 그리고 능동적인 업무처리의 의미가 포함되어 있다. 경영자는 언제나 종사원이 최소의 비용으로 최대의 효과를 올려 주기를 기대한다. 이러한 관점에서 종사원은 자기의 직무를 수행하는 모든 과정에서 능률적임을 전제로 한다. 쓸모없는 동작과 행동은 곧 비능률로 이어져 낭비를 초래한다. 스스로 창의적이고 능률적인 작업의 개선방안을 강구하여야 할 것이다.

• • • 손님의 구입사인을 체크하는 포인트

- **설명을 진지하게 들을 때**
  점원의 이야기를 신중하게 듣는 것은 상품에 흥미가 있기 때문이다. 손님이 납득할 수 있게 상품 정보를 다양하게 전달한다.
- **질문 내용이 구체화될 때**
  구체적인 질문을 하는 것은 손님에게 구입 의지가 있기 때문이다. 손님의 관심사에 대해 그 상품이 다른 유사품보다 뛰어나다는 점을 이야기하고 상품의 장점을 강조한다.
- **가격표를 볼 때**
  손님이 구입을 생각한다는 증거. 가격이 문제가 되므로 유사품으로 싼 가격이 있는가. 할부제도가 있는가 등을 안내한다.
- **다른 상품과 비교할 때**
  후보 상품을 정해 줄 것. 상품에 대한 손님의 욕구를 파악하고, 후보 상품이 그 욕구를 어느 정도 만족시키는가 정확한 정보를 제공한다.
- **애프터서비스를 신경 쓸 때**
  구입 후를 염려한다면, 구매 의사를 정했다는 증거이다. 보증기간에 대해 자세히 설명한다.

2. 접객서비스 종사원의 용모

1) 남성 용모의 조건

(1) 두발 상태

① 두발은 귀가 보이는 형태로 짧고 깨끗하게 손질한다.

② 뒷머리는 와이셔츠 깃에 닿지 않고, 앞머리는 이마를 덮지 않는다.

③ 매일 머리를 감아서 청결을 유지하고, 항상 단정히 빗는다.

④ 염색은 원칙적으로 금지이다.

(2) 복장 상태

① 유니폼 주머니가 튀어 나오거나 늘어지지 않도록 유지한다.

② 바지는 주름이 잘 잡혀야 한다.

③ 바지의 길이는 선 상태에서 구두 위에 가볍게 닿는 정도가 적당하다.

④ 와이셔츠의 소매와 깃은 항상 깨끗이 하며 소매는 걷어붙이지 않는다.

⑤ 넥타이의 길이는 벨트 버클 이하 5cm 정도 내려오는 것이 적당하다.

⑥ 양말은 바지의 색상과 유사한 계열로 착용한다.

(3) 손의 위생

① 손은 항상 청결하게 한다.

② 손톱은 항상 청결하고 짧게 유지한다.

(4) 구두 상태

① 구두의 색상은 검은색(가급적 양복과 같은 계열)으로 신도록 한다.

② 캐주얼화는 피한다.

③ 뒷굽이 닳는 것은 수선하여 착용토록 하고 매일 닦아 윤기가 나도록 한다.

(5) 부착물

① 시계와 반지 1개 정도가 적당하다.

② 향이 진하지 않은 스킨이나 로션 정도는 바르도록 하고, 상쾌한 향기를 유지하도록 한다.

③ 안경 착용 시 지나치게 색깔이 들어있거나 너무 유행을 따르는 디자인을 피한다.

2) 여성 용모의 조건

(1) 얼굴

① 자연스러운 화장이란 너무 화려하지 않고 진하지 않으면서 접객원으로서의 기초 화장을 의미한다.

② 화장을 전혀 하지 않은 얼굴로 근무에 임하는 일은 없어야 한다.

(2) 두발 상태

① 머리는 항상 단정하고 깨끗하게 유지한다.

② 뒷머리 길이는 깃에 닿지 않고 앞머리가 눈을 가리지 않도록 한다.

③ 서빙동작 시 앞, 옆머리가 흘러내리지 않도록 고정한다.

④ 핀, 해어밴드, 머리그물망, 리본 등을 사용하여 머리모양을 단정하게 한다.

(3) 구강과 손의 위생

① 근무 전과 식사 후에는 반드시 입냄새를 제거하고 구강상태를 점검한다.

② 손을 항상 청결해야 하며, 손톱은 항상 2mm 이내로 짧게 유지한다.

③ 매니큐어 사용은 원칙적으로 불가하다.

(4) 유니폼 상태

① 유니폼을 깨끗이 세탁한 후 반드시 다림질하여 착용한다.

② 스커트 및 블라우스 솔기에 실밥이 나오지 않도록 주의한다.

(5) 양말(스타킹) 상태

① 스타킹은 커피색, 살색 등 자연스러운 색상을 착용한다.

② 업장의 지시대로 통일한다.

③ 양말은 가능한 한 백색 양말을 착용하되, 무늬나 레이스가 없는 것으로 한다.

(6) 부착물

① 지나친 액세서리 착용은 삼가며, 시계, 반지 1개, 귀걸이 1세트가 적당하다.

② 귀걸이는 늘어지지 않는 부착형이 좋다.

(7) 구두 상태

① 구겨 신지 않도록 한다.

② 항상 청결함을 유지하도록 하며, 슬리퍼는 신지 않는다.

• • • 식품위생법령 의거 식품접객영업자의 준수사항

가. 생산 및 작업기록에 관한 서류와 원료의 입고 · 출고 · 사용에 대한 원료 수불 관계 서류를 작성하되 이를 거짓으로 작성해서는 안 된다. 이 경우 해당 서류는 최종 기재일부터 3년간 보관하여야 한다.

나. 식품제조 · 가공업자는 제품의 거래기록을 작성하여야 하고, 최종 기재일부터 3년간 보관하여야 한다.

다. 유통기한이 경과된 제품은 판매목적으로 진열 · 보관 · 판매(대리점을 통하여 또는 직접 진열 · 보관하거나 판매하는 경우만 해당한다)하거나 이를 식품 등의 제조 · 가공에 사용하지 아니하여야 한다. 다만, 폐기용 또는 교육용이라는 표시를 명확하게 하여 진열 · 보관하는 경우는 제외한다.

라. 식품을 텔레비전 · 인쇄물 등으로 광고하는 경우에는 제품명 및 업소명을 포함하여야 한다.

마. 식품제조 · 가공업자는 장난감 등을 식품과 함께 포장하여 판매하는 경우 장난감 등이 식품의 보관 · 섭취에 사용되는 경우를 제외하고는 식품과 구분하여 별도로 포장하여야 한다. 이 경우 장난감 등은 「품질경영 및 공산품안전관리법」 제14조 제3항에 따른 제품검사의 안전기준에 적합한 것이어야 한다.

바. 식품제조 · 가공업자 또는 식품첨가물제조업자는 별표 14 제1호자목2) 또는 제3호에 따라 식품제조 · 가공업 또는 식품첨가물제조업의 영업등록을 한 자에게 위탁하여 식품 또는 식품첨가물을 제조 · 가공하는 경우에는 위탁한 그 제조 · 가공업자에 대하여 반기별 1회 이상 위생관리상태 등을 점검하여야 한다. 다만, 위탁하려는 식품과 동일한 식품에 대하여 법 제48조에 따라 식품안전관리인증기준적용업소로 인증받거나 「어린이 식생활안전관리 특별법」 제14조에 따라 품질인증을 받은 영업자에게 위탁하는 경우는 제외한다.

사. 식품제조 · 가공업자 및 식품첨가물제조업자는 이물이 검출되지 아니하도록 필요한 조치를 하여야 하고, 소비자로부터 이물 검출 등 불만사례 등을 신고 받은 경우 그 내용을 기록하여 2년간 보관하여야 하며, 이 경우 소비자가 제시한 이물과 증거품(사진, 해당 식품 등을 말한다)은 6개월간 보관하여야 한다. 다만, 부패하거나 변질될 우려가 있는 이물 또는 증거품은 2개월간 보관할 수 있다.

아. 식품제조 · 가공업자는 「축산물 위생관리법」 제6조제1항에 따른 표시사항을 모두 표시하지 않은 축산물, 같은 법 제7조제1항을 위반하여 허가받지 않은 작업장에서 도축 · 집유 · 가공 · 포장 또는 보관된 축산물, 같은 법 제12조제1항 · 제2항에 따른 검사를 받지 않은 축산물, 같은 법 제22조에 따른 영업 허가를 받지 아니한 자가 도축 · 집유 · 가공 · 포장 또는 보관된 축산물 또는 같은 법 제33조제1항에 따른 축산물 또는 실험 등의 용도로 사용한 동물을 식품의 제조 또는 가공에 사용하여서는 아니 된다.

자. 수돗물이 아닌 지하수 등을 먹는 물 또는 식품의 제조 · 가공 등에 사용하는 경우에는 「먹는물관리법」 제43조에 따른 먹는 물 수질검사기관에서 1년(음료류 등 마시는 용도의 식품인 경우에는 6개월)마다 「먹는물관리법」 제5조에 따른 먹는 물의 수질기준에 따라 검사를 받아 마시기에 적합하다고 인정된 물을 사용하여야 한다.

차. 모유 대용으로 사용하는 식품, 영 · 유아의 이유 또는 영양보충의 목적으로 제조 · 가공한 식품을 신문 · 잡지 · 라디오 또는 텔레비전을 통하여 광고하는 경우에는 조제분유와 동일한 명칭 또는 유사한 명칭을 사용하여 소비자가 혼동할 우려가 있는 광고를 하여서는 아니 된다.

카. 법 제15조제2항에 따라 위해평가가 완료되기 전까지 일시적으로 금지된 제품에 대하여는 이를 제조 · 가공 · 유통 · 판매하여서는 아니 된다.

타. 식품제조 · 가공업자가 자신의 제품을 만들기 위하여 수입한 반가공 원료식품 및 용기 · 포장과 「대외무역법」에 따른 외화획득용 원료로 수입한 식품 등을 부패하거나 변질되어 또는 유통기한이 경과하여 폐기한 경우에는 이를 증명하는 자료를 작성하고, 최종 작성일부터 2년간 보관하여야 한다.

파. 법 제47조제1항에 따라 우수업소로 지정받은 자 외의 자는 우수업소로 오인 · 혼동할 우려가 있는 표시를 하여서는 아니 된다.

하. 법 제31조제1항에 따라 자가품질검사를 하는 식품제조 · 가공업자 또는 식품첨가물제조업자는 검사설비에 검사 결과의 변경 시 그 변경내용이 기록 · 저장되는 시스템을 설치 · 운영하여야 한다.

거. 초산(C2H4O2) 함량비율이 99% 이상인 빙초산을 제조하는 식품첨가물제조업자는 빙초산에 「품질경영 및 공산품안전관리법」 제2조제11호에 따른 어린이보호포장을 하여야 한다.

3. 접객서비스 종사원의 용어

접객에서 사용되는 기본용어는 말씨나 화법에 의해 이루어지며, 올바른 언어의 사용은 접객 종사원의 인격뿐만 아니라 업체의 긍정적인 평가로 인해 고객들이 재방문하게 되는 중요한 요인 중 하나이다.

〈표 7-2〉는 접객서비스에서 기본적으로 사용되는 용어와 접객서비스 시 사용하지 말아야 할 용어를 나타낸 것이다.

〈표 7-2〉 접객 기본용어와 저해용어

접객 기본용어	서비스 저해 용어
• 어서 오십시오.	• 잘 모르겠습니다.
• 안녕하십니까?	• 제 소관이 아닙니다.
• 안녕히 가십시오.	• 안 됩니다.
• 죄송합니다.	• 알아는 보겠습니다.
• 잠시만 기다려 주십시오.	• 책임문제가 따릅니다.
• 오래 기다리셨습니다.	• 입장이 곤란합니다.
• 잘 알았습니다.	• 바쁘니까 다음에 하세요.
• 좋은 시간 되십시오.	• 인원이 부족해서 못합니다.
• 실례합니다.	• 윗사람 지시가 없어 못합니다.
• 대단히 감사합니다.	• 근무시간이 끝났습니다.

• • • 얌체고객이 주로 하는 컴플레인

- 현장에서는 아무 탈이 없다가 나중에 찾아와 증명서를 제시하며 음식값을 환불해 달라고 요구
- 음식에서 이물질이 나와 상처를 입었다며 소비자보호원이나 인터넷에 정보를 흘리겠다고 협박하는 경우
- 업소이용 관련 카드 소지자로 부대시설을 이용하면서 자주 컴플레인을 제시
- 식음료를 다 먹고 맛이 없다거나 이상하다며 음식값을 못 내겠다고 항의
- 종사자들 간의 친근함을 앞세워 원칙상 안되는 후불을 하고 갚지 않고 발뺌하는 경우

3 매뉴얼의 이해

1. 매뉴얼의 정의

외식업체의 효율적인 운영관리를 위해서는 시스템화가 필요하며, 시스템화의 토대가 되는 것이 매뉴얼(Manual)이다. 매뉴얼은 우리말로 교본, 핸드북, 편람, 입문서 등의 여러 의미로 표현하고 있다.

따라서 매뉴얼이란 어떤 내용이나 행동양식을 간편화시켜 그것을 읽어보고 습득함으로써 기대하는 목표를 효과적으로 달성할 수 있게 짜여진 업무지침서라고 할 수 있을 것이다.

2. 매뉴얼의 기능

사업 경영측면에서 매뉴얼의 기능은 업무를 표준화, 전문화, 단순화 시스템을 확립하는 것이다. 따라서 매뉴얼은 매뉴얼에 제시된 대로 실행하여야 하며 이를 원활히 활용하기 위해서는 체계적인 교육과 훈련이 뒷받침되어야 한다.

매뉴얼의 장단점을 살펴보면 〈표 7-3〉과 같다.

〈표 7-3〉 매뉴얼의 장단점 비교

장점	단점
• 대량생산, 대량판매가 가능 • 품질의 균일화 및 표준화 가능 • 원가 절감 및 경제성 • 효율적인 작업관리 • 다점포전개가 용이 • 기업콘셉트의 실현 • 인재육성 가능 • 교육훈련에 의한 단기간의 기대효과	• 전문성의 부족 • 기술습득의 난점 • 노동의 단순화 작업(생산) • 창의성의 무시

3. 매뉴얼의 분류

매뉴얼의 종류에는 접객서비스, 교육훈련 등이 주가되는 운영관리 매뉴얼과 식자재의 규격, 검수, 조리에 사용되는 식자재 상품 매뉴얼, 실내 레이아웃이나 가구 등 인테리어에 사용되는 디자인 매뉴얼 등이 있다.

• • • 서비스품질 우수기업 인증제도란?

서비스업을 대상으로 서비스품질인증을 신청한 기업(사업장) 또는 기관에 대하여 각 분야별 전문가로 구성된 평가단이 공정하고 객관적으로 평가한 후 대상 기업 또는 기관이 전반적 서비스품질 수준을 진단하고 개선방향을 제시하며(feedback report) 그 성과가 탁월한 기업 또는 기관에게 인증하여 널리 공표함으로써 기업경쟁력 제고 및 소비자의 삶의 질 향상을 도모하는 제도.

〈신청대상업종〉

- 유통서비스업: 백화점, 대형할인점, 인터넷쇼핑몰, TV홈쇼핑
- 운송서비스업: 여행사, 택배(항공운송서비스 포함), 포장이사, 렌터카
- 숙박서비스업: 호텔, 콘도미니엄(종합휴양업 포함)
- 외식서비스업: 식당(한식/일식/중식), 패스트푸드점(패밀리 레스토랑, 피자, 햄버거, 치킨), 단체급식
- 정보통신서비스업 : 이동전화, 초고속통신망
- 금융/보험서비스업 : 은행, 증권, 보험(생명, 손해, 화재보험), 신용카드, 신용금고
- 교육/문화서비스업 : 대학교/대학, 학습지, 공공행정기관, 운전학원(교습학원 포함), 서점(대형, 인터넷서점)
- 보건/복지서비스업 : 병원(종합 · 일반 · 개인 · 한방병원. 단, 의원은 제외)
- 일반서비스업 : 테마공원(놀이공원), 종합용역업(보안(시큐리티), 빌딩관리업), 주유소, 고속도로 휴게소, 예식장, 스포츠센터

인증업체에 대한 특전 및 지원은 품질경쟁력 우수 50대 기업선정 및 공산품 사후봉사(A/S) 우수기업 인증 신청 시 우대, 신문지상에 종합광고 및 집행기관 홈페이지, 월간지에 홍보, 선정된 업체의 홍보책지를 제작, 이를 관련기관(단체) 및 업계에 배포하여 홍보 · 판로지원 등이다.

참/고/문/헌

홍기운, 『최신외식산업개론』, 대왕사, 2000.

최풍운, 『호텔식음료서비스』, 학문사, 2001.

최영준, 『호텔식음료서비스론』, 기문사, 2000.

이정학, 『서비스경영』, 기문사, 2001.

한국관광공사 · 경주관광교육원, 『식음료업무론』, 삼양문화사, 1999.

Bessie Brooks Westetal, 『Food Service in Instiution』, New York : John Weily, 5th ed., 1977.

James R. Keiser, 『Principles and Practices of Management in the Hospitality Industry』, New York, Van Nostrand Reinhold, 1989.

Peter F. Drucker, 『The Practice of Management』, Asia Edition: Harper & Brothers Publishers, 1983.

Anderson, E.W, Sullivan, M.W. 「The antecedents and consequences of customer satisfaction for firms」, Marketing Science, Vol. 12, 1993.

Babin, B.J., Darden,W.R., Griffin, M., 「Work and/or fun: measuring hedonic and utilitarian shopping value」, Journal of Consumer Research, Vol. 20, 1994.

Barish, H., Kotler, P., 「A framework for marketing image management」, Sloan Management Review, 1991.

Belk, RW., 「An exploratory assessment of situational effect in buyer behavior」, Journal of Marketing Research, Vol. 11, 1974.

Berry, L., Yadav, M., 「Capture and communicate value in the pricing of services」, Management Review, 1996.

Bolton, R.N. and Drew, J.H., 「Multistage model of customers, Assessments of service quality and value」, Journal of Consumer Research, Vol. 17, 1991.

Dodds, W.B., Monroe, K.B., Grewal, D., 「Effect of price, brand, and srore information on buters' product evaluations」, Journal of Marketing Research, Vol. 28, 1991.

08 Chapter

외식산업의 메뉴관리

1 메뉴의 개요

1. 메뉴의 정의 및 유래

메뉴는 고객에 대한 식당의 모든 약속을 집합시켜 놓은 하나의 표이다. 그러므로 메뉴를 통하여 소비자들이 받는 이미지, 느낌, 표시된 가격, 예상되는 품질 및 서비스는 이것을 보고 식음료라는 상품을 구매하려는 고객에게는 그것이 바로 기대하는 가치가 된다. 그러므로 능률적인 메뉴란 근본적으로 메뉴 자체의 완벽성에 기초한 개념으로 평가되기보다는 식당이 실제로 생산하고 제공할 수 있는 제품과 서비스 및 분위기 등과 일치하는 것일 때에 달성될 수 있는 개념으로서 이해되어야 한다. 이러한 개념으로 볼 때 메뉴는 식당이 가지고 있는 입지여건, 시설, 서비스, 가격 및 이미지 등을 통합한 식당패키지이다.

메뉴의 유래는 1498년경 프랑스의 어느 귀족의 아이디어라고 전해진다. 그 후 1541년 프랑스 헨리 8세 때 당시 부룬 스윈공의 성에서 연회 시에 요리에 관한 내용과 순서 등을 메모하여 식탁 위에 놓고서 그 순서대로 요리를 제공함으로써 번거로

움이나 복잡함 없이 즐겁게 식사를 마칠 수 있었다는 데서 유래를 찾아볼 수 있다. 그 이후 19세기에 이르러 파리의 레스토랑 집단 발생지에서 사용하기 시작되면서부터 일반화되어 오늘날 일반 대중에게 제공할 수 있는 요리의 명칭을 기록한 목록표가 되었다.

그런데 메뉴란 단순한 차림표나 음식을 기록한 단순한 리스트에 불과한 것인가에 대한 의미를 되짚어 보려면 메뉴에 대한 정의를 살펴보면 된다. 메뉴의 정의도 시대에 따라 변화하였다. 1960년대 메뉴가 '차림표'의 개념으로 정의되었다면 1970년대부터는 '마케팅과 관리'의 개념이 가미된 '차림표'로 정의되었고, 1980년대 부터는 '차림표'의 개념이 삭제된 강력한 '마케팅과 내부통제도구'로 정의되고 있다.

메뉴의 정의는 여러 학자들이 상이한 정의를 내리고 있지만, 종합적으로 정의한다면 '메뉴는 내부적인 통제도구일 뿐만 아니라 판매, 광고, 판매, 촉진을 포함하는 마케팅도구(marketingtool)'로 정의할 수 있다.

따라서 메뉴란 식사를 서비스하는 식당에서 상품 자체의 설명과 가치증진을 위하여 필요한 것이며 식당의 이윤과 직결되고, 고객의 물리적, 정신적 만족을 증대시켜 주기 위해서 제공되는 요리품목과 형태를 체계적으로 구성해 놓은 차림표를 의미한다고 할 수 있다.

2. 메뉴의 분류

1) 메뉴의 구성 및 선택방식에 따른 분류

(1) 정식메뉴(table d'hote menu: 타블 도트 메뉴)

정식메뉴란 과거 여관이나 여인숙 주인이 숙박하는 고객을 위해서 제공한 식사가 정해진 가격에 투숙한 모든 고객에게 같은 음식을 제공한 것에서 유래한다.

이 정식메뉴는 한 끼분의 식사로 구성되어 있으며, 미각, 영양, 분량의 균형을 참작하여야 하고 요금도 한 끼분으로 표시되어 있으므로 고객이 차림표와 가격을 용이하게 선택할 수 있으며, 메뉴에 대한 지식이 없어도 주문이 용이하다는 장점이 있다. 그러나 고객의 입장에서는 메뉴선택의 폭이 좁다고 할 수 있겠다.

(2) 일품요리 메뉴(a' la carte menu: 알라카르트 메뉴)

일품요리는 레스토랑에 있어 주된 메뉴로서 그 구성은 전통적인 정식 식사 순서(전채→수프→생선→주요리→샐러드→후식)에 따라 각 순서마다 몇 가지씩 요리품목을 구성하여, 고객이 원하는 품목만을 선택하여 식사를 하고, 고객은 선택한 품목에 대한 가격만을 지불하면 된다.

고객의 입장에서 정식메뉴에 비해 메뉴선택의 폭이 넓다고 할 수 있으나 가격이 비싸고, 식자재 및 메뉴관리가 어렵다는 단점이 있다.

(3) 오늘의 요리메뉴(daily special menu)

매일 시장에서 입수되는 신선하고 계절감각이 있으며, 저렴한 가격의 양질의 재료를 이용하여 주방장이 최고의 기술을 발휘하여 고객의 식욕을 돋우도록 매일 만드는 메뉴이며, 보통 5~6가지 코스로 제공된다.

운영상의 장점으로는 매일 준비된 상품으로 빠른 서비스를 제공할 수 있으며, 재료 사용상의 재고품의 판매로 매출 증진의 효과가 있다고 할 수 있다.

2) 메뉴의 유지기간에 따른 분류

(1) 고정메뉴(static menu)

고정메뉴는 일정기간(6개월~1년)을 똑같은 메뉴가 바뀌지 않고 반복적으로 제공되는 메뉴로서 정기메뉴(full-time menu)라고도 한다. 스테이크를 위주로 하는 등의 전문 레스토랑들 대부분의 메뉴가 여기에 속한다.

고정메뉴는 주어진 기간 동안 같은 메뉴만을 반복하여 사용하기 때문에 원가가 절감되고 생산성이 높아진다는 장점이 있는 반면에 원가와 패턴의 변화에 유연성 있게 대처할 수 없다는 단점이 있다.

(2) 사이클 메뉴(cycle menu)

이것은 특정기간(계절별, 분기별)을 주기로 해서 메뉴를 교체하여 적용하는 메뉴로 일정기간을 정해서 몇 가지의 메뉴를 순환시키기 때문에 순환적 메뉴(revolving menu)라고도 한다. 사이클 메뉴는 단체급식을 취급하는 카페테리아, 병원, 구내식당, 군대 등에서 많이 이용하고 있는 메뉴이다.

3) 시간대에 따른 분류

(1) 아침메뉴(breakfast menu)

- american breakfast: 달걀요리가 곁들여진 아침식사로 커피, 주스, 시리얼, 햄, 베이컨, 소시지 등을 제공
- continental breakfast: 달걀요리를 곁들이지 않은 아침식사로 빵 종류, 주스, 커피나 홍차를 제공
- vienna breakfast: 달걀요리와 롤빵 그리고 커피 정도로 먹는 식사
- english breakfast: 미국식 조식과 같으나 간단한 생선요리가 포함된 식사

(2) 브런치 메뉴(brunch menu)

브런치 메뉴는 아침과 점심의 합성어로 공휴일이나 일요일에 늦게 일어난 사람들이 아침 겸 점심을 먹는 습관에서 출발하여 생긴 메뉴이다. 브런치 메뉴는 전통적인 아침식사로서 인기가 있는 음식으로 마련되지만, 과일, 빵, 육류 등으로 다양하게 제공된다.

(3) 점심메뉴(lunch menu)

정오에 먹는 식사로서 인근 직장인들이 반복적으로 이용하는 경우가 많아 '특선요리'의 형태로 제공되며, 메뉴는 1주일에 한 번씩 바꾸어주는 탄력적인 메뉴구성이 필요하다. 식사내용은 샐러드와 샌드위치류를 위주로 제공되며, 알코올성 음료가 제공되기도 한다.

(4) 정찬메뉴(dinner menu)

디너메뉴는 하루의 식사 중 가격 면에서도 비싸며, 열량도 가장 높은 식사로 특징지워지며, 다양한 아이템이 제공된다.

(5) 서퍼메뉴(supper menu)

서퍼메뉴는 늦은 저녁이나 밤참에 제공되는 메뉴로 큰 모임이나 행사 후의 식사로 2~3가지의 코스가 제공된다.

3. 메뉴의 기능 및 역할

1) 기능

메뉴는 식당이 판매하려고 의도하는 식음료 품목들을 고객이 잘 이해할 수 있고 구매하도록 촉진하는 능력을 갖추어야 하며, 메뉴의 내용은 이러한 기능을 위해서 설계된다. 여기서 가장 필요한 메뉴의 기능은 식당경영자가 고객에게 전달하려고 하는 정보 메시지가 효과적으로 소통(communicate)될 수 있어야 한다는 것이다. 또한, 메뉴는 고객과의 커뮤니케이션에 사용되는 가장 중요한 마케팅 도구이며, 식음료업장의 단골고객 여부에 대한 고객의 잠재적 욕구에 가장 큰 영향을 주고 있어, 식음료 경영에 주요한 부분을 차지한다.

메뉴로써 소개되는 제품 및 서비스는 고객의 메뉴선택에 많은 영향을 주며, 식음료업장의 경영방법 및 서비스 타입 등을 결정한다. 식음료 경영에 있어서 메뉴의 다양한 기능 중 주목해야 할 것은 커뮤니케이션 도구로서의 메뉴의 기능일 것이다. 대부분의 고객은 종사원과 대화를 하기 전에 종사원으로부터 건네 받은 메뉴와 대화를 한다. 전달받은 메뉴상에서 본인이 원하는 아이템을 선택하는 과정에서 고객과 메뉴는 대화거리를 찾아 대화를 시작한다. 메뉴를 보다 성공적으로 디자인하기 위한 일반 커뮤니케이션의 모형에 의하면 메뉴를 계획하는 사람은 레스토랑의 전체적인 개념에 근거하여 실제 얻은 정보와 과거의 성공적인 경험을 바탕으로 고객에게 전달할 메시지(아이템)를 결정한다.

즉, 고객에게 제공할 음식의 그룹을 정하고, 아이템의 수, 아이템의 이름, 아이템의 설명, 그리고 가격 등을 결정하는 것을 말한다. 이러한 사항을 메뉴판에 옮기는 메뉴 디자인에서는 메뉴의 외형 · 크기, 사용할 활자의 크기와 스타일, 컬러, 아이템의 배치와 순위 등의 구성을 통하여 레스토랑의 목표를 달성할 수 있게 하는 것이다. 메뉴디자인은 다음 편에서 자세히 설명하기로 한다.

2) 역할

레스토랑은 메뉴에 의하여 평가된다고 할 만큼 메뉴의 역할은 중요하다고 할 수 있다. 이러한 메뉴의 역할은 한 마디로 고객으로 하여금 레스토랑의 상품에 대한 매력을 느끼도록 하여 이윤을 창출하는 것이라고 할 수 있다.

메뉴 역할의 다양성과 관련하여 '메뉴목적(menu objectives)'이라는 용어를 사용하는데, 경제적인 목적(economic objectives), 생산 및 질적인 목적(production & quality objectives), 판매 및 마케팅 목적(merchandising & marketing objectives)으로 구분하기도 한다.

단순한 역할 수행과 함께 메뉴는 ① 고객과 영업장을 연결하는 판매촉진의 모체로서 판매원의 역할, ② 고객에게 메뉴에 있는 식음료를 제공하겠다는 계약서의 역할 ③ 고객에게 식음료를 판매하는 데 있어서 자세한 설명을 제공하는 설명서의 역할, ④ 고객과의 의사소통을 위한 중요한 마케팅 도구의 역할, ⑤ 기업주로 하여금 제공되는 상품의 생산과정, 원가관리, 투자범위 등을 가늠할 수 있도록 하는 경영투자 척도의 역할 등 광범위하고 중요한 역할을 수행한다. 이에 더하여 ① 식당의 개성 표현과 이미지 조성의 역할, ② 요리연구의 자료 역할, ③ 서비스의 약점 보강을 위한 유형화 역할 등을 메뉴의 역할로 제시하기도 한다.

이 외에도 관리자와 고객의 입장에서 관리와 통제의 역할을 하고, 이 두 가지 역할이 통합되는 하나의 시스템을 관리하고 통제하는 역할을 한다.

이와 같은 메뉴의 역할에 대한 다양한 논의는 전술한 메뉴의 개념 정의와 함께 메뉴가 단순히 상품에 대한 기술 이상의 의미를 지닌다는 것을 암시하는 것이다. 이와 같은 다양한 메뉴의 역할은 또한 메뉴의 중요성 혹은 메뉴 관리의 중요성과도 밀접한 연관을 갖는다고 할 수 있다.

메뉴의 기능과 역할 →

- 메뉴를 통하여 식음료 상품을 구매하려는 고객에게는 바로 기대가치라고 볼 수 있는 고객과 직접 약속한 가치이다.
- 메뉴는 식당의 경영방침과 세부일정을 결정해 주는 효과로서 협약되어 있다.
- 메뉴는 식당의 특성과 이미지를 조성해 주는 수단이다.
- 메뉴는 무명의 서비스원임과 동시에 세일즈맨이다.
- 메뉴는 서비스 접대원들과의 의사소통 연결체이다.
- 메뉴는 서비스의 약정 조정을 위한 유형화이다.

〈그림 8-1〉 메뉴의 기능과 역할

2 메뉴계획

1. 메뉴계획의 의의

메뉴계획이란 제공할 음식의 메뉴를 결정하는 과정으로 메뉴는 식당의 판매상품이자 경영의 객체로 경영 의사결정요소인 '무엇을 만들어 팔 것인가?'라는 정성적인 계획의 기능을 말한다.

따라서 메뉴는 고객의 필요과 욕구를 충족시키고 조직의 목표를 달성할 수 있도록 계획되고 관리되어야 하며, 그에 따른 메뉴계획은 식음료 부문을 관리하는 관리자가 해야 할 가장 중요한 부분인 것이다. 따라서 관리자는 메뉴계획 시 새로운 메뉴를 제공하는 이유가 분명해야 한다. 그 이유가 평균 고객 수를 증가시키기 위함인지, 새로운 고객의 유인이 목적인지 혹은 현 고객시장을 개척하기 위해서인지 그 이유가 분명해야 한다. 이는 음식의 형태는 조리방법에 의해 변화될 수 있고 매일 달라질 수 있으므로 고객과 그들이 좋아하는 음식에 대한 풍부한 지식을 갖고, 그들을 관리하고 운용할 수 있어야 한다는 것이다.

메뉴계획은 각종 요리와 그 기본조리법, 서비스 방법에 대한 지식과 음식의 영양가에 대한 이해와 구성에 관한 미적인 감각(gastronomic aspect)을 지녀야 하며, 메뉴계획에 따른 비용도 간과할 수 없으므로 고객에게 부담을 덜어주고 주방에서도 원가에 맞게 계획하는 경제적(economic aspect)요소도 필요하다. 또한 식당, 주방, 설비, 인원 등을 고려하여 정해진 시간에 음식을 조리하여 제공할 수 있는 실제적인 측면(practical aspect)도 계획되어야 할 것이다.

2. 메뉴계획 시 고려사항

메뉴를 계획하기 전에 고려해야 할 사항들은 수없이 많이 존재하지만 크게 경영자 측면과 고객측면으로 대별할 수 있다. 이 두 가지 관점을 중심으로 변수들을 살펴보고자 한다.

1) 경영자 측면

(1) 경영목표와 목적

메뉴는 조직의 목표를 반영할 수 있어야 하고 그 업체에 음식서비스의 존재를 위해 필요한 것을 반영할 수 있어야 한다. 따라서 경제적으로 고객을 만족시킴과 동시에 비용을 최소화하고, 이윤을 극대화하여야 한다.

(2) 식자재 공급시장의 상황

원하는 식자재를 적시에 원하는 양만큼 구매, 공급받을 수 있는 시장상황을 의미한다. 우리나라는 수입식자재의 의존도가 크기 때문에 저장관리에 필요한 저장고와 재고상황을 고려해야 한다.

(3) 예산

예산은 수입금액과 예상수입을 기준으로 각 과의 수입금액에서 비용이 얼마나 차지하는가의 비율을 결정하는 것이다.

(4) 조리기기의 파악

대부분의 주방설비가 조리 시 범용성을 띠고 있으나 품질경쟁력을 갖추기 위해서는 각각의 메뉴특성에 적합한 전문설비의 도입이 필요하다.

(5) 종사원의 능력

효율적인 장비와 레이아웃을 갖추었더라도 직원들이 다루지 못한다면 아무런 가치가 없을 것이다. 예컨대 특별한 기술을 요하는 음식을 만약 교육을 받은 직원이 그들을 만들 수 없다면 메뉴상에 포함될 수 없다. 따라서 직원들의 수용력과 이용가능성은 메뉴를 계획할 때 반드시 고려되어야 한다.

2) 고객의 측면

(1) 고객의 욕구

판매하고자 하는 상품, 즉 제공하고자 하는 메뉴의 주력 대상층과 그 대상층의 욕구와 경향을 분석한다. 사회경제적 변화 및 수요시장과 공급시장의 변화에 따른 시장의 흐름과 목표 고객의 경향을 파악하는 것은 가장 중요한 요소이다.

(2) 영양적인 배려

메뉴계획 시 적용되는 영양적인 요소는 모든 사람들의 생활수준에 따라 다르며 대사과정도 연령, 성별, 활동성에 따라 열량 요구량이 다르기 때문에 이를 고려하여야 한다.

이 외에도 고객 측면에서 고려해야 할 사항 중에 본질적인 요인인 조리방식, 음식의 모양, 냄새, 조직 등과 비본질적인 요인인 환경, 광고, 시간과 계절의 변화를 들 수 있으며, 개인의 기대수준과 사회 · 문화 · 경제적인 요인들도 간과하여서는 안 된다.

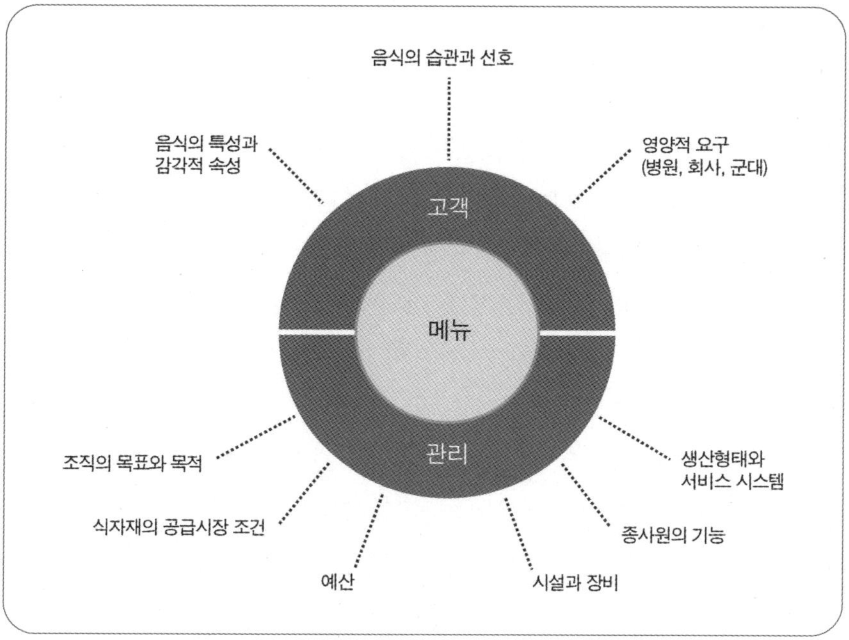

〈그림 8-2〉 메뉴계획 모형

3. 메뉴계획의 단계

실제 메뉴계획에서 고려되어야 하는 측면은 '어떤 식사나 음식의 유형이 가장 먼저 고려되어야 하는가'이다. 우선권을 가지고 있는 음식들과 식사들이 있을 수 있기 때문에 계획하는 데 있어 가장 먼저 고려되어야 한다. 메뉴가 계획될 때마다 시퀀스(sequence)를 따르는 것이 좋다. 일반적으로 성공적인 것이라 인정되는 메뉴계획의 단계는 다음과 같다.

1) 앙트레(메인코스) 선택

이것은 대부분의 경우에서 디너 앙트레, 육류음식 또는 대용할 수 있는 음식들이다. 이들은 먼저 개개의 식사를 위한 다른 음식들이 앙트레 음식을 보완하기 위하여 선택되고 그들이 종종 메뉴상에서 값비싼 음식이고 앙트레를 보완하는 음식들을 계획하여 메뉴음식들의 균형을 유지할 수 있고 그들의 원가가 기대될 수 있는 평균식사가격을 나타내기 때문에 가장 먼저 선택되어야 한다.

또한 높은 가격의 메뉴음식과 낮은 가격의 메뉴음식 간의 균형을 유지하는 음식의 원가에 바탕을 두고 앙트레를 선택할 필요가 있다. 이러한 균형은 매일을 기준으로 이들 음식들의 평균가격을 계산하여야 한다. 이것은 본래 음식서비스의 유형에 따르고 시설의 유형을 위하여 어떠한 평균지불가격이 되어야 바람직한 것인지에 따라 달라진다. 메뉴가격의 큰 변동은 또한 영향을 미칠 수 있다.

메뉴패턴이 선택안들을 제공하지 못하는 것이라면 주별메뉴는 소고기, 닭고기, 생선, 돼지고기, 그리고 오르간 음식과 같은 육류나 육류 대용품으로부터 서로 다른 앙트레 음식들을 이용하여 계획되어야 한다. 비록 조리방법들이 다르다고 하지만 같은 유형의 육류가 그 주에 매일 반복되지 않도록 주의하여야 한다. 또한 유사한 가니쉬나 그레이비를 곁들이는 음식들은 피하여야 한다. 또한 인건비가 들어가기 때문에 많은 조리과정을 거치는 가니쉬나 그레이비를 첨가되는 음식들을 제한하는 것을 고려하여야 한다.

고려하여야 하는 또 다른 사항은 선택된 앙트레들의 질감이다. 부드러운 앙트레와 그러하지 않은 질감의 앙트레는 고객의 수요를 충족시킬 수 있을 정도의 차이가 있도록 제공되어야 한다. 또한 선택안들은 다양성을 제공하기 위하여 조미를 강하게 한 음식과 그렇지 않은 음식을 포함하여야 한다.

2) 두 번째 앙트레 선택

노인들이나 직원들이 서브를 받는 업체들의 경우를 제외하고 대부분은 중식을 위한 앙트레일 것이다. 이러한 경우에 중식은 그날의 가장 중요한 식사이다. 대부분의 사람들은 중식을 위하여 샐러드나 가벼운 식사를 좋아하므로 이들은 메뉴상에 포함되어야 한다. 선택안들이 제공된다면 이들 음식들 간에는 균형이 이루어져야 한다. 음식들을 최종 선택할 때는 앞에서 논의한 모든 측면들이 고려되어야 한다. 육류의 형태, 조리방법, 질감, 그리고 색깔에 있어서의 다양성이 고려되어야 한다.

3) 전분음식 선택

포테이토, 라이스, 파스타, 그리고 마(yam)와 같은 전분음식들은 색깔, 질감, 농도, 형태, 그리고 맛에 있어 다양하게 제공할 수 있기 때문에 앙트레들을 보완할 수 있도록 선택되어야 한다. 이들 전분음식은 앙트레와 함께 조정되어야 한다. 앙트레들이 비교적 드라이한 것이라면 크림음식과 같이 물기가 있는 음식들을 선택해야 한다. 육류가 충분한 수분을 가지고 있다면 매쉬포테이토와 같은 부드러운 음식들이 맛을 보완하기 위하여 메뉴에 포함되어야 한다. 크림음식이나 스팀음식들은 드라이한 앙트레들과 포함될 때 수분을 제공해 준다. 메뉴상에는 전문음식들의 수를 제한하여야 한다는 점을 주의하여야 한다. 앙트레는 라이스와 포테이토와 같은 전분음식들과도 어울릴 수 있다. 영양적인 관점에서 이러한 단계는 전분음식들이 칼로리를 가지고 있기 때문에 아주 조심스럽게 통제되어야 한다. 메인 앙트레들이 칼로리가 낮을 때 이들 음식들은 다양하게 제공되고 대용품(fill-ins)으로서 이용될 수 있다. 또한 메뉴에서 제공되는 전체적인 조화를 위하여 이러한 음식을 포함할 필요가 있다.

4) 채소 선택

채소들은 앙트레 음식들을 보완하여야 하고 색깔, 형태, 사이즈, 질감, 조리방법, 그리고 맛을 기준으로 하여 선택되어야 한다. 앞에서 논의한 음식의 특징들 모두가 여기서도 고려되어야 한다. 영양가치 이외에도 채소들은 전체 식사의 매력성과 어필에 중요한 역할을 한다. 계획될 수 있는 채소들의 유형을 다양하게 하는 것은 그들의 이용 효과성을 높여주기도 한다. 그들의 색깔, 질감, 그리고 조리방법들은 메뉴를 위하여 여러 방법이나 대용품으로 이용할 수 있게 한다. 한 가지 이상의 선택안이 제공될 때 질감이 고려되어야 하며 색깔, 형태, 그리고 조리방법에 있어 대조는 선택안들이 제공되거나 한 가지 이상의 채소가 메뉴상에 포함될 때 필요하다. 채소들은 음식들이 디스플레이 될 때 특히 카페테리아 카운터에 매력적인 색깔을 제공한다. 또한 채소는 카빙이나 플레이트 가니쉬 등 데커레이션으로도 활용할 수 있다.

영양적인 관점에서 채소들은 아주 중요한 음식그룹으로 한 가지 이상의 채소가 메뉴상에 포함되어야 한다. 짙은 녹색이나 노란색 채소들을 제공하는 메뉴는 필요한 비타민을 보장할 수 있어야 한다. 채소는 영양소를 보호하기 위하여 조리시간이 짧거나 빨리 제공되어야 한다.

5) 샐러드 선택

샐러드는 한 가지 이상의 채소, 과일, 육류, 생선류, 치즈 등으로 이루어진다. 채소의 경우에서와 마찬가지로 샐러드는 색깔, 맛, 그리고 질감을 증가시킨다. 샐러드를 선택할 때에는 식사를 위한 앙트레나 채소와의 반복을 피해야 한다. 예컨대 샐러드에 육류는 비록 소량일지라도 앙트레를 위하여 선택된 것들과는 다른 것이어야 한다.

〈표 8-1〉 가장 많이 이용되는 가니쉬

1. 사과	14. 파란고추나 빨간고추
2. 바나나	15. 참외
3. 근대	16. 견과류
4. 장과	17. 올리브
5. 당근	18. 파슬리
6. 체리	19. 피클
7. 치즈	20. 피멘토
8. 감귤류 과일	21. 파인애플
9. 크림(사우어 또는 위프드)	22. 오얏
10. 오이	23. 무
11. 크루튼(수프와 함께)	24. 토마토
12. 달걀(완숙)	25. 워터크레스
13. 포도	

음식들의 온도는 또한 중요한 역할을 한다. 차가운 샐러드는 뜨거운 샐러드를 보완한다. 온도를 제공하는 데 있어 이러한 차이는 메뉴의 다양성과 매력을 증가시킨다.

샐러드는 식사의 메인음식으로도 선택될 수 있다. 선택안으로 포함된다면 샐러드 양이 많아야 하고 서빙 사이즈도 다양해야 한다.

샐러드는 식사의 전체 영양가치에도 크게 기여하기 때문에 메뉴를 계획할 때 고려되어야 한다. 샐러드를 조리하는 데 정교한 장비가 필요하지는 않지만 사전조리, 조리, 그리고 배열 등 힘든 작업을 필요로 한다. 샐러드 조리는 더 많은 저장공간을 갖춰야 할 뿐만 아니라 보관하는 데 어려움이 있다.

6) 수프와 애피타이저 선택

수프와 애피타이저는 샐러드처럼 수많은 유형과 종류가 있다. 이 음식들은 앙트레나 메인음식 이전에 제공된다. 애피타이저는 이름에서 알 수 있듯이 식욕을 촉진하기 위한 요리이며 수프도 마찬가지이다. 따라서 메인코스를 위해 식욕을 돋우는 수프와 애피타이저를 선택해야 한다. 이들은 재료에 바탕을 두고 가볍거나 무거울 수 있다. 그러므로 가벼운 애피타이저는 무거운 앙트레가 제공될 때나 그 반대의 경우에 계획되어야 한다. 가벼운 앙트레나 샌드위치는 보다 무거운 수프에 의하여 보완될 수 있다. 남는 채소, 주스, 그리고 캔 음식에서 남은 시럽들은 수프에 효과적으로 사용될 수 있다. 계속되는 식사를 위한 수프들은 자투리 재료를 이용하는 것을 감안하여 계획되어야 하며 원가계산에서도 마찬가지로 고려되어야 한다. 남는 채소들이 앙트레와 어울리는 것으로나 수프의 재료로서 더 수익적일 수 있는지를 판단하는 것이 필요하다. 애피타이저와 수프를 보완하기 위하여 이용되는 스파이스, 콘디멘트, 그리고 가니쉬는 여러 가지가 있다. 다른 메뉴음식에서처럼 메뉴상에 다른 음식들과 중복이 없도록 애피타이저와 수프를 계획하는 것이 필요하다. 크림수프는 크림 앙트레와 같이 제공되어서는 안 되며 생선차우더는 다른 생선음식이 메뉴상에 있을 때 포함되어서는 안 된다. 그리고 온도에 대한 선호도 고객마다 다르기 때문에 수프가 제공될 때 온도는 아주 중요하다. 적당한 온도를 유지하기 위해서는 장비와 노동력이 필요하므로 메뉴계획 시에 고려되어야 하며 서비스의 유형에 바탕을 두고 음식들은 고객들에게 제공될 때까지 바람직한 온도를 유지하여야 한다.

7) 디저트 선택

메뉴음식들이 선택된 이후에는 디저트를 계획하기가 더 쉬워져야 한다. 마지막에 디저트를 선택하는 것이 좋다. 디저트는 대부분의 고객들이 디저트를 찾기 때문에 아주 중요하다. 이것은 메뉴의 마지막 입맛을 결정할 뿐만 아니라 식사에 대한 인상을 최종적으로 결정짓게 된다. 그러므로 잘 계획된 식사가 호소력이 없는 디저트로 의미가 없어질 수 있기 때문에 주의 깊은 계획이 필요하며 양보다 오히려 중요한 것은 디저트의 맛이다. 맛있는 소량의 디저트로도 식사의 마지막 인상을 심어주기에 충분하다.

디저트들은 과일(전체, 부분, 조합), 케이크, 파이, 치즈, 푸딩, 아이스크림, 그리고 쿠키들로 구성될 수 있다. 대부분의 주요한 조합은 디저트로도 가능하다. 다른 메뉴음식의 경우와 마찬가지로 가벼운 디저트는 무거운 식사나 또는 그 반대와 같이 계획되어야 하며 이미 메뉴에 포함되어 있는 음식들과의 중복을 피하여야 하고 색깔, 농도/질감, 그리고 형태가 고려되어야 한다. 디저트의 당분 또한 고려되어야 한다. 뜨겁고 매운 앙트레는 당분이 높은 디저트가 뒤따르거나 뜨거운 육류음식은 아이스크림이 뒤따를 수 있다. 달고 가벼운 디저트는 또한 무거운 앙트레와 잘 어울린다. 앙트레와 디저트는 보통 고객이 메뉴에서 음식을 선택할 때 고려하는 주요 음식들이므로 주의 깊게 계획되어야 한다. 선택안이 제공될 때 디저트의 유형뿐만 아니라 그것의 농도, 질감, 색깔, 그리고 맛을 고려하여야 한다. 파이, 케이크, 그리고 푸딩은 선택안이 제공될 때 좋은 조합들이다. 디저트의 외관은 그들이 디저트 카트나 디스플레이 케이스에 담길 때 아주 중요하다. 땅콩, 콘디멘트, 그리고 시럽은 디저트를 어필하기 위하여 첨가된다. 아이스크림, 셔벗, 리큐르, 그리고 냉동음료들도 또한 훌륭한 디저트 선택안들이다.

8) 브레드 선택

브레드는 여러 서로 다른 종류와 형태들이 있을 수 있다. 그들의 조리방법과 최종 질감은 또한 상당히 다양하다. 브레드는 앙트레 음식을 보완하기 때문에 그에 따라서 계획되어야 한다. 브레드 중에는 이스트, 스위트도우, 사우어도우, 플렛과 몇몇 다른 특별한 브레드들이 있다. 특히 외래 앙트레와 잘 어울리는 외래 브레드들의 유형도 있으며 브레드의 서빙 사이즈는 메뉴에 포함된 앙트레의 유형에 따라 달라진다. 대부분의 브레드들은 버터와 같이 먹기 때문에 기름이 많은 음식들은 브레드가 제공될 때 제한된다. 부드러운 브레드들은 스파이스나 주스음식들이 메뉴상에 있을 때 포함될 수 있다. 브레드들은 또한 라이브레드에 녹인 치즈를 바르는 것(cheese rarebit=welsh rabbit)과 같은 앙트레 음식에 이용될 수 있다. 여기서 브레드 중복은 피하여야 하며 브레드의 형태, 사이즈, 그리고 질감도 고려해야 한다.

9) 음료 선택

메뉴상에는 보통 뜨거운 음료와 찬 음료들이 포함되기 때문에 메뉴계획에 있어 아마도 가장 쉬운 단계이다. 대부분의 음료들이 비교적 쉽게 자주 만들 수 있거나 서빙을 위하여 쉽게 이용할 수 있기 때문에 계획하기가 용이하다.

여러 곳에서 음료리스트는 표준화되지만 선택은 알코올 음료에 있어서 더 어렵다. 계절적 이용가능성과 변화는 음료를 계획하는 데 고려되어야 한다. 음료들은 알코올이나 비알코올음료, 탄산음료, 과일주스, 레모네이드, 커피, 밀크셰이크, 핫티, 아이스티, 그리고 여러 유형의 우유제품들로 선택될 수도 있으며 허브티류는 인기 있는 음료상품이 되고 있다.

10) 조식메뉴 선택

조식음식은 비교적 계획하기가 단순하다. 보통 메뉴상에 포함될 필요가 있는 조식음식들이 고정되어 있으나 조리방법에 차이를 두는 것이 좋다. 기관 유형의 업체에서 조식은 중요하다. 조식음식들은 쉽게 조리될 수 있는 것이어야 하며 선호도가 다양하고 여러 고객들이 원하는 조식으로의 표준 음식들이 있기 때문에 선택안들이 있어야 한다. 주스, 시리얼, 토스트, 에그, 소시지, 햄, 그리고 비스킷은 인기 있는 조식 음식들이다. 가능한 한 음식들의 많은 중복과 반복을 피할 수 있어야 한다.

이 단계들은 메뉴를 계획하기 위하여 추천하는 절차이다. 여기서 언급하고 있고 앞에서 언급한 단계에 의하여 밝혀진 모든 요소들을 감안하여 마지막 체크를 할 필요가 있다. 메뉴의 수평과 수직 라인을 재점검하여야 한다. 메뉴는 서로 다른 2개의 기간으로 나누어 계획하는 것이 좋다. 하나는 메뉴를 계획하는 기간이고, 또 하나는 메뉴를 마무리하는 기간이다. 메뉴가 마무리되기 이전에 모든 측면들을 고려하는 것이 중요하다.

〈표 8-2〉 메뉴계획을 위한 체크리스트

( ) 메뉴는 경영자의 목표와 목적에 적합하게 구성되어 있는가?
( ) 메뉴는 메뉴패턴에서 계획된 모든 선택안들을 포함하고 있는가?
( ) 메뉴는 최저가격과 최고가격의 음식들로 조화롭게 구성되어 있는가?
( ) 장비와 시설들이 적절히 이용되는가?
( ) 직원이 효과적으로 이용되는가?
( ) 메뉴에 계절음식들이 효과적으로 이용되고 있는가?
( ) 계획한 모든 메뉴음식들을 일정한 시간 내에 생산할 수 있는가?
( ) 메뉴가 바라는 영양요구량을 포함하고 있는가?
( ) 메뉴가 영양관점에서 잘 조화되어 있는가?
( ) 메뉴의 색깔조합이 잘 계획되었고 매력적이며 만족스러운가?
( ) 메뉴가 여러 농도와 질감을 가진 음식들로 구성되어 있고 조화로운 식사를 제공하는 데 문제가 없는가?
( ) 가니쉬와 부수음식들은 매력적이고 호소력이 있는 것들인가?
( ) 잘 조화된 식사를 제공하기 위해 선택된 맛이 괜찮은가?
( ) 음식들은 서로 다른 유형과 크기로 선택되어 있는가?
( ) 음식들은 조리방법에 따라 적절히 분포되어 있는가?
( ) 메뉴는 뜨거운 음식과 차가운 음식으로 적절히 구성되어 있는가?
( ) 음식의 선호도나 인기성에 따라 제공될 수 있는 음식들로 구성되어 있는가?
( ) 같은 날이나 주에 중복되거나 반복되는 음식들로 구성되어 있지 않은가?
( ) 전체 메뉴의 품질이 높고 매력적이며 각각의 식음료를 잘 관리할 수 있도록 되어 있는가?

특히 음식서비스 시설이 새로 개업하는 시설이라면 첫 몇 주 동안에 제공될 수 있다. 계획된 메뉴에서 수정하고 조정하는 것이 필요하다. 향후 변화와 예기치 않은 상황에 대비하기 위하여 메뉴변화의 융통성까지 고려하여 만들어져야 한다. 최종 체크리스트는 업체의 모든 유형에 적용될 수 있는데 〈표 8-3〉에서 제시하고 있다. 이 체크리스트들 중 하나나 그들 항목 사이에 계획된 것은 메뉴의 성공을 위하여 필요한 모든 측면들이 고려되었음을 보장하기 위하여 이용되어야 한다.

〈표 8-3〉 최종 메뉴를 위한 체크리스트

구 분	월요일	화요일	수요일	목요일	금요일	토요일	일요일
1. 관리자의 관점							
가. 메뉴패턴과 일치							
나. 적절한 원가로 제공							
다. 영양적합							
라. 계절메뉴제공							
마. 최적노동력							
바. 최적장비이용							
사. 직원능력이용							
아. 생산이 용이함							
자. 빠르고 효율적인 서비스							
차. 수익성이 있음							
2. 소비자의 관점							
가. 색깔							
나. 질감							
다. 형태							
라. 맛							
마. 농도							
바. 조리							
사. 기타							
3. 식습관의 일치							
4. 소비지향							
5. 전체수용력							
6. 기타 측면							
7. 참고사항:							

예: ∨
아니오: ×
개선필요: 개선

3 메뉴디자인

1. 메뉴디자인의 개요

메뉴디자인은 메뉴계획에서 선정된 아이템을 메뉴판에 옮기는 과정이라 정의할 수 있으며, 제공되는 아이템은 경영자에게 판매량과 수익을 증가시킬 수 있는 방향으로 고안되어야 한다.

또한 메뉴의 근본적인 기능을 충실히 수행할 수 있도록 하기 위해서는 메뉴디자인에 앞서 유연성(flexibility)과 내구성(durability)을 고려해야 한다.

유연성은 내외적인 요인에 의하여 메뉴교체의 필요성이 대두되었을 때 가장 경제적으로 쉽고 신속하게 메뉴를 교체할 수 있는 가능성의 정도를 의미하며, 내구성이란 메뉴의 교체가 요구되어도 현재의 메뉴판을 수정 · 보완하여 오래 사용할 수 있는 경제성의 정도를 말한다.

메뉴계획에서 최종적으로 아이템이 선정되면 메뉴를 디자인하게 되는데, 잘 디자인된 메뉴란 메뉴계획자가 의도한 대로 i) 배열(layout) ii) 설명(copy) iii) 활자 iv) 메뉴의 크기와 모양 v) 색상 등이 레스토랑의 전체적인 콘셉트와 조화를 이루고 메뉴의 역할을 잘 수행할 수 있도록 디자인된 메뉴를 말한다.

• • • 디자인과 경쟁력

미국의 커피 시장을 통일한 스타벅스의 기업이념은 '최고의 커피를 만든다'이다. 당일 볶은 원두 이외에는 사용하지 않으며 특수 여과장치를 거쳐 세 번 정수된 물만 사용한다. 이런 성공 배경 뒤에도 어김없이 포장 디자인의 경영전략이 숨어 있었다.
왕관을 쓴 독특한 인어상의 심볼 디자인에 지성과 자연을 상징하는 그린색으로 표현한 깔끔한 커프 포장 디자인. 이 로고에는 아름다운 노래로 뱃사람을 유혹한다는 요정 사이렌이 그려져 있다. 독특하면서도 지적인 스타벅스의 로고가 찍힌 컵을 들고 나가는 손님의 어깨에는 약간의 자부심까지 배어 있다. 스타벅스는 이제 미국 전역 1,900개 매장에서 하루에 한 매장당 평균 1,000명 이상이 이용하고 있는데 이것이 바로 디자인 차원인 것이다.
언젠가 기술의 수준은 비슷해져 버릴 것이고 결국은 디자인 전쟁인 것이다. 점포 크기와 업종에 상관없이 포장 디자인은 모든 곳에 다 필요하다.
미국에서의 소비자 구매 동기 조사 결과를 보면 보고 산다 87%, 듣고 산다 7%, 만져보고 산다 3%, 냄새맡고 산다 2%, 맛보고 산다 1%로 구매력과 디자인의 직접적인 상승관계가 크게 좌우하는 있음을 알 수 있다. 길을 걷다가 내 앞을 지나치는 사람이 깔끔하고 예쁜 종이 상자를 들고 있고 거기에 어느 레스토랑의 로고가 그려져 있다면… 포장용기와 디자인의 목표는 '나도 한번 저걸 이용해 봐야지'하는 욕구를 일으키는 데 있다.
포장 디자인에 상품의 품격을 부여하는 진정한 비밀이 있다 해도 과언이 아닐 것이다. 지금 사용하고 있는 포장 용기가 바로 레스토랑과 음식을 품질을 나타내고 있기 때문에…

2. 메뉴 마케팅의 접근

1) 색채심리

색채에 대한 정서적 반응, 이른바 색채심리는 인간의 심리적 요인에 많은 작용을 하는 것으로 알려졌다. 이와 함께 각 환경에 따른 유형에 의해서도 색채는 실제적인 목적달성에 주로 이용되고 있기도 하다. 길버트 브릭하우스(Gillbert Brighouse)는 그의 이론에서 인간의 감정은 매우 다양하고, 개인적인 성향마다 차이를 보이고 있지만, 색채에 대한 반응에 대해서는 대부분의 사람들이 공통된 일반적인 반응을 나타낸다고 밝혔다.

(1) **가시도**: 이미 알려진 색채에 대한 시각반응이나 연구결과 등을 통해 보면 우리가 어떤 '보는(읽는)' 작업을 할 때 가장 적절한 색의 개발에 대해서 많은 분석이 이루어졌음을 알 수 있다. 그 결과로는 빛의 세기에 따라서 차이가 있긴 하지만 바탕색은 흰색 계열이 가장 적합하며 다음으로 연한 아이보리색, 크림

색, 연한 황녹색 등으로 나타났다. 또한 읽기 작업에서 시간의 빠르기는 명료도와 직접적인 관계가 있으며, 흰 바탕에 검은 글씨처럼 시각이 좁고 명도가 낮은 경우 식별속도가 빠른 것으로 알려지고 있다.

(2) **색채선호도**: 사람들의 색채선호에 대한 데이비드 캐츠(David Katz)의 실험보고서에 의하면 어린이의 색채선호는 빨간색, 파란색, 초록색, 자주색, 주황색, 노란색의 순서이며 만 3세 이하의 영아들의 경우는 노란색이 가장 선호된 데 반해 아기들이 자라 어린이가 되면서는 노란색에서 빨간색, 파란색으로 경향이 바뀌는 것으로 나타났다. 성인이 되면 파장이 짧은 색(파랑, 초록)을 파장이 긴 색(빨강, 주황, 노랑)보다 훨씬 선호하여, 파란색, 빨간색, 초록색, 보라색, 주황색, 노란색의 순으로 좋아하며 이 순서는 영원히 변치 않고 전 세계적으로 일치한다는 것이 실증 보고되었다.

(3) **색채와 음식**: 사실 음식의 색채에 대해 사람들의 반응은 매우 즉각적이며 민감하게 받아들이고 나아가 식욕의 증진과 감퇴의 직접적인 원인이 되기도 한다. 순색 가운데서는 빨간색이 가장 식욕을 돋우는 색이며(빨간 사과, 신선한 선홍색의 소고기 등) 주황색 쪽으로 접근해 갈수록 식욕은 더욱 자극되는 것으로 알려져 있다. 그러나 노란색 계통에서는 식욕이 감소하며 연두색에는 현저히 감소한다. 하지만 대자연의 신선함이 있는 초록색은 식욕이 증가되며 파란색은 식욕자극에는 별 효과가 없는 것으로 나타났다. 잘 익은 고기나 빵 종류의 곡물을 연상시키는 고동색도 짙은 주황 계통이므로 식욕자극에 상승효과를 보인다. 따라서 대부분의 사람에게 복숭아색, 빨간색, 주황색, 갈색, 담황색, 진노랑색, 맑은 초록색 등이 가장 식욕을 돋워 주는 색으로 알려져 있으며 분홍색, 엷은 파랑색, 엷은 자주색 등은 들쩍지근하게 느껴지는 색이어서 음식의 색으로는 잘 쓰이지 않는다. 파란색은 식욕을 돋우지는 못하지만 다른 색으로 된 음식들을 더 맛있게 보이도록 만들어주는 색이다. 즉 파란색은 음식 그 자체의 색으로는 적합하지 않을지라도 음식의 배경색으로는 아주 좋으므로 메뉴북 디자인을 위한 사진촬영, 테이블, 식기류의 선정 시에 고려해볼 만한 색이다.

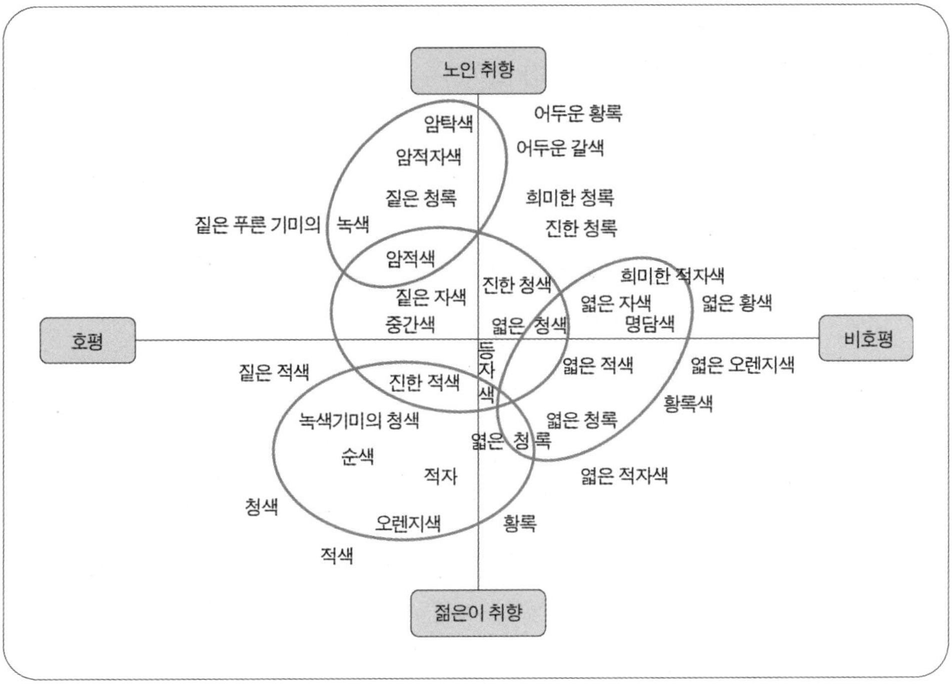

〈그림 8-3〉 색의 이미지 공간 내에서의 위치

2) 상품 이미지 전략

(1) 식품과 맛의 등급색

상품 이미지색은 여러 가지가 있다. 이러한 상품 이미지색의 기본이 되는 것은 상품다움을 나타내는 '상품색'이다. 상품의 이미지에는 여러 가지의 의미가 있고 복잡하지만, 특히 상품의 경우에는 숙명적으로 식품색이 이미지를 좌우한다. 예를 들면 검은 쌀과 흰 장아찌 같은 것은 잘 팔리지 않는다. 거의 모든 식품은 색에 따라 이미지가 좌우되기 때문이다. 그러므로 상품 이미지색을 잘못 쓰면 실패하게 되는 것이다.

(2) 맛을 내는 색깔의 힘

상품 이미지색에는 또 미각색이 있다. 식품은 맛이 생명이며 이러한 맛은 색에 의해 전달된다. 이렇게 미각색을 구분해 쓸 필요가 있는 것은 맛은 과거의 체험에 의해 존재하는 것이므로 맛을 나타내는 색은 명확히 존재한다. 맛을 정확히 표현하면 성공을 거둘 수 있는 상품이 될 것이다.

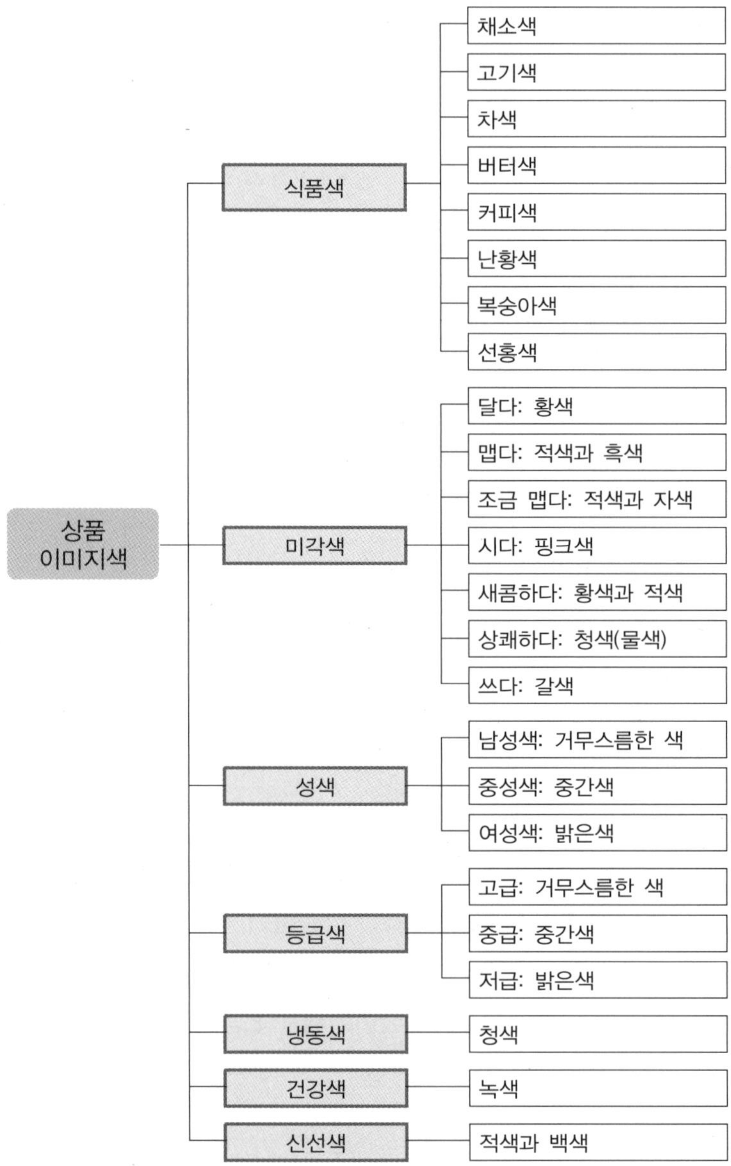

〈그림 8-4〉 상품이 나타내는 이미지색

미각이라는 것이 색에 의해 좌우되는 예를 보면, 노란 수박이 많지 않은 것은 팔리지 않기 때문이며 노란 수박의 경우 황색은 담황색이므로, 단맛이 부족한 이른바 맛이 없어 보이기 때문이다. 황색, 적색 때문에 맛이 달라지지는 않지만, 노란 수박은 무의식적으로 맛이 없다고 생각하게 된다. 결국 맛은 상품의 색과 패키지 디자인에 의해 좌우된다고 볼 수 있다. 그러므로 상품의 맛은 혀를 쓰는 미각테스트만으로 평가해서는 안 된다.

색의 조합, 대소, 강약, 대비, 맛을 내는 색의 활용, 형태, 디자인의 여러 가지 요소에 의해 미묘하게 변화해 가기 때문이다.

3. 메뉴 포지셔닝 전략

1) 메뉴 아이템의 포맷과 포지셔닝

메뉴는 판매와 이익 모두를 증대시킬 수 있도록 디자인되어야 한다. 이런 의미에서 메뉴아이템의 판매증대 및 판매촉진을 위한 메뉴배치전략은 메뉴디자인 과정의 중요한 요소이다. 1980년대부터 안구의 이동에 관한 연구(gaze motion study)가 활발해지면서 이 이론이 메뉴디자인 부분에도 응용되어 레스토랑에서 고객의 메뉴아이템 선택에 대한 대응전략으로 이용되고 있다.

메뉴디자이너 겸 메뉴컨설턴트인 William Doefler의 '메뉴북의 페이지 수(페널)에 따른 시각중심점과 사선의 이동방향 법칙'을 살펴보면 아래와 같다.

(1) 1페이지 메뉴(single panel): 메뉴를 수평으로 반으로 나눈 위를 시각중심점으로 구분했다.

(2) 2페이지 메뉴(two panel folded menu): 첫장의 왼쪽 상단과 모서리에서 두 번째 장 오른쪽 하단 모서리의 1/4쯤 위를 대각선으로 가로지른 윗부분에 해당하며 아래 그림과 같이 오른쪽 중앙부위로 주장하는 이들도 있다. 하지만 전문점일 경우에는 이미 고객은 그 해당메뉴를 먹기 위해 내점하는 것이므로 오히려 메

뉴북상에서는 특별요리나 수익성이 높은 아이템, 많이 팔리기를 원하는 아이템을 배치함으로써 매출증대의 효과를 볼 수 있다.

(3) 동일 크기의 3페이지 메뉴(letter folded menu, tri-panel folded menu): 메뉴북의 1/3을 수평으로 지른 선 가운데 패널의 윗부분이나 1/2 수평선의 가운데 부분이 해당된다.

(4) 왼쪽과 오른쪽 패널이 1/4, 중앙 부분이 1/2형태의 메뉴: (3)의 시선중심점과 동일하다.

이와같은 시선이동 방향에 관한 연구들을 통해 보면 고객은 전체 메뉴를 파악하기 위하여 오른쪽 상단 → 왼쪽 상단으로 움직이며 원하는 메뉴아이템을 찾기까지 약 일곱 번 정도 중앙부분을 가로질러 사선으로 움직이고 있는 것으로 보고되고 있다. 그러므로 메뉴북의 중앙부분은 레스토랑의 판매전략과 메뉴계획에 있어서 중요한 위치라는 것을 알 수 있다.

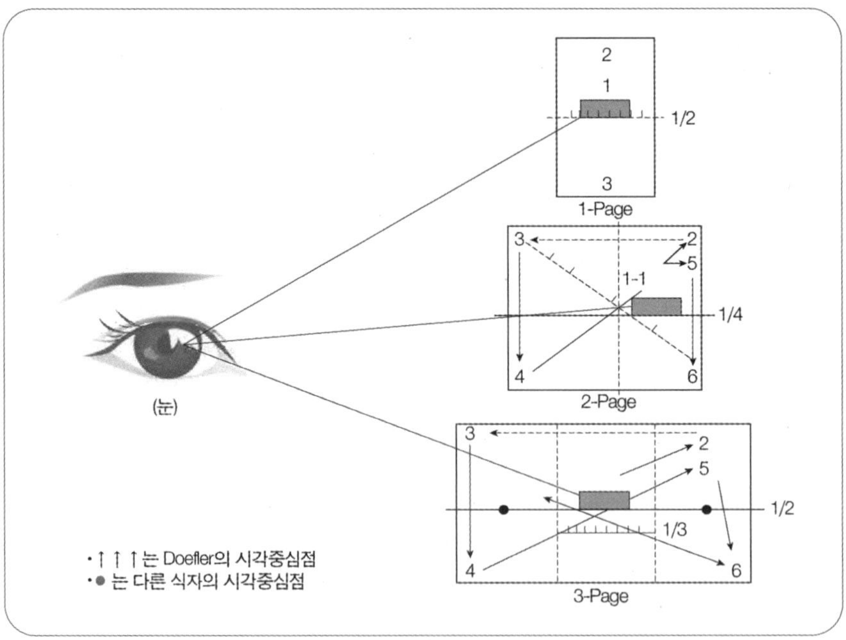

〈그림 8-5〉 시각중심점과 시선의 이동방향

아이템 배열순위에 대한 검증을 통해 보면 특정 아이템의 주문이 아닌 경우 아이템의 수량이 많은 경우는 첫 번째와 두 번째 그리고 마지막에 위치한 아이템들이 선택되는 빈도가 높은 것으로 나타났다. 그리고 메뉴 판매가격의 위치에 관한 이론은 판매가격의 위치에 따라 객단가에 차이가 있는 것으로 알려지고 있다. 고객은 특별히 선호하는 아이템을 고르지 못할 때는 싼 가격의 아이템을 기준으로 메뉴를 선택하기 때문에 이런 점을 보완하기 위해서는 각 메뉴 아이템의 설명이 끝나는 곳에 가격을 표시하여 타 메뉴 아이템과의 가격비교가 쉽지 않도록 유도하여 평균객단가를 높이는 방법을 연구해야 한다.

메뉴상의 아이템 차별화 전략은 레스토랑에서 판매증대를 위한 아이템에 활자, 컬러, 데생, 일러스트레이션, 선, 박스, 크기, 클립온 또는 팁온메뉴 등을 이용하여 아이템의 차별화를 시도하도록 한다. 하지만 레스토랑 등에서 시행되고 있는 차별화 전략은 특정 아이템의 판매촉진을 위한 전략화된 강조보다는 메뉴북의 외형, 즉 미적인 면만 강조하여 경제적인 부담과 메뉴운영의 탄력성(시의성)을 저하시키는 현상을 낳고 있다.

4 메뉴가격 결정과 분석

1. 메뉴가격 결정의 목적

메뉴가격을 결정하는 것은 식당의 운영과 주방운영의 측면에서 여러 가지 중요한 요인들이 있지만, 고객에게 제공될 음식상품의 추정가치를 제시함으로서 판매수요를 충족시키는 데 목적이 있다.

메뉴가격을 결정하는 과정에서 고려해야 할 사항은 판매시장의 수요상황과 식재료의 구매원가를 접목시켜 합리적인 가격결정의 목표를 설정해야 한다. 메뉴의 적정하고 합리적인 가격결정은 고객의 심리적 충족과 경제적 충족을 동시에 만족시킬 수 있는 대표적인 대안이 된다. 따라서 메뉴의 가격결정은 선택된 메뉴의 질적가치에 대한 상반된 내용보다는 동반된 내용으로 질적우위를 가져야 한다.

레스토랑들의 운영방법의 하나는 메뉴가격을 미리 정해 놓고 업장의 경영방식을 비교적 저렴하게 하여 대중성을 유지하면서 매출액을 증대시키는 방법으로 끌어나가는 경우가 대부분이다. 그러나 가격을 비싸게 하여 고품질 상품에 맞는 고객을 유지하여 이익을 극대화하는 방법들도 사용되고 있다.

따라서 메뉴가격 결정의 목적을 정리하면 매출목표 달성과 수익성 확보, 객단가의 이익 극대화, 고객점유율 유지, 마지막으로 주방 및 식당경영의 합리화 방안의 모색이라 할 수 있다.

2. 메뉴가격 결정방법

1) 원가에 의한 가격결정방법(direct cost pricing)

직접원가에 의한 가격결정이 가장 보편적이다. 판매가격을 식재료 원가에 기초해서 책정하는 가격책정방법이다.

$$@판매가격(SP:\ selling\ price) = \frac{식재료의\ 원가}{목표에\ 의한\ 원가비율(\%)}$$

예를 들면 메뉴가격의 결정을 위해 경영자는 식재료 원가를 1,000으로 잡고 목표로 하는 식재료 원가율을 35%로 한다면 그 품목의 판매가격은 약 2,857원이 된다.

$$SP = \frac{1,000}{0.35} = 2,857원$$

또한 인건비와 식재료 원가의 합이 2,000원이고 경영자가 이 비용을 50%로 유지하려고 할 때 판매가격은 4,000원이 나온다.

$$SP = \frac{2,000}{0.50} = 4,000$$

보통 판매가격을 인건비에 맞추는 레스토랑은 거의 없으나, 인건비와 식재료 원가를 절충하는 방법은 흔히 사용하고 있는 방법들이다.

이 방법은 식재료 원가로부터 판매가격을 계산하는 것과 똑같은 방법이다. 우선 식재료 원가와 인건비를 더하고 이 두 원가를 총판매액 대비 비율을 바탕으로 판매가격을 결정한다.

2) 시장에 의한 가격결정방법

음식상품을 개발하여 일정한 가격을 결정한 후 판매시장에 시험적으로 판매한 다음 여러 시장에서 판매반응의 내용을 수집하여 결정하는 방법이다.

어느 정도는 고객에 의해 가격이 받아들이지만, 지속적으로 시행을 하는 데는 한계를 가지고 있다. 그렇기 때문에 어떤 상품은 결정한 가격보다 높게 받아 이익의 폭을 늘릴 수 있다.

3) 경쟁가격에 의한 결정방법

유사한 업장에서 유사한 메뉴 품목을 판매하는 경쟁자들이 결정한 가격을 따르는 방법이다.

경쟁업자들이 결정한 메뉴에 대해 알아보는 것은 매우 중요하지만, 전적으로 그를 바탕으로 가격을 결정하는 것은 바람직하지 못하다.

4) 평균비용에 이익을 합한 가격결정방법

메뉴의 생산비용이 크게 차이가 없는 경우에 각각의 메뉴에 가격을 결정하는 것보다는 한 상자당 또는 세트별로 가격을 책정하여 판매하는 방법이다.

이러한 방법은 모든 비용 및 원가 그리고 목표이익에 대한 폭을 쉽게 알 수 있기 때문에 판매상품이 부가적이거나 일부인 경우에 사용하기가 좋다.

모든 품목들에 들어가는 재료들이 거의 비슷하고 필요한 노동력의 양과 형태도 비슷한 경우에 매우 안전하다.

5) 총비용에 이익을 합한 가격결정방법

모든 비용과 목표로 하는 이익을 합한 후에 가격을 결정하는 방법으로 가장 대중적이고 널리 사용하는 가격결정방법이다.

6) 최소판매에 의한 가격결정방법

모든 비용과 목표로 하는 이익을 달성하기 위한 최소가격을 기초로 한 가격결정방법은 앞에서 언급한 원가와 이익을 근거로 책정한 가격결정방법과 유사하며 이론적 배경도 거의 같다.

7) 전통적인 가격결정방법

메뉴판에 일단 결정된 가격을 그대로 사용하는 방법이다. 이로 인해 특정 단일 가격에만 국한된 것이 아니고 전체 가격체계와 밀접한 관련이 있다.

8) 시장 주도자에 의한 가격결정방법

음식의 판매시장을 주도적으로 판매가격을 형성하고 있는 자로부터 가격이 결정되면 따라서 가격을 결정하는 방법이다.

참/고/문/헌

김기영, 『호텔주방관리론』, 백산출판사, 2000.

김기영 외, 『연회기획관리실무론』, 가산출판사, 2001.

나정기, 『메뉴관리론』, 백산출판사, 1998.

이정자, 『메뉴관리』, 기문사, 2000.

Keiser, J., 『Controlling and Analyzing Costs in Food Service Operations』, New York: Macmillan Publishing Co., 1989.

Khan, M. A., 『Foodservice Operations』, New York: AVI Publishing Co., 1987.

Levinson, C., 『Food And Beverage Operation』, New Jersey: Prentice-Hall, Inc., 1976.

Scanlon, N., 『Restaurant Management』, New York: Van Nostrand Reinhold Co., 1993.

Schmidt, A., 『Food and Beverage Management in Hotel』, New York: VanNostrand Reinhold Co., 1987.

Stokes, J. W., 『How to Manage To a Restaurant』, New York: Wm. C.Brown Co., 1986.

Thayse, H., 『Professional Food Service Management』, New Jersey: Prentice-Hall, Inc., 1983.

Coltman, M. M., 『Hospitality Industry Purchasing』, New York: VanNostrand Reinhold Co., 1990.

David K. Hayes and Lynn Huffman, 「Menu Analysis: A Better Way」, The Cornell H.R.A. Quarterly, Vol. 26, No. 1, 1995.

David V. Pavesic, 「Prime Numbers: Finding Your Menu's Strength」, The Cornell H.R.A. Quarterly, Nov., 1985.

DK. Hayes & L. Huffman, 「Menu Analysis」, The Cornell H.R.A. Quarterly, Feb. 1985.

Jack E., 『Menu Planning & Strategy』, Van Nostrand Reinhold, 1992.

James F. Keiser, 『Principles and Practices of Management in the Hospitality Industry』, 2ed, N.Y.: VNR, 1989.

Michael L. Kasavana, 『Menu Engineering: A Practical Guide to menu Analysis』, Hospitality Publication, 1990.

09 Chapter 외식산업의 식재료 원가관리

1 식재료 원가관리의 의의

식재료 원가관리는 식재료의 주문구매, 검수, 저장, 출고, 조리, 판매 등과 관련된 모든 업무를 의미한다. 식재료 원가관리의 업무를 한마디로 말한다면 '모든 사람들이 식재료 원가를 올바로 인식하고 예정한 대로 업무를 진행하는 수단'이라고 할 수 있다.

식재료 원가관리의 구체적인 수단은 매력적인 요리내용을 상세하게 검토 · 계획해서 그 요리에 필요한 식재료를 선택, 필요량과 적정한 가격으로 구입 낭비없이 조리하여 판매하는 과정을 관리(Control)하는 것이다.

식재료 관리의 실시는 조리원, 서비스 접객원, 구매 담당자 모두가 원가에 대한 인식을 중요시하고 상호협력해서 낭비방지를 회사 전체적으로 인식하고 목표를 향해 전진해야 될 것이다. 따라서 외식경영에 있어서 식재료의 효율적인 사용관리는 영업이익을 창출하는 데 대단히 중요한 과제라 할 수 있다.

2 외식 재료관리 절차

1. 식재료 구매관리

1) 식재료 구매관리의 의의

식음료 관리활동과정에서 이루어지는 구매관리는 원가관리을 위한 기초적인 관리단계이다. 특히 구매관리활동은 적정한 물품을 구매하는 것만이 아니라, 식음료 사업을 계획, 통제, 관리하는 경영활동으로 인식되어야 한다. 즉 경영주체가 업장의 기능유지를 위해 필요한 시기에 최소한의 비용으로 최적의 상품을 구입하는 경영활동이다.

식재료의 구매는 계절의 변화, 물가의 변동 등의 경제적 요인이 작용하게 되므로 식재료의 구매 및 선정에 있어서 더욱더 세심한 주위가 필요하다. 특히 구매담당자는 복잡한 유통기구에 관한 지식, 식품의 감별법, 식재료의 구매 시 선택 등이 중요시되어야 되며, 그 식품이 가지고 있는 특성과 영양성분, 보존기간 및 변질에 관한 전반적인 지식이 있어야 한다.

구매담당자는 식재료의 구매활동을 원활하게 수행하기 위해서 식재료의 생산과정에서부터 조리, 판매에 이르기까지 많은 경험과 끊임없는 연구가 필요하다.

식재료의 합리적이고 효율적인 구매관리를 위해서는 정기적이고 치밀한 시장조사와 구매 품목에 대한 특성을 고려하여 구매절차를 거쳐야 한다.

그러기 위해서는 구매품목의 품질, 규격, 무게, 수량, 기타 특성을 간략하게 기술한 표준구매명세서를 작성 검토해야 한다.

2) 구매관리 과정

식재료의 구매는 정기적이고 치밀한 시장조사를 통하여 용도에 적합한 식자재를 합리적인 가격에 구매하고 납품시기와 품질에 유의해야 한다. 또한 합리적이고 효율적으로 식재료를 구매하기 위해서는 품목에 대한 품질, 규격, 무게, 수량, 기타 질적 특성을 간략하게 기술한 표준구매명세표(standard purchase specification)를 작성하여야 한다. 이는 구매의 일관성 및 표준설정 검수절차의 간소화, 음식의 질적 관리 및 재고관리 적정화, 구입원가의 절감효과 등을 기대할 수 있다.

그리고 각 식재료의 유효기간 포장 상태 등 보존 특성을 파악하여 저장기간과 구매시점을 적절히 관리하고 특히 수량 및 규격과 품질 미달 식재료의 수정 납품 또는 반품처리 등의 방안을 강구해야 한다. 이러한 식재료의 구매관리 과정을 살펴보면 다음과 같다.

(1) 적정 재고량의 파악

주방에서는 필요한 만큼의 각 품목별 식재료의 적정 재고량이 항상 유지되어야 한다. 그렇기 때문에 구매담당자는 신속하고 정확한 재고량을 파악하여 구매의뢰에 영향을 주어야 한다.

과소한 재고량의 경우에는 특정 음식을 제공하지 못하여 서비스의 질이 떨어지며, 반대로 과잉재고량의 경우에는 불필요한 원가비용이 발생되는 요인이 된다.

(2) 구매량 결정

구매량을 결정하는 것은 수익에 커다란 영향을 미치는 중요한 결정수단이다. 구매담당자는 업장의 주방이나 레스토랑에서 사용한 식재료의 품목과 수량 등을 파악하여 식재료 제공자에게 의뢰하는 과정이다.

이때는 구매청구서를 작성하여 특정 품목이나 총괄적인 물품소요량에 대해 서류로 작성해야 한다.

(3) 품질기준 설정

구매담당자는 필요한 구매품목과 양이 결정되면 각각의 구매품목에 대한 품질을 설정하여 납품업자를 선정해야 한다.

품목별 품질의 정도는 결과적으로 납품업자를 선정하는 평가기준으로서 역할한다.

(4) 납품업자 선정

적정한 기준에 의해 구매할 식음료 품목이 선정되었을지라도 지속적이고 품질을 믿을 만한 납품업자와 업체를 선정하는 것은 결코 쉬운 일이 아니다.

거래를 위해 작성한 견적서의 내용과 실제 납품되는 내용의 일치 여부를 확인하는 작업이 필수적이다.

(5) 구매가격결정

구매하는 물품의 품목별 가격을 결정하는 단계로서, 생산성과 수익성을 고려하여야 한다.

최소의 비용으로 최고의 상품을 구매하려고 하는 것이 구매담당자가 기본적으로 취해야 할 구매업무의 목적이다.

(6) 결제조건과 납품시기 결정

구매담당자와 납품업자와 상호협상의 결과에 따라 결제조건과 시기를 결정하는 단계이다.

이러한 것들은 계약서의 내용에 구체적으로 포함되어 납품업자가 납품이 완료되더라도 계약서 내용과 일치 여부를 확인하는 자료가 되어야 한다.

특히 반품에 대한 조건을 결정하는 것도 매우 중요한 수단이다.

(7) 송장의 점검

구매담당자는 구체적이고 세부적으로 기록된 구매의 내용과 송장의 기록내용을 비교하여 물품의 내역과 가격결정에 따라 일치 여부를 확인하여 물품을 받는 단계이다.

(8) 검수작업

구매주문서에 의해 현물을 확인하고 대조하여 주문내용에서 발견할 수 있는 반품의 처리방법을 해결하는 과정이다.

(9) 기록 및 기장관리

주문서사본, 구매청구서, 물품인수장부, 검사 또는 반품에 대한 보고 기록서를 작성하여 비치하고 보관하여야 한다.

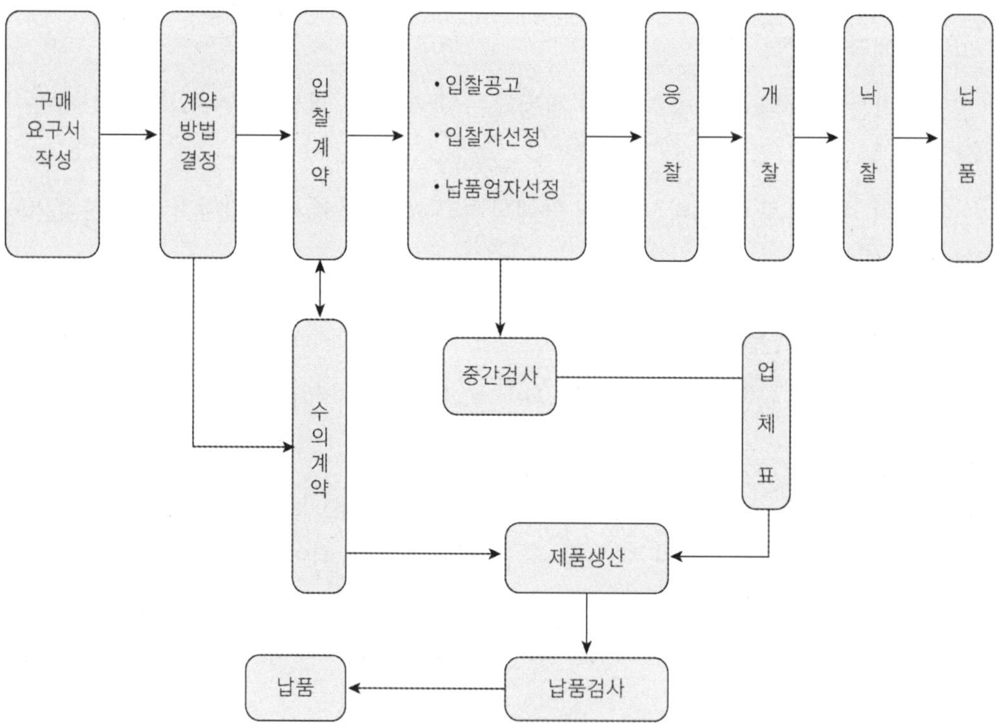

〈그림 9-1〉 식재료 구매절차

3) 식재료 구매 방법

(1) 공개시장구입(open market buying)

재료를 저렴한 가격으로 구매한다는 것은 기업의 이익을 그만큼 증대시키는 것이다. 원칙적으로 일반 경쟁계약에 의하여 구매하는 것이 가장 합리적이라 할 수 있다. 이를 위하여 1명 이상의 상인으로부터 받은 견적서를 가지고 품질과 서비스가 철저하고 가장 낮은 가격을 제시한 사람에게 주문한다. 공개시장구입은 보통 전화구매방식(call sheet)으로 구매명세서를 보고 필요한 것을 구매하는 방법으로 구매자는 납품업자에게 전화를 해서 필요한 양만큼 신청한다. 또한 외판원과 직접 접촉하거나 혹은 시장을 방문해서 직접구매(standing orders)방식을 취할 수도 있다.

(2) 비밀입찰구매(sealed bid buying)

정부기관이나 어떤 공공기관은 비밀입찰에 의하여 구매하도록 되어 있는 곳이 많다. 필요한 상품의 목록을 입찰 신청서와 함께 업자들에게 보내면, 업자들은 거기에 가격을 기입해서 봉함우편으로 다시 우송하면 최저 가격의 입찰자에게 낙찰된다.

(3) 계약구매(contract buying)

매일 혹은 1주일에 몇 번씩 배달하여야 할 식료품은 보통 특정한 기간을 정하지 않고 공식적인 혹은 언약에 의한 계약에 따라 구매한다. 능력 있는 업자를 계약체결 또는 출입업자로 선정한다면 제품의 품질은 보장될 수 있다. 따라서 계약체결에 있어 업자 선정은 대단히 중요하다.

(4) 예매구매(fature buying)

대규모 업체에서는 주문할 당시의 고정된 가격으로 미래에 납품될 상품의 구입을 계약한다. 납품을 약속된 기일 내에 이행하느냐 못하느냐 하는 것은 물자의 재고에 직접적인 영향을 미치게 되므로 생산과 직결되는 것인 만큼 중요하다.

2. 식재료 검수관리

1) 검수관리의 의의

식재료 검수의 목적은 주문한 내용 즉 가격, 품질, 수량, 규격 등이 일치하는가에 대하여 견적서와 비교함으로써 성립된다. 따라서 검수요원은 식재료에 대한 표준구매명세서를 숙지하고 있어야 하며 질, 양, 명세, 가격 등 각 납품된 식재료에 대한 완전한 평가를 할 수 있어야 한다.

검수원의 자질은 보통 '4 Is'로 지식(intelligence), 인품(integrity), 관심(interest) 및 식료에 대한 정보(information about food) 등을 요구한다.

식음료원가 중 최대가 직접재료비라는 것을 감안할 때 기준 미달 품질의 식료를 인수함은 곧 낮은 생산량(yield)과 식재료의 품질저하를 초래하고 식음료 원가관리의 효율성을 떨어뜨리며 경영성과에 차질을 가져오게 된다는 점에서 중요한 의의가 있다.

2) 검수관리 과정

(1) 구매주문서, 계약서, 혹은 견적서에 의하여 배달된 식재료의 수량 및 가격을 점검한다.

(2) 표준구매명세서를 근거로 하여 주문물품의 내용(수량, 규격, 품질 등)을 검수 한다. 불일치가 발생할 경우 반품 혹은 크레디트 메모(credit memo)를 작성한다.

(3) 검수요원은 검수를 거쳐 인수한 식재료에 대한 1일 검수보고서를 작성한다.

(4) 검수결과에 대한 내용을 기록하고 검수요원이 반드시 사인을 한다.

(5) 검수가 끝난 식재료는 신선도를 유지할 수 있도록 적당한 창고 위치로 신속하게 옮긴다.

(6) 검수담당자는 이러한 검수를 거쳐 인수한 식재료에 대한 모든 검수 내용을

기록한 1일 검수 보고서를 작성하여 관련 부서에 송부해야 하며 따라서 검수의 승인이 있고 난 후부터 회사의 자산으로 평가한다.

(7) 주문서에 있는 품목이 배달 날짜에 도착하지 않으면 지시받은 검수원은 구매자나 경영자에게 즉시 통보해야 한다.

3) 검수관리 방법

(1) 송장검수법(invoice receiving)

가장 널리 사용되는 검수법으로 송장은 개개 품목의 수량, 가격과 기타 사항들을 기록하고 있는 문서로서 배달된 식자재와 함께 보내며 검수원은 송장을 보고 배달된 품목들의 수량, 품질 및 특성, 가격 등을 대조한다. 이렇게 검수원은 구매명세서와 송장을 대비하여 더욱 확실히 검수 사항을 확인할 수 있게 된다.

(2) 표준순위 검수법(standing order receiving)

송장검수법과 거의 비슷하며 검수절차가 송장검수법에 비해 느슨하다. 송장 대신 배달 티켓이 물품과 함께 검사원에게 보내진다. 이 방법은 주로 동일한 물품을 정기적으로 같은 납품업체로부터 공급받을 때 사용한다.

(3) 우편 배달(mailed deliveries)

주문한 물품이 우편이나 항공화물로 배달될 경우 화물표(packing)가 송장의 역할을 대신한다.

(4) 무표식 검수법(cod deliveries receiving)

무표식 검수법에 따르는 송장에는 물품의 이름 외에 다른 정보가 제시되지 않으며 품목의 이름과 가격, 수량, 품질, 특징 등의 모든 정보를 담고 있는 정식 송장이 배달 하루 전에 경리부서로 보내진다.

〈표 9-1〉 식재료의 감별법

식품군	식품류	감별법
감자 및 토란	감자류 고구마류	병충해, 외상, 부패, 발아가 없고 형태가 바르며 겉껍질이 깨끗한 것이 좋다.
	토란	신선하고 입자가 고르며 겉이 마르지 않은 것을 고른다. 씻겨진 것이나 표면이 딱딱한 것은 피하고 잘랐을 때 끈적끈적한 것이 좋다.
버섯류	송이버섯	봉오리가 적은 것을 선택하고 줄기가 단단한 것을 고른다. 색채가 선명한 것은 독이 있는 것이 많으므로 좋지 않다.
	말린 버섯	건조가 잘되고 변색, 변질되지 않은 것으로서 잎이 반드시 형태를 유지하고 있는 것이 좋다.
해조류의 가공품	미역	건조가 잘되고 육질이 두껍고 찢어져 흐트러지지 않은 것이 좋다.
	김, 다시마	건조가 잘되고 검정 색깔에 광택이 있고 표면에 구멍이 뚫리지 않은 것이 좋다.
과일류	생과일	제철의 것으로 성숙하고 신선하며 청결한 것이 좋다. 또 반점이나 해충 등이 없고 특유의 색, 향이 있는 것이 좋다.
난류	달걀	표면이 거칠고 광택이 없는 것으로 햇빛에 투시해 보면 신선한 것은 모양이 선명하고 난황부위가 농후하며 흔들리지 않는 것이 좋다.
우유 및 유제품	우유	용기 뚜껑 등이 위생적으로 처리된 것으로 외관상 청결해야 하며, 오래되지 않은 것이 좋다.
	버터	포장, 용기 등이 위생적인 것으로서 특유의 방향을 갖고 있고, 변색되지 않은 담황색으로 색조가 균일하고 부패취 등이 없어야 한다.
조미료	간장	색은 적색이고, 맛이 강하고 투명하며 광택이 있는 것으로 특유의 향기가 있고 이취가 없는 것이 좋다.
	식초	색은 담황색이며 초산냄새가 나는 것으로서 색은 선명하고 특유의 향미가 있고 이취가 없는 것이 좋다.
	토마토 병조림	중등 정도의 고형으로서 색은 선명하고 특유의 향미가 있으며 이취가 없는 것이 좋다.
저장식품	통조림 또는 병조림	외부가 더럽지 않고, 상표가 변색되지 않은 것으로 뚜껑이 돌출되거나 들어가지 않고, 두드렸을 때 맑은 소리가 나는 것이 좋다. 병조림 밀착 부분은 안전한 것이 좋다.
어육류 가금류 또는 가공품	우육 및 돈육	우육의 색은 적색이고, 돈육은 선홍색인 것이 좋다. 지방은 모두 담황색으로 탄력이 있고 향이 있는 것으로 이취가 나는 것은 좋지 않다.
	닭고기	신선하며 광택이 있고, 이취가 없으며 특유의 향취가 나는 것이 좋다.
	고래고기	색은 암적색이고 이취가 없으며, 특유의 향취가 나는 것이 좋다.
	소시지 및 햄	제조 연월일은 가능한 한 최근 것이 좋고, 햄을 절단했을 때 신선하며 탄력이 있고 육질이 밀착되어 있고 특유의 향과 냄새가 있으며, 소시지는 절단했을 때 담황색이고 향이 육질과 함께 조화를 이루고 있는 것이 좋다. 이상한 냄새가 있는 것을 피하는 것이 좋다.
	베이컨	특유의 훈취가 있고 광택이 있으며, 지방이 끈적거리지 않는 것이 좋다.

〈계속〉

식품군	식품류	감별법
어패류 갑각류 또는 가공품	생어류	눈이 불룩한 것이 좋고, 눈알이 선명한 것이 좋다. 비늘은 광택이 있고 단단히 부착된 것이 좋으며, 육질은 탄력이 있고 뼈에 단단히 밀착해 있으며 물속에 두었을 때 가라앉으며 불쾌한 냄새가 나지 않는 것이 좋다.
	건어류	광택이 좋고 탄력이 있으며 불쾌한 냄새가 나지 않는 것으로서, 반 정도 마른 것은 먹기 1주일 전에 주문하는 것이 좋다.
	패류	봄에는 산란 시기로 맛이 없어지는 때이므로 겨울철이 좋다. 패류가 농후한 것은 먹기 1주일 전에 주문하는 것이 좋다.
	어육 연제품	각각의 특유한 향기를 갖고 있고, 부패취가 나지 않는 것으로 미세하고 탄력이 있으며, 구이용 소시지, 햄의 경우에는 상품의 가치를 좋게 하기 위해서 색소를 이용하고 있는가에 주의한다. 표면에 점액질의 액즙이 있는 것은 고르지 않는다.

3. 식재료 저장관리

1) 저장관리의 의의와 목적

저장관리는 저장과정에서 도난과 변질로 인하여 발생하는 갖가지 형태의 낭비 및 손실을 가능한 최대한으로 줄이고 재고의 원활한 회전이 이루어지도록 하며 식재료의 출고가 올바르게 이루어지도록 하기 위함이다. 이를 위하여 좋은 저장 및 보관시설과 보관 계획방법을 강구하여야 한다.

또한 식재료는 누구나 손쉽게 식별하고 그 위치를 확인할 수 있도록 저장 초기단계에서 종류별, 특성별, 사용용도별 등 다양한 분류방법에 의해 저장관리되어야 한다. 식재료를 합리적으로 저장해야 한다는 것은 결국 합리적으로 보존한다는 것과 마찬가지로서 재료별로 식별하기 쉽고 온도, 습도, 통풍 등 제반 여건을 충분히 고려하여 저장해야만 저장관리하는 목적을 수행할 수 있다.

식재료 저장관리의 목적은 다음과 같은 내용으로 살펴볼 수 있다.

(1) 폐난, 폐기, 발효에 의한 손실을 최소화함으로서 적정재고량을 유지하는 데 있다.

(2) 식재료의 손실을 방지하기 위한 올바른 출고관리에 있다.

(3) 출고된 식재료는 매일매일 그 총계를 내어 관리하도록 한다.

(4) 식재료의 출고는 사용시점에서 바로 이루어지도록 관리해야 한다.

식재료를 저장관리하는 근본적인 목적을 요약하여 보면 적절한 식재료를 구매하여 저장공간에 저장하고, 도난이나 부패에 의해 손실을 최소화하여 적절한 재고량을 유지하면서 필요에 따라 신속하게 공급하는 것이다.

2) 효율적 저장관리

식재료를 효율적으로 저장관리하기 위해서는 가장 먼저 적정한 저장공간이 확보된 이후에 이루어져야 한다.

또한 저장공간의 적정온도 유지는 식재료의 고유한 맛과 향, 식품고유의 특성을 유통기한 동안 그대로 유지할 수 있으며, 위생상의 위해와 도난을 방지하고, 식재료 부패로 인한 손실를 최소화할 수 있다.

이를 위해 저장관리 책임자는 식재료의 원할한 유통과 편리성을 기하여 위하여 저장시설을 정기적으로 점검하고 적정온도를 유지하여 식재료가 부패되기 전에 출고할 수 있도록 사용상의 원칙을 세우고 관리해야 한다.

그렇게 함으로써 식음료 수입증대에 이바지할 수 있다. 따라서 식재료의 효율적인 저장관리를 위해서는 다음과 같은 사항을 고려해야 한다.

(1) 저장창고의 시설관리를 위해 적정한 온도 유지 등의 정기적인 점검을 통해 유사시의 사고에 대비해야 한다.

(2) 식재료의 재고량을 파악하기 쉽게 위치선정을 명확하게 해야 한다. 그러기 위해서는 입고날짜와 보존기간을 카드에 작성 관리해야 한다.

(3) 식재료의 입고날짜, 명칭, 규격, 용도 및 기능별로 그 종류를 세분화하여 저장해야 한다.

(4) 충분한 저장공간의 확보이다. 저장공간은 저장물품의 양과 부피에 따라 결정되며, 물품자체가 점유하는 점유공간 이외에도 물자운반 장비의 가동공간도 함께 고려하여 공간을 확보해야 한다.

모든 식재료는 재고카드(bin card)에 의해 출고될 때까지 그 수량과 잔고를 기입해야 하며 저장관리자는 저장된 물품의 재고량을 주기적인 재고조사를 실시하여 과잉저장 및 식재료의 부족현상이 일어나지 않도록 하는 것이 효율적인 저장관리를 위한 유일한 방법이다.

3) 저장관리 방법

현대의 식품저장방법으로 진공포장, 냉장, 냉동, 통조림, 탈수건조, 냉동건조, 염장, 절임 등이 있다.

(1) **창고저장**: 채소, 과일, 버섯, 생선, 육류 등의 통조림 식품과 과일, 채소, 콩과류, 전지분유와 탈지분유, 건조 달걀 등의 탈수 건조식품은 일반식품 저장창고에 저장한다.

(2) **냉동저장**: 식품의 영양, 맛, 조직, 색 등은 영하 52℃ 이하에서 저장할 경우에 거의 변질이 없다. 식품을 냉동할 경우라도 박테리아나 미생물 또는 해충이 침입하지 않도록 포장해야 하며, 플라스틱 백으로 진공포장을 하기도 한다.

(3) **냉장저장**: 0℃ 정도의 온도에서 식품을 냉장저장할 경우에, 미생물과 효소의 활동을 단기간 동안은 정지시킬 수 있다. 채소와 과일을 비롯한 염장 및 절임식품의 대부분은 냉장으로 저장한다.

4) 저장관리의 과정 및 고려할 사항

(1) 저장 위치를 명확히 하기 위하여 재료가 저장실 어디에 있든간에 쉽게 재고위치를 파악할 수 있도록 물품별 카드에 의거하여 언제든지 손쉽게 물자의 소재를 찾아 쓸 수 있도록 한다.

(2) 식재료는 먼저 저장된 순서에 따라 불출되어야 하며 그렇게 하기 위해서는 입고순서에 따라 불출이 가능하도록 적재하는 선입선출로 한다. 그러므로 식재료의 저장기간이 짧아져 재고재산의 회전율이 높고 자본의 투자가 효율적

으로 이루어진다.

(3) 적절한 공간활용으로 입체공간의 최대한 활용과 저장지역의 적절한 설계 즉 낱개 저장지역, box pallet 지역, 대량 pallet 지역 등 소비 및 작업 공간을 고려한다.

(4) 품질보존의 차원에서 식재료를 저장함에 있어 사용 가능한 상태로 보존할 수 있어야 한다.

(5) 식재료의 명칭, 규격, 용도 및 수요번호를 보아 기능별로 그 종류를 분류하여 저장한다.

〈표 9-2〉 식품군별 적정저장 온도 및 기간

식품군	식품류	저장온도(℃)	최대저장기간
육류	로스트, 스테이크	0~2.2	3~5일
	간 것, 국거리	0~2.2	1~2일
	각종 육류	0~2.2	1~2일
	베이컨	0~2.2	1주
가금류	거위, 오리, 닭	0~2.2	1~2일
	가금류 내장	0~2.2	1~2일
생선류	고지방 및 비냉동 생선	-1.1~1.1	1~2일
	냉동 생선	-1.1~1.1	3일
패류	각종 조개류	-1.1~1.1	1~2일
난류	달걀, 가공된 달걀	4.4~7.2	1주
	달걀류를 이용한 조리식품	0~2.2	당일 소비
유제품류	액상우유	3.3~4.4	용기에 표시한 날로부터 5~7일간
	고형치즈	3.3~4.4	6개월
	농축우유, 탈지우유	3.3~4.4	밀폐된 상태에서 1년
과일류	사과	4.4~7.2	2주
	포도, 배, 딸기 등 기타	4.4~7.2	3~5일
채소류	고구마, 양파, 호박	15.6	실내온도에서 1~2주간
	감자	7.2~10	30일
	양배추, 근채소류	4.4~7.2	최장 2주
	기타 모든 채소	4.4~7.2	최장 5일

4. 식재료 출고관리

1) 출고관리의 의의

출고관리는 식재료 관리활동과정에서 가장 마지막으로 이루어지는 단계의 관리활동이다.

즉, 저장된 식재료를 각 사용부서에 공급하는 일련의 과정으로서 담당자의 권한과 매일 적정한 재고량을 유지하면서 식재료의 출고행위를 하는 데 목적을 두고 있다.

2) 출고관리 절차

(1) 식재료 청구서 내용의 절차에 의해 식재료의 출고관리

식재료의 출고는 반드시 식재료청구서(food requisition)의 작성내용과 제출에 의해 이루어져야 한다. 특히 저장고로부터 식재료 인출에 필요한 청구서(storeroom requisition)는 식재료의 재고 및 출고사항 파악에 사용할 뿐 아니라, 월 식음료 매상원가율(month to date cost percent to sale)을 구하는 데도 필요자료로 이용된다.

(2) 출고업무담당자의 처리과정

저장창고에서 출고되는 모든 식재료는 출고업무담당자(issuing agent)가 원활한 처리를 위해 '수입품목'과 '국산품목'별 청구서를 각각 구분하여 출고할 수 있도록 해야 한다.

(3) 식음료 청구서의 처리순서

식재료 청구서의 처리는 제출된 수령의뢰서 순서에 따라 물품의 출고가 이루어져야 한다. 그러나 예측하지 못했던 식음료 행사 예약으로 인한 긴급한 식재료 소요에 따른 물품청구가 있을 때에는 예외적 조치가 가능하다.

(4) 물품취급에 따른 업무의 효율성

출고관리자가 식재료의 물품을 취급할 때에는 일의 능률을 위해서나 물품의 위생적 취급을 위해서도 손수레(hand cart) 등을 이용하는 것이 바람직하다.

(5) 식재료 출고 이후의 사후관리

물품청구서의 내용에 따라 물품을 출고시킨 뒤에는 그 내용을 장부에 기록하고, 접수한 계원의 사인을 받아두는 것이 재고관리(stock control)의 목적에 이용한다.

또한 물품청구서는 원가관리부서에 보내는 외에도 그 사본을 창고관리장부(storeroom file)에 보관하고 형태별, 품목별로 식재료를 종합 집계한다.

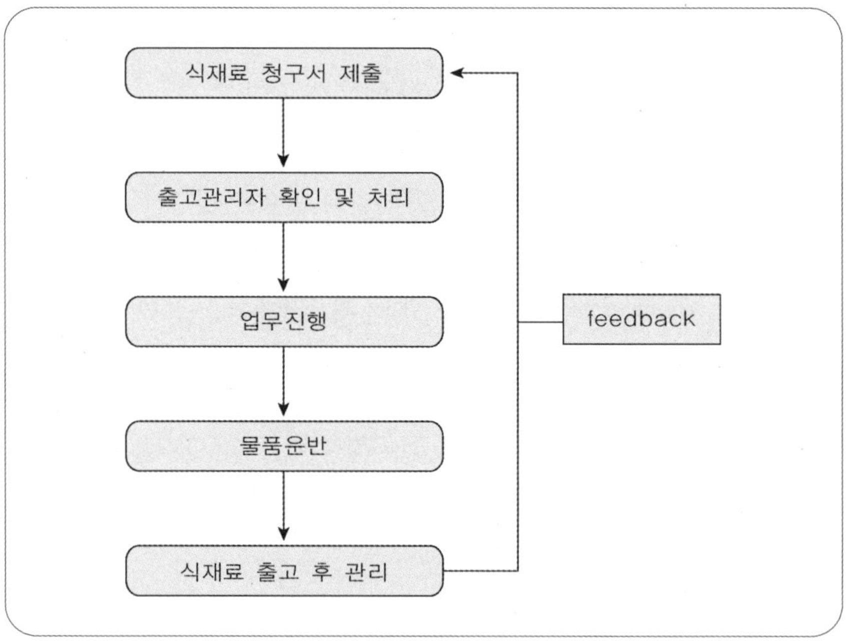

〈그림 9-2〉 출고관리 절차

3) 출고관리 방법

모든 식재료는 공정한 검수과정을 거쳐 저장창고에 저장되는 과정을 거친다. 이렇게 저장된 식재료는 저장창고로부터 식음료 각 생산부서로 출고될 때, 식재료의 청구요구서 양식에 따르지 않는 한 어떠한 식재료의 출고도 제한되어야 한다.

일부 식재료는 특성과 종류 및 생산상황에 따라 검수과정에서 직접 출고되는 직접출고재의 경우와 일시적으로 저장창고에 보관되었다가 출고되는 임시출고재가 있으며, 식재료를 장기적으로 보관해 두었다가 출고하는 저장출고재로 나누어져 있다.

이러한 출고활동은 다음과 같은 출고관리 방법에 따라 이루어진다.

(1) 선입선출법(First-In, First-Out)

먼저 입고되었던 식재료부터 차례로 출고하는 방법이다. 이는 구매과정에서부터 출고되기 전까지 생산날짜, 구입일이 빠른 식재료를 선별하여 출고하는 방법이다.

대부분의 식대료 출고방법은 선입선출법을 사용한다.

(2) 후입선출법(Last-In, First-Out)

선입선출법의 반대 개념으로 나중에 입고된 물품이 먼저 출고되는 방법이다.

5. 식재료 원가관리

1) 원가관리의 의의

원가관리는 식재료의 구매, 검수, 저장, 출고의 관리활동 단계에서부터 주방에서 음식을 조리하여 판매에 이르기까지 제반 업무에 적용되는 특별관리활동이다. 그러나 원가관리(cost control)는 기업경영의 목적이라고 할 수 있는 이익의 극대화에 지대한 영향을 미치기 때문에 경영관리 측면에서 접근하여야 한다.

식음료부서에서 소비되는 모든 식재료의 원가를 효율적으로 관리하기 위해서는 관리자의 권한과 책임으로만 한정할 수 없다. 반면에 관련부서의 누구나를 막론하고 함께 협조관계를 유지하면서, 경제적 의미의 가치로 인식전환이 중요하게 작용하는 독특한 경영기법이다.

2) 원가관리 시스템

외식업소 경영에서 가장 지속적이고 체계적인 시스템을 개발하여 적용해야 하는 경우가 바로 식음료 원가관리 시스템이다.

기초적인 원가에 대한 관리시스템은 계획(planning)과정, 비교(comparing)과정, 수정(correcting)과정, 개선(imporving)과정의 단계를 끊임없이 순환시킬 수 있는 관리시스템이 되어야 한다.

주방에서 사용, 소비되는 식재료는 구입으로부터 저장 및 조리하여 판매에 이르기까지 원가 소비점유율이 상당히 많이 발생한다. 그렇기 때문에 4단계의 관리시스템의 원가관리 기능이 계속적으로 활동과정을 거쳐야만 효과적으로 원가절감을 할 수 있다.

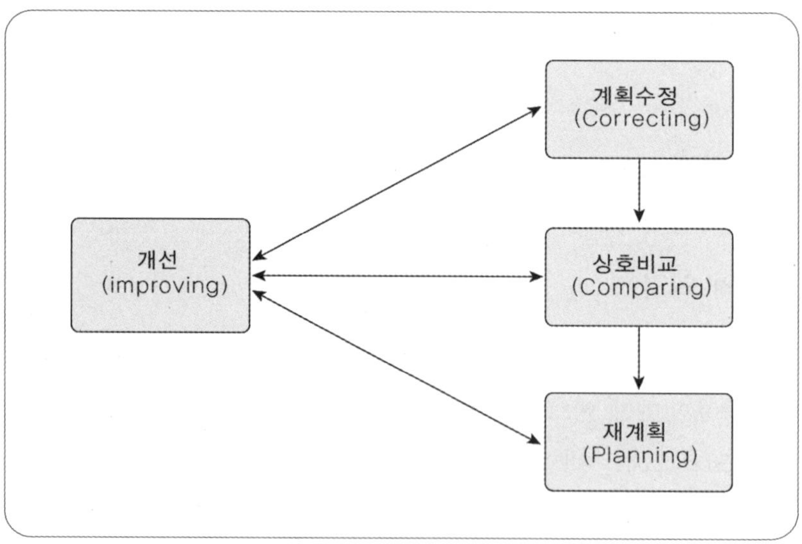

〈그림 9-3〉 원가관리 시스템

3) 원가관리 방법

주방에서 만들어지는 모든 음식에 대한 원가관리 방법은 식재료를 이용한 판매 수익과 원가를 각 재료에 따라 부문별로 원가요소를 계산하고 원가분석을 하여 관리하는 것이다.

음식의 원가관리는 단위생산 원가를 계산할 수 있도록 되어 있어 특정품목의 판매일지라도 재료비는 그 재료의 양을 결정할 수 있게 해 주는 것이다.

실질적으로 각각의 음식에 소비된 식재료를 세부항목별로 구분하여 원가를 관리하기란 그리 쉬운 일은 아니다. 그러나 이 방법이 원가관리의 기초적인 정보자료이기 때문에 효과적으로 원가를 절감할 수 있어 널리 이용하고 있다.

(1) 양목표(standard recipe)에 의한 원가관리

음식에 대한 단위별, 품목별 가격과 수량이 정확하게 명시되어 있는 명세서는 원가분석의 기초자료가 되며 판매가격을 결정할 수 있는 유일한 원가 자료가 된다.

소량의 1인분에 대한 원가계산은 많은 양의 재료를 가지고 만들 때의 원가를 계산하여 상품개수로 나누면 1개 혹은 1인분의 재료비 원가를 산출할 수 있다.

예를 들어 어떤 스테이크를 만들어 원가계산을 한다고 가정할 때, 고기와 채소의 기준량을 정하여 단가를 곱하여 주고 그 외의 재료들은 단위당 개별원가를 산정하여 재료비 원가를 산출하는 것이다.

이와 같이 양목표에 의해 원가관리를 하는 것은 조리사들의 조리업무를 합리적으로 수행할 수 있게 하고, 재료소모량을 계산할 수 있는 이점이 있다.

(2) 표준원가에 의한 관리

표준원가 관리란 미리 표준이 되는 원가를 과학적 · 통계적인 방법으로 정하여 놓은 표준원가(standard costs)와 실제원가(actual costs)와의 차이를 비교 분석하기 위하여 실시하는 원가관리 방법이다.

표준원가를 설정할 때에는 원가요소별로 직접재료비, 직접노무비, 제조간접비 등으로 구분하여야 하며, 표준원가 관리를 해야 하는 필요성은 다음과 같다.

① 식재료의 원가절감
② 식재료 품목별 표준원가의 공정한 계산
③ 메뉴 및 표준원가 카드 작성
④ 원가에 대한 판매분석이 용이
⑤ 변동원가에 대한 계산이 용이
⑥ 노무비의 합리적인 계산
⑦ 원가 보고서 작성
⑧ 경영성과 분석에 의한 적정한 이익 관리

(3) 비율에 의한 원가관리

식재료의 총매출원가를 총매출액으로 나누어서 계산되는 식재료의 원가율을 기초로 한다.

식재료의 원가가 매출의 일정 범위 내에 있도록 관리하려는 통계적 개념하에서 성립된 것이다. 이 방법은 메뉴의 가격이나 원가변동에 관계 없이 비교가 가능하며, 적정 식재료 원가 여부를 밝히는 데 매우 효과적이다.

그러나 어떤 특정한 메뉴에서 원가의 변동이 있었는지에 대하여 밝혀지지 않는 단점이 있으나, 식음료를 총체적으로 분석하는 데는 효과적이다.

- 식재료 원가 = 기초재고 + 당기매입 − 기말재고
- 식재료 원가율 = $\frac{\text{식재료 원가}}{\text{총매출액}} \times 100$

참/고/문/헌

김기영, 『호텔주방관리론』, 백산출판사, 2000.

김기영 외, 『연회기획관리실무론』, 가산출판사, 2001.

진양호 외, 『원가관리론』, 지구문화사, 1998.

김헌희, 『외식서비스 산업』, 한국마케팅 연구원, 1990.

선영희, 『내일의 식당경영』, 매일경제 신문사, 1985.

최대웅, 『외식사업경영론』, 백산출판사, 1992.

이정자, 『호텔식음료 원가관리』, 형설출판사, 1995.

경주호텔학교, 『구매 및 창고관리』, 경주호텔학교 출판국, 1980.

염진철, 「관광호텔 주방의 관한 연구」, 경희대학교대학원 석사학위논문, 1997.

池田誠, 『HOTEL MAN의 基礎實務』, 沐田書店, 1993.

Frank M. Go and Ray Pine, 『Globalization Strategy in the Hotel Industry』, London and New York, 1995.

Lendal H. Kotschevar, 『Quantity Food Purchasing』, 2nd ed., New York: John Wiley & Sons, Inc., 1975.

Berry, L. and Yadav, M., 「Capture and communicate value in the pricing of services」, Management Review, 1996.

Jiing-Lih Farh Rodger W. Griffeth, and David B. Balken, 「Effect of Choice pay plans on Satisfaction, Goal Setting, and performance」, Journal of Organization Behavior, Vol. 12, 1992.

10 Chapter 외식산업의 주방관리

1 주방의 관리 개요

1. 주방의 의의

주방(廚房)이란 조리상품을 만들기 위한 각종 조리기구와 식재료의 저장시설을 갖추어 놓고 조리사의 기능적 및 위생적인 작업수행으로 고객에게 판매할 음식을 생산하는 작업공간을 말한다. 주방은 생산과 소비가 동시에 이루어질 수 있는 상황변수가 많은 독특한 특성이 있는 공간으로 외식업소의 경영성과 기능에 가장 중요한 역할을 하고, 수익성을 담당하고 있는 부서이다.

또한 주방은 식음료상품을 판매할 수 있도록 음식을 만들어내는 생산 공장이라 할 수 있으며, 반면에 업장은 주방에서 만들어낸 상품을 판매하는 전시장이라 해도 과언이 아니다.

이처럼 주방은 고객에게 식용가능한 식재료를 이용하여 물리적 또는 화학적인 방법을 가해 상품을 제조함과 동시에 판매하는 장소라 말할 수 있다.

외국의 문헌으로 요리사전(the cook dictionary)에 의하면 주방(Kitchen)이란 “the room or area containing the cooking facilities also denoting the general area where food is prepared"라고 하였다. 즉 "음식을 만들 수 있도록 시설을 차려 놓은 일정한 장소 또는 음식을 만들기에 편리하도록 시설을 갖추어 놓은 방"이라 정의하고 있다.

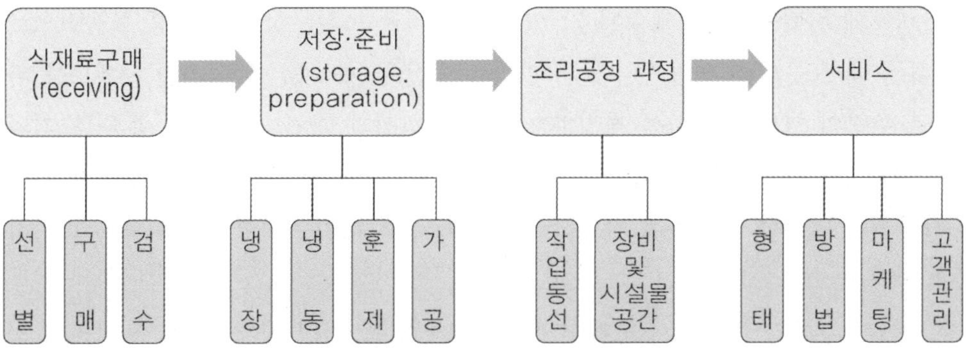

〈그림 10-1〉 주방의 기본구성

또한 주방설계자인 이차드 플람버트(Richard Flambert)는 "주방은 매일매일 식재료를 구매해서 인수하여 저장과 가공의 과정을 통해 고객에게 서비스하는 유일한 장소"라고 말하였다.(<그림 10-1> 참조) 즉 공간적인 의미를 다각도로 함축하고 있는 주방의 정의를 내려보면 다음과 같다.

주방이란 '조리장을 중심으로 법적자격을 갖춘 조리사가 제법 또는 양목표(recipe)에 의해 식용 가능한 식품을 조리기구와 장비로 화학적, 물리적 및 기능적 방법을 가해 고객에게 판매할 식음료 상품을 만들 수 있도록 차려진 장소'라 할 수 있다.

이렇듯 주방은 음식물을 생산하는 작업공간으로서 조리 기능과 판매기능, 서비스 기능의 복합적 시스템 속에서 각 구성원의 역할분담을 형성하여 이루어지는 중요한 부서이다.

2. 주방관리의 의미

관리의 기본적인 원칙을 전제로 한다면 주방관리도 일반적인 관리와 크게 다르지 않다고 말할 수 있다. 주방관리는 '주방이란 일정한 공간을 중심으로 고객에게 제공될 상품을 가장 경제적으로 생산하여 최대의 이윤을 창출하는 데 요구되는 제한된 인적자원 및 물적자원, 시설적 자원을 관리하는 과정'이라고 할 수 있다.

이러한 관점에서 주방관리를 단계적으로 살펴보면 호텔이나 외식업체의 전체적인 콘셉트에 바탕을 두고 계획된 각 영업장에서 요구되는 상품을 가장 효율적으로 생산하는 데 요구되는 제반 변수들의 관리를 말한다. 즉 사전에 설정된 콘셉트를 바탕으로 주방의 크기와 위치를 결정하고 주방의 시설과 배치, 저장고의 종류, 크기와 설치위치, 주방기물의 선정, 주방환경 등이 기본적인 원칙을 바탕으로 특정한 업장의 상황적인 변수를 고려하여 기능적으로 계획된 후 디자인되고 실행되도록 관리하여야 한다.

주방이란 주어진 공간에서 고객에게 제공될 상품을 가장 경제적으로 생산하여 최대의 이윤을 창출하는 데 요구되는 사항들을 구체적으로 관리하는 단계로서 인적자원, 물적자원, 정보적 자원을 관리하는 것이 가장 바람직한 관리기법이다.

그러나 주방관리는 목적달성에 필요한 충원된 자원에 대한 계획수립(planning), 조직화(organizing) 및 충원(staffing), 지휘(leading), 통제(controlling) 등 네가지 기본적 과정을 통해 일련의 관리적 기능을 수행함으로써, 조직의 목표를 설정하고 달성하는 과정으로 정의할 수 있다.

결국 주방관리는 경제적 및 사회적 활동과정까지도 포함하여 조직 목표를 달성하는 일련의 과정으로서 의의가 있다.

1) 주방의 기본구성

주방관리을 위해 기본적으로 구성하고 있는 형태는 먼저 식재료의 반입에서부터 시작하여 검수공간, 저장공간, 그리고 조리공정 과정에서 필요한 장비와 시설물 및 작업동선, 서비스공간이다. 특히 조리작업 동선의 흐름을 효과적으로 처리하는 데 중점을 두고 주방의 공간이 구성되어야 한다.

주방의 특성에 약간의 차이는 있지만, 비교적 다음과 같은 모델이 보편적이다.

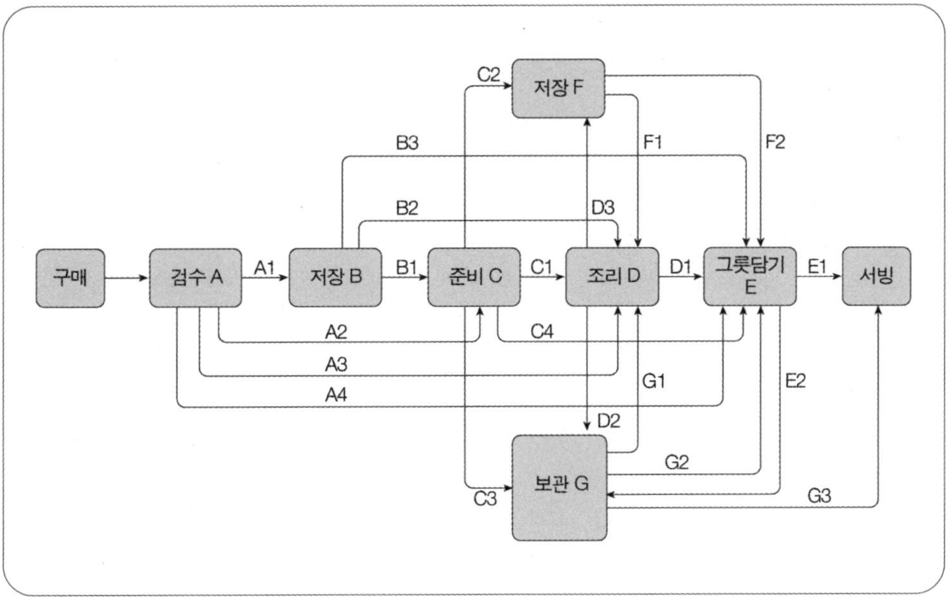

〈그림 10-2〉 전통적인 주방의 식재료 흐름

2) 주방관리기능의 세분화

주방관리기능 중에서 가장 중요한 기능이 바로 주방에 삽입되는 식용 가능한 식재료를 물리적, 화학적, 기능적으로 조리하여 고객에게 판매할 수 있도록 제공되는 과정의 관리이다.

주방관리기능의 세분화를 위해서는 시설적 측면의 관리기능, 주방인적 자원의 관리기능, 위생적 측면의 관리기능, 서비스적 측면의 관리기능 등으로 관리절차를 밟아야 한다.

주방관리의 효율성와 합리적인 정도를 유지하기 위한 관리기능은 다음과 같은 측면에서 적용해야 한다.

① 고객이 기대하는 시간 내에 서비스를 제공할 수 있도록 주방시설 및 장비를 점검하는 기능이다.

② 식재료의 불필요한 낭비를 막기 위해 정확한 수요예측이 요구되는 기능이다.
③ 주방에서 종사하는 조리사들은 식재료를 직접 접하기 때문에 주방위생, 시설위생, 개인위생관념을 철저히 하도록 반복적인 교육 프로그램의 개발과 활용기능을 가져야 한다.
④ 주방의 업장별 크기와 용도에 따른 적재적소 배치의 기능을 가져야 한다.
⑤ 중앙공급식 주방과 분산식 주방의 관리기능을 설정하여 각 기능별 업무분담을 세분화하여야 한다.

3. 주방의 역할

1) 개화기 이전

개화기 이전에서 가장 오랜된 시기가 바로 신석기 시대(4, 5천 년 전)이다. 신석기 시대의 부엌은 단지 불을 일으켜 먹거리를 익히거나 몸을 덥히고 집안을 밝히는 데 가장 중요한 역할을 하였다.

반면에 청동기 시대(기원전 7~8세기)와 초기 철기시대(기원전 4세기 전후)에 이르러서는 부엌의 기능이 주로 난방을 위한 중앙의 화덕과 조리를 위한 벽쪽의 부뚜막으로 나누어져 역할을 다했다. 그리고 삼국시대에 접어들면서 부엌의 모습이 거의 완전하게 모양을 갖추게 되었고 특히 오늘날과 같은 "직각굴뚝"을 만들게 되면서 방의 보온효과가 한층더 강화된 시설이 등장하게 되었다.

2) 개화기 이후(현대)

(1) 생산적인 측면

주방의 역할에서 생산적인 측면은 주로 조리업무 과정에서 나타나는 결과로 볼 때 식용 가능한 식재료를 선별구매하고 검수하여 조리상품을 생산하고 판매서비스에 이르는 공정과정에서 발생할 수 있는 제반사항을 말한다. 특히 조리업무의 영역은 다음과 같다.

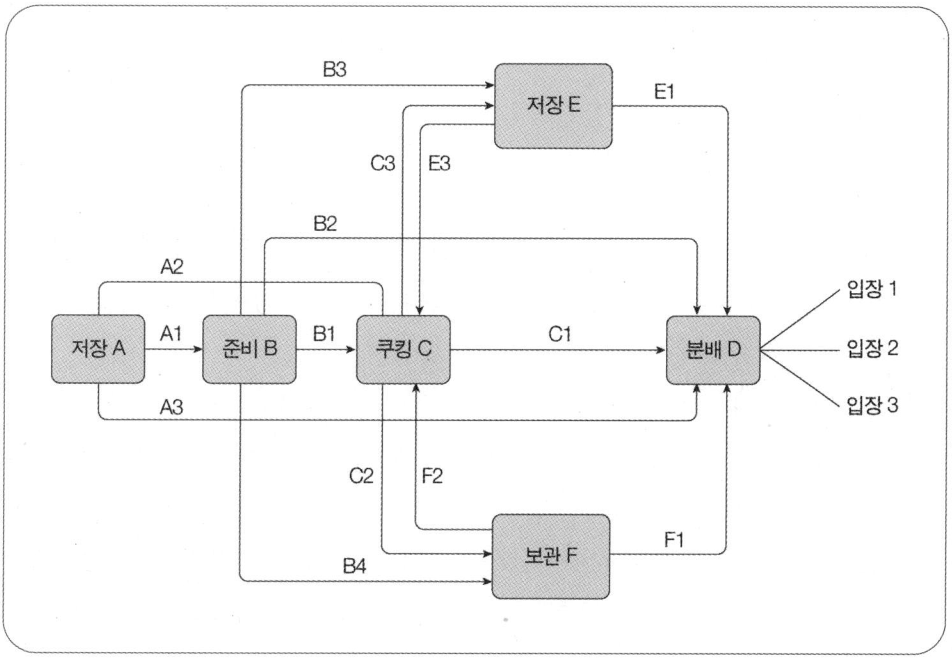

〈그림 10-3〉 생산주방의 식재료 흐름

(2) 비생산적인 측면

주방의 조리사들에게는 주방작업이 생계유지의 수단이 되고 공동생활에 참여하는 통로이며, 자아실현과 인격성장의 터전이 되는 의미가 있다. 이처럼 조리사에게 조리장이라는 공간은 직장이 되고 조리업무가 직업이 되는 것이다. 사회가 요청하는 바람직한 직업인의 자세로서는 직업적 양심의 확립, 연대의식과 상부상조의 정신, 전문적인 기술과 지식의 연마, 최선의 덕으로서 모든 윤리의 근본이 되는 인간애 정신이 필요한 곳이다.

2 주방시설물 관리

1. 의의

주방은 여러 부서의 기능적 시설로 구성된 하나의 종합경영 시스템이라 할 수 있다. 이러한 특징을 이루는 과정에서 주방시설의 기능적 집합이라 할 수 있는 주방공간의 설계 및 배치를 위해 매우 중요한 역할을 한다.

주방시설의 계획시스템을 적용한다는 것은 음식상품을 생산하는 기능적 생산시스템이기 때문에 효율적이고 합리적인 시설의 배치가 이루어져야 한다. 그러기 때문에 주방시설물 관리의 시스템 수립은 고객과 주방종사원에게 공존되는 요소임과 동시에, 음식상품의 질을 결정하는 핵심적 요소로서의 독특한 특성을 지니는 것이다.

일반주방의 한정된 공간에서 다양한 기능을 가지고 있는 시설물들을 배치하고 설치하고 사용하는 데 있어서 그에 따라 관리기능을 유지하기 위해서는 무엇보다도 관리자의 역할과 책임이 중요하다. 그러나 주방시설물 관리의 전략적인 개념을 파악하기 전에 먼저 호텔주방에 대한 구역의 한계를 결정해야 하는 것이 순서다. 호텔주방의 개념에 대한 구체적인 구역의 한계는 '호텔경영의 영업부서 중 조리부 소속으로 조리부서의 장을 중심으로 법정자격을 갖춘 조리사가 양목표(recipe)에 의한 식용 가능한 식품을 조리 및 가공처리할 수 있는 일정한 장비와 조리시설의 시스템을 갖추어 놓은 장소'라 그 내용을 요약할 수 있다.

주방시설물 관리의 전략적 의의란 '고객과 주방종사원에 대해 경영자가 경영목표를 달성하기 위해 요구되는 유형적 및 무형적 요소로 구성되어 있는 주방시설물을 관리하기 위한 일련의 종합관리 기능적 체계'라 정의할 수 있다.

2. 주방시설물 관리의 효과

호텔 및 일반외식업체의 주방은 경영 콘셉트 과정에서 종사원의 활동동선의 의미를 가장 강조해야 하는 부서로서 기능적 · 공간배분적 · 업무분담적인 역할이 분명하게 규정되어 있어야 한다. 이처럼 업무의 특성과 배분된 공간에서 행해지는 주주방(main kitchen) 종사원의 기능과 활동역할은 주방공간 내에 배치되어 있는 시설의 내용에 따라 많은 차이를 가져올 수 있다.

만약, 호텔주방시설에 대한 설계와 배치가 비합리적일 경우 파급되는 효과는 다양한 형태로 확산될 것이다.

1) 주방시설물 비효율성의 파급효과

(1) 주방시스템의 장비와 시설은 호텔을 이용하는 고객들에게 심한 불편을 줄 수 있다.
(2) 질 좋은 서비스보다 관념을 고려하지 않고 무례하게 악영향을 줄 수 있는 서비스 지연이 시간적 관념을 고려하지 않고 일어날 수 있다.
(3) 주방 종사원의 비생산적 활동범위(extra motion)를 확산 유발할 수 있다.

또한 주방의 종사원이 음식을 만들어 운반하는 장소와 고객이 이용하는 식탁 간에 처리할 수 없는 많은 일거리를 발생시킨다. 그러므로 주방의 시설과 장비(equipment)에 대하여 인간공학을 중심으로 한 합리적인 설계는 종사원의 생산성과 음식의 질적 가치(food quality)를 높일 수 있지만, 잘못 설계 · 배치된 장비와 시설은 시스템적 관점에서 여러 가지 문제를 파생시킨다.

이러한 측면에서 주방의 장비 및 시설의 운영설계(operation design)와 배치(lay out)는 결국 주방시설장비의 이윤창출 가능성 등을 결정짓기 때문에 주방의 경영관리자는 이러한 제반 요인에 직접적으로 관심을 가져야 한다.

주방시설물관리의 기준에서 보면 비합리적인 시설관리방향은 결과적으로 관리시스템적 시설설계와 장비배치과정에서 투입되는 직접비라고 할 수 있는 자본비용에도 큰 영향을 미친다.

결국 주방시설 설계과정에 있어 보다 많은 공간 수요가 늘어날수록 보다 많은 자본비용(capital costs) 및 노무비(labor costs)가 더 많이 발생된다는 것이다.

난방시설이나 환기, 냉방, 청소 등 호텔부대시설 및 시설유지 등과 같은 시설부문에서도 필요 이상의 불필요한 비용을 초래하게 될 수 있는 경우가 많다. 이러한 맥락에서 볼 때, 음식시설 운영자가 설계 및 배치에 있어 지켜야 될 준수사항을 한시적으로 생각하여 처리한다면, 호텔시설 전체에 크나큰 문제점을 일으킨다는 점에서 엄격한 규제활동을 해야 하는 것은 당연하다.

호텔식음료시설(food service facility)은 한번 설계하여 배치하게 되면 시설 자체가 상품성을 내포하기 때문에 시설노후화를 가져오더라도 가능한 한 장기간 사용하는 경우가 대부분이다.

그러나 각 업장에서 판매하고 있는 여러 메뉴를 한시적으로 변경한다든지, 또는 주방시설을 교체하고자 하는 대체시기점을 결정지었을 때는 경우에 따라 새로운 형태의 장비 및 시설을 갖추어야 할 필요성을 갖게 된다. 그러므로 시설의 설계와 배치에 있어 유연성(flexibility)을 지니도록 주방시설시스템을 설계하여야 한다.

현재 호텔주방에서 운영하고 있는 시설은 단기적인 측면에서 비추어 볼 때는 재설계와 새로운 장비를 배치할 필요는 없다고 볼 수 있지만, 그러나 경우에 따라서는 새로운 모델링 프로젝트(modeling project)를 수행해야 할 경우가 때때로 나타난다. 그러므로 조리상품을 위한 생산장비나 업장별 식당의 테이블 등 단순한 재배치(rearrangements)에서조차도 일정한 원칙에 입각해야 함은 매우 중요하다. 결국 호텔주방시설관리 시스템과 각 업장별 식당과의 역할 및 관련성을 충분히 고려한 배치가 이루어져야 하는 것이다.

2) 주방시설물 관리자의 역할

주방시설물 관리자의 중심적 역할은 '통제'와 '관리'에 중점을 두어야 주방운영 전반에 걸쳐 효율성을 발휘할 수 있는 것이다. 또한 주방시설물 관리자는 특히 주방시스템의 설계와 배치에 관한 사전지식이 필요충분조건으로 대두되었을 때만이 주방에서 생산되는 다양한 상품이 원활하게 유통될 수 있도록 조정하는 능력이 있을 것이다.

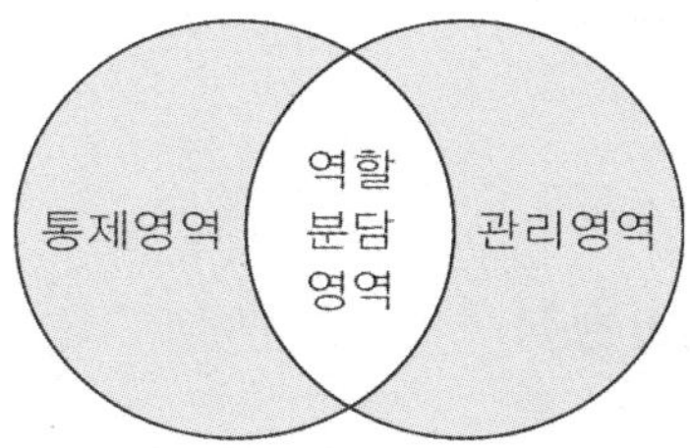

〈그림 10-4〉 주방시설물 관리자의 역할

주방의 장비 및 설비에서 합리적이고 인간공학적인 시설배치의 기본목적은 생산시스템이 창조한 가치를 고객에게 최상으로 제공하고 기계와 장비, 식자재, 인적자원 및 서비스 제공을 최적화하는 데 있는 것이다. 그런 과정에서 관리자의 역할 분담 내용이 가시화되어 세분화된 체계가 확립될 수 있다.

즉 주방의 종사원과 주방시설과의 관계는 주방장비 및 설비와 그에 따른 배치의 상관관계 및 기능적 관계를 고려해야 하는 것이 원칙이지만, 시설관리자의 능력정도에 따라 주방의 단위생산 효율성과 안전성을 높일 수 있게 된다.

시설관리자의 기능적 관계를 통한 주방시설물의 최적배치에서 나타날 수 있는 역할과정은 상당한 차이를 보인다.

(1) 주방시설물 관리의 역할 분담

① 주방시설자재 운반의 최적화

② 조리상품 생산공정의 균형유지

③ 주방시설물 활동공간의 효과적 활용
④ 시설물 배치계획에 대한 유연성
⑤ 인력의 효과적인 이용
⑥ 주방장비 및 설비의 효과적인 이용
⑦ 조리작업의 안전성
⑧ 조리상품 생산의 경제성 등의 기본목적을 추구할 수 있는 동시에 역할과정에서 이루어져야 한다.

3) 주방시설물 관리의 일반원칙

주방장비 및 시설계획에 있어서는 음식상품의 생산량, 생산방식, 설비의 능력, 공정의 체계 등 모든 요인을 고려한 일반원칙을 수립하는 것이 결코 쉽지는 않다. 그러나 주방작업 활동공간의 시설이라는 상대적 중요성을 고려하여 본다면, 효율성을 실현할 수 있는 일반적인 원칙에 입각해야 한다. 그러므로 주방장비 및 시설의 배치계획은 전략적 계획으로서 성격을 지니고 있을 뿐더러, 또한 전략적 계획을 통해 대안을 설정할 수 있다.

주방시설의 전략적 운영은 주방시스템의 효율성과 경쟁력을 높이기 위하여 장기적 측면에서 비추어 볼 때, 주방장비 및 시설의 기능적 효율성을 향상시킨다.

합리적이고 효율적인 주방시설관리 시스템기법의 방식은 주방운영의 생산성과 상품의 품질향상 등을 접목한 음식상품의 전략적 우위를 달성하기 위한 과정이라 할 수 있다.

이러한 측면에서 주방장비 및 시설 등은 주방시스템의 전략적 우위와 전략적 우위상품의 생산을 위해 전략적 관점의 사고가 절실히 필요하다.

주방장비 및 시설배치 계획에 있어 시설관리를 위한 일반적인 원칙의 기준은 다음의 내용을 포함해야 한다.

(1) 식음료 상품에 대한 새로운 아이디어 창출과 선별능력
(2) 새로운 조리식품의 개발과 시험 및 적용결과 흡수

(3) 판매의 최종설계

(4) 체계적인 상품화 계획단계와 생산 및 판매 등의 과정에서 전략적 우위를 지닌 계획단계와 생산 및 판매 등의 과정에서 전략적 우위를 지닌 계획의 원칙이 수립되어야 한다고 본다.

주방은 고객의 요구에 대응하는 상품을 생산하는 생산접점으로서 음식상품의 질적 가치를 극대화할 수 있다. 또한 주방시설을 합리적으로 활용하여 불특정 다수의 고객들에게 만족을 주어 호텔 수익을 극대화할 수 있다.

외식업소경영의 특성 중 기능적 공간의 성격을 띠는 곳이 바로 주방이므로 주방장비 및 시설배치에 있어서는 상품을 적절히 공급해야 하고, 상호경쟁분석을 통한 시장기회포착을 위한 독특한 시설을 갖추기 위해서 시스템적 관점에 따른 주방시스템 구축이 절실히 필요하다.

4) 주방시설관리의 구성요소

호텔주방이나 일반레스토랑 및 외식기업체의 주방은 일련의 특성화된 구성요소들이 기능적으로 연계된 복합적이고 체계적인 시스템이라 할 수 있다. 그러므로 주방시스템을 구성하는 요소는 물적 요소뿐만 아니라, 인적 구성요소의 종합적 관리방식 기능도 포함하게 되어 각각의 분담성격을 명확하게 설정하여 하나의 생산시스템 라인을 구축해야 한다.

(1) 인적 구성요소는 지원주방(support kitchen)과 공급주방(buessenkitchen)에서 근무하고 있는 종사원과 각 업장별 부서장을 중심으로 구성되어 있는 조리사들이다.

(2) 물적 구성요소는 품목별 식재료, 주방시설과 장비, 조리기구, 위생도구 등 일련의 식품조리과정에 사용되고 활용되는 물적 요소들이다.

(3) 기능적 구성요소는 인적 구성요소와 물적 구성요소의 통합관리과정에서 나타날 수 있는 기능적 구성요소이다. 즉 조리사의 능력, 주방조리장비 및 성능 등이다.

주방시설이 본래의 의미를 구축하고 그 의미를 활용하는 목적과 주방기능을 최적화하기 위해서는 물리적 요소의 최적화뿐만 아니라, 인간공학적 측면에서 인적요인인 종사원들의 기능을 최적화할 필요가 있다.

인적 구성요소와 물적 구성요소들이 종합적인 기능을 수행해야 주방시설관리 시스템의 운영을 통해 얻을 수 있는 생산성과 안정성을 충분히 발휘할 수 있으며, 고객 지향적인 주방운영시스템을 개발함으로써 질 좋은 식음료 상품을 공급할 수 있는 기틀이 마련된다.

3 주방시설의 배치관리

1. 주방시설의 배치계획

총체적인 시설배치계획의 단계와 배치과정 측면에서 리차드 무더(Richard Muther)는 배치계획에 따른 문제를 다루기 위한 체계화된 접근방법을 제안하였다.

리차드 무더가 제시한 배치계획의 구체적인 실행기법은 주방작업공간의 시설 내 경제적 활동센터의 물리적 배열에 관한 의사결정 단계로 처리될 수 있다는 것이다.

특히 경제적 활동센터의 요소는 조리를 할 수 있는 주방공간의 조리작업장의 주방장비 및 기계 그리고 기물, 또한 주방조리사 등을 포괄적으로 포함하여 가치를 얻을 수 있는 활동범위이다.

1) 배치계획의 목적

작업공간에서 다양한 기능의 주방시설을 합리적으로 운영함으로써 종사원에게 안전과 만족감을 줄 수 있어야 하고 단위면적당 생산성을 향상하기 위해서 배치계획에 주안점을 두어야 한다. 주방종사원뿐만 아니라, 주방장비의 최적효율성도 극대화시킬 수 있도록 효과적인 운영에 초점을 맞추어야 하고, 주방시설 배치계획의 목적은 다음과 같다.

(1) 종합적인 조화의 원칙(principle of over-all integration)

(2) 최단거리 운반의 원칙(principle of minimum distance moved)

(3) 유통원할의 원칙(principle flow)

(4) 공간활용의 원칙(principle of cubic space)

(5) 안전도와 만족감의 원칙(principle of satisfaction and safety)

(6) 융통성의 원칙(principle of flexibility)

2) 체계적 배치계획단계

조리작업공간 활동과정에서 나타날 수 있는 공간의 확보 및 동선을 구축한다는 것은 체계적인 조리작업공간을 위한 배치계획의 초기단계이다 이를 위해서는 기초적인 흐름분석에서부터 최종적인 배치기법 적용에 이르기까지 단계별 과정을 거쳐야 하는 것이 원칙이다.

(1) 일반적인 배치계획단계

① 식재료 흐름의 분석

주방작업활동 공간에서 식재료 흐름의 분석은 생산시스템에서 형성되는 모든 요소인 식재료, 작업자(조리사), 시설장비 및 기물과 기기 등을 생산활동 과정에서 발생하는 이동과 같이 정량적으로 측정할 수 있는 흐름의 크기를 활동 간에 대해서 분석하는 단계이다.

② 활동 간 관련분석

생산활동 요인에 의한 활동 간의 관련성을 분석하여 활동관련표(activity relationship chart)를 작성하여 표기하는 방법이다. 이렇게 표기할 경우 작업의 집중도를 도출해낼 수 있기 때문에 배치의 용의성이 있다. 활동관련표란 정성적 요인에 근거한 활동 간의 상대적인 근접도와 그 이유를 기호와 숫자로 나타내는 표이다.

③ 흐름과 활동관련도 작성

흐름과 활동관련도는 조리작업활동 공간의 규모를 실제 크기를 적절하게 고려하지 않은 상태에서 활동 간의 최적에 가까운 지리학적 배열을 나타내어 작성하는 것이다. 결과적으로 작업흐름에 따른 활동관련성을 공간구조에 맞게 배열할 수 있는 토대를 마련하는 것이다.

④ 소요면적 결정

각 생산활동에 의해 필요한 공간의 크기와 형태를 사용 가능한 면적과 건물현상 및 자본 등의 제한 요인을 고려하여 결정하게 되는데, 각 부서나 작업장의 소요면적은 기본적으로 생산설비, 운반설비, 물자의 이동 및 저장설비 그리고 작업자의 이동을 위한 공간의 합으로 계산하여 소요면적을 결정할 수 있다.

⑤ 공간관련도 작성

흐름과 활동관련도의 지리학적 배치를 유지하면서 조리공간 소유 면적량이 산출된 경우 각 활동의 상대적인 크기를 추가하여 공간관련도(space relationship diagram)를 작성하는 과정이다.

⑥ 배치대안 개발

이론적으로 이상적인 배열을 나타내는 공간 관련도를 기본으로 여러 개의 가능한 블록 평면도 대안을 개발하는 것이다. 이때 식자재 취급에 대한 시스템설계나 세부 배치계획에 따른 수정사항과 자본, 기술 등의 제한 사항이 실질성을 갖고 있기 때문에 배치대안 개발이 직접적으로 고려되어야 한다.

⑦ 평가 및 선택

배치대안에 대하여 각각의 장점과 단점을 검토하거나 또는 설정된 평가기준을 근거로 분석하여 최선의 배치계획을 선택하는 것이다.

평가기준으로는 대표적으로 직 · 간접적인 비용이 고려되지만, 시설배치는 생산시스템 내의 여러 분야 종사자들에게 내 · 외적으로 상당한 영향을 미치기 때문에 경영진뿐만 아니라, 조직구성원의 누구에게도 호응을 받는 최선의 배치를 선택하여야 한다.

(2) SLP 배치계획단계

리차드 무어는 체계적 배치계획단계(systematic layout planning)의 과정을 4단계로 구분하여 제시하였는데, 그 내용을 살펴보면 다음과 같다.

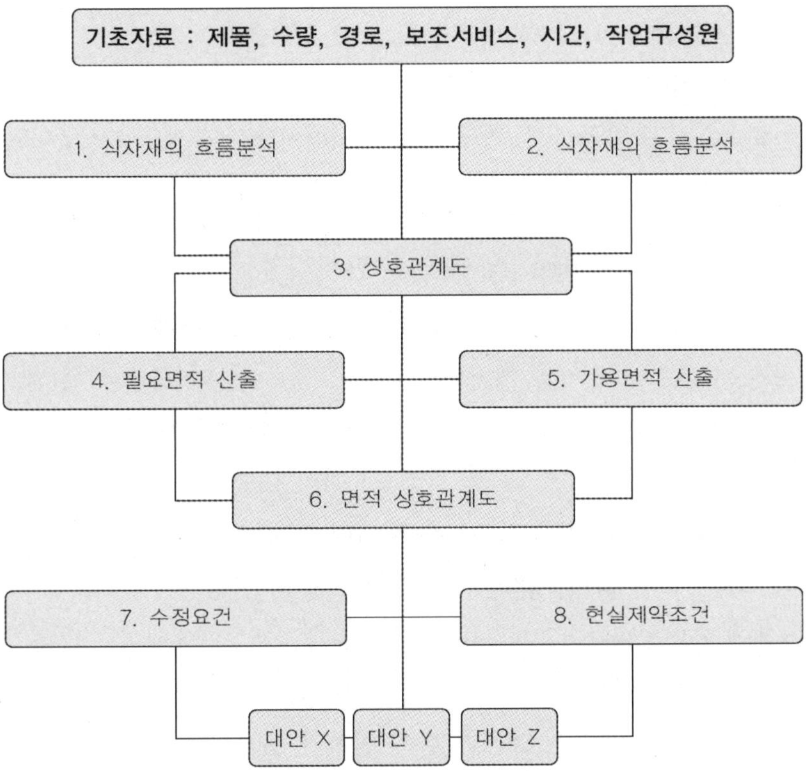

〈그림 10-5〉 체계적 배치계획(SLP)단계

- **제1단계:** 위치선정의 계획단계(location)

주방시설은 배치될 지역의 위치를 정하는 계획으로서, 기존 시설을 그대로 사용할 것인가, 또는 새로운 시설로 바꿀 것인지, 아니면 완전히 다른 장소에 배치할 것인지를 계획하는 기초적인 배치계획단계이다.

- **제2단계:** 전반적인 배치계획단계(general overall layout)

배치될 지역과 반대로 상대적인 위치를 결정하는 단계로서, block layout을 형성한다.

• 제3단계: 세부적인 배치계획단계(detailed layout plan)

시설을 포함한 모든 주방설비 및 기본적인 물건의 위치까지 구체적으로 확정하여 계획하는 단계이다. 이는 주방공간 구조분석을 선행적으로 추진하고 난 이후에 실천에 옮겨야 되는 계획단계이다.

• 제4단계: 설치계획단계(installation)

구체적인 설치계획을 세우고 이를 공식적으로 승인 받은 후 주방의 위치와 규모를 결정함과 동시에 실제로 주방장비 및 기구와 설비를 배치하는 과정으로 최종단계로 볼 수 있다.

(3) 모듈화 배치계획(modular facilities planning)의 단계

시설배치계획에서 모듈화는 세계적으로 각광 받고 있는 개념으로 표준화(standardization)라고도 한다. 모듈화는 유럽에서 처음 개발되었으며, 그 후 모듈화 개념은 캐나다, 일본, 미국 등 여러 나라, 각 분야의 많은 산업체와 서비스업계의 생산라인 시스템으로 확장되어 오늘에 이르렀다.

모듈화의 설비배치계획에 대한 연구의 필요성은 여러 가지 여건변화에 의해서 발생하게 되는데, 특히 공간이나 장비, 생산력 등의 3요소에 의한 변화를 가져오기 때문에 배치계획 자체에 유연성(flexibility)을 주어야 한다는 배치계획단계에서는 다음과 같은 활용가치가 있다.

특히 모듈화 배치계획 단계에서는 다음과 같은 활용가치가 있다.

① 시설의 유연성(flexibility)

② 계획의 경제성(design economics)

③ 시설확장의 용이성(facility expansion)

또한 공간효율의 비용효과를 높일 수 있으며, 재고능력을 발휘할 수 있고 작업환경을 개선할 수 있는 유리한 계획단계이다. 모듈화 배치계획 방법의 중요한 적용범위는 주방 조리 작업공간 내에서 주로 이용되는 통로를 중심으로 각 부서 간 또는 각 업장의 업무형태별로 T형, X형으로 연결해 주는 배치방법이다.

모듈화 배치계획의 자체 구조형태가 업무의 원활성을 유지하고 조리작업자의 육체적 피로감을 덜어줌과 동시에 작업능률을 높이는 데 주요 목적이 있다.

3) 배치계획의 적용내용

주방시설 배치에 적용할 수 있는 컴퓨터 프로그램은 다양하며 이러한 프로그램들은 배치의 효율성이 요구되는 업장 및 설비의 수가 많아질수록 그 가치가 한층 더 높아지고 있다. 즉, 주방공간에서 식자재 흐름과 조리작업활동 등의 복잡성 증대로 인해 컴퓨터를 이용한 배치기법(computerized layout techniques)이 실질적인 주방운영의 유용성을 높여주고 있다. 컴퓨터화된 배치기법은 구성형(construction type)과 개선형(improvement type)의 두 가지 형태로 분류할 수 있는데, 개선형보다는 구성형이 광범위하게 선택되고 있다.

구성형은 처음부터 주방시설을 완전히 새롭게 하고자 할 때, 빈 공간의 평면에서 시작하여 배치계획이 완성될 때까지 점진적으로 활동을 선택하여 배치를 구성해 나가는 방법이다. 한편 선형은 기존에 배치되어 있는 배치계획을 점진적으로 개선해 나가는 방법이다. 컴퓨터화된 배치기법은 최적의 수치를 가지고 산출하지는 않지만, 신속하고 편리하게 많은 수의 좋은 배치대안을 찾아낼 수 있다는 점에서 사용의 가치가 있다.

실제 실행 가능한 배치계획을 얻기 위해서는 컴퓨터화된 배치기법을 적용하여 얻은 배치에 여러 현실적인 제한사항, 수정사항, 무시된 정량적 또는 정성적 요인 등을 추가로 고려해야 하지만, 손으로 직접 조정하여야 하는 불편을 감수해야 하는 단점도 내포하고 있다.

2. 주방시설의 배치결정방법

초창기 설계된 호텔이나, 병원, 외식산업시설 등의 주방은 초기 계획단계에서부터 합리적인 주방시설 배치에 따른 주방 운영전반에 대한 결정요인들을 충분히 고려하지 못했던 것이 사실이다.

그런 결과로 주방시설의 배치계획의 문제를 보조적 부분으로 간주해 왔기 때문에 현실적으로 배치방법을 결정하는 데는 많은 문제점이 내포된 상태에서 운영되고 있다. 그러나 주방시설의 장비에 대한 설계와 배치계획은 주방 공간 내 시설과 장비배치보다 전체시설의 기능적 관계인 점을 감안하여 계획 초기부터 식음료관리정책의 일환으로 수립되는 것이 장기적인 측면에서 매우 합리적이다. 이 정책의 수립과 집행에 있어서는 음식서비스의 제공형태, 주방을 비롯한 식음료시설의 위치, 예상고객층, 수요의 계절성, 운영시설의 확장성 등 여러 가지 요인에 의해 영향을 받는다.

1) 주방시설 배치결정의 목적

주방시설의 배치결정에서 추구하는 목적을 달성하기 위해서는 상품의 다양성과 시간적 제약 및 음식서비스의 양 등에 따른 다양성 등을 고려해서 제공해야 하며, 호텔주방의 음식과 서비스 방식을 고객에게 만족스럽고 매력적 방식으로 전환시켜야 한다. 그럴 경우 진정한 배치방법이 결정될 뿐 아니라, 미래지향적인 배치기법의 대안이 설정되리라 본다.

외식기업체 식음료 서비스 시설의 계획에서 가장 중요한 것은 여러 측면의 요인을 규합하여 적절히 조합하는 것이다. 특히 주방시설 소요장비, 주방운영조직 및 종사원, 식음료 식재료와 연료비 등 가변성 비용에 대한 인플레이션 등과 같이 주방시설의 운영에 예상되는 모든 요인들을 고려하여 배치계획을 결정해야 하는 것이 궁극적인 목적이다.

2) 배치결정방법 요인

주방시설의 배치계획을 현실적으로 적용하기 위해 실천하는 데 있어 주요한 결정방법을 위한 요인은 다음과 같다.

① 경제적 관점에서 기계화의 증대

② 새로운 조리기구와 방법의 개발

③ 운영방식의 단순화

④ 음식서비스공간의 기능적 효율성 등 향후에 전개될 가능성이 있는 추이를 고려하여 주방시설의 장비배치 방법을 결정하는 것이 우선이다.

〈표 10-1〉 주방시설 배치계획 추진방법

종래형	이상형
① 건축조건을 확보한다. ② 객석/평면 레이아웃을 계획한다. ③ 부대시설을 계획한다. ④ 주방 레이아웃을 계획한다. ⑤ 전체를 조정한다.	① 건축조건을 확보한다. ② 주방 레이아웃을 계획한다. ③ 객석/평면 레이아웃을 계획한다. ④ 부대시설을 계획한다. ⑤ 전체를 조정한다.

결국 주방시설의 장비배치 방법을 결정하는 데 직접적으로 영향을 미치는 중요한 기준은 시설 및 장비의 효율성과 고객서비스 관점에서 여러 대안 중 최적 대안을 선정하는 것이다.

참/고/문/헌

김기영, 『호텔주방관리론』, 백산출판사, 2000.

김기영 외, 『연회기획관리실무론』, 가산출판사, 2001.

조문수, 『외식사업경영론』, 기문사, 2000.

나정기, 「호텔주방의 생산성 향상에 관한 연구」, 관광학연구, 한국관광학회, 1998.

Birchfield, J. C., 『Design & Layout of Foodservice Facilities』, New York: Van trand Reinhold, 1988.

Kazarian, E. A., 『Foodservice Facilities Planning』, New York: Van Nostrand Reinhold, 1989.

Khan, M. A., 『Foodservice Operations』, New York: AVI Publishing Co., 1987.

Kotschevar, L. H., M. E. Terrell., 『Foodservice Planning: Layout and Equipment』, New York: John Wiley & Sons, 1985.

Lattin, G. W., 『The Loding and Food Service Industry』, Michigan: the Educational Institute of the American Hotel & Motel Association, 1985.

Dann, D. & T. Hornsey, 『Towards a theory of interdepartmental conflict in hotels』, International Journal of Hospitality Management, 5(1), 1981.

11 Chapter

외식산업 인적자원관리

1 인적자원관리의 성격

1. 인적자원관리의 의의

외식업소의 인적자원은 채용과 교육, 업무진행, 메뉴개발, 자원관리 등의 절차적 내용을 담고 활동하기 때문에 신중을 기해야 하며, 인적자원은 조직 구성상 개개인의 특징과 서비스적 능력을 함유해야 하는 자원이라는 점을 감안한다면 경영목표의 경제적 자원으로 평가를 받아야 한다.

인적자원은 외식업소에서 생산할 수 있는 상품의 유·무형적 가치를 창출하고 또한 생산성을 결정하는 기본적인 요소의 특성으로서 인적자원은 용역잠재력(service potential)을 의미한다. 이러한 측면에서 본다면 인적자원에 대한 효율적이고 과학적인 관리는 다음과 같은 내용을 수반하여야 한다.

첫째, 인적자원의 사전계획

둘째, 효율적 활용 유지

셋째, 지속적인 교육

넷째, 새로운 자원개발 등이 있다.

인적자원(human resources)은 물적자원과 함께 조직구성에서 필수적인 요소로 작용하는데, 인적자원은 능동적, 반응적 능력이 있으며 물적자원은 수동적인 성격을 내포한다. 이러한 자원들을 '관리(management)'라는 매개체를 통해 자원의 잠재력을 확대시키는 것이 바로 관리자의 능력이다.

이러한 측면에서 살펴본다면 인적자원관리는 조직의 목표달성을 위한 전략적인 자원의 속성과 성격을 지니고 있는 것이며, 특히 외식업소에서의 인적자원관리는 고용관계, 인간관계, 노사관계 등을 기능적으로 시스템화하여 움직이는 기술이 필요하다. 인적자원을 관리하기 위해서는 먼저 관리과정적인 측면과 실행적인 측면에서 살펴볼 수 있는데 인적자원에 대한 관리기능을 보면 다음과 같다.

• • • 파견근로제란?

파견근로제란 파견사업주가 근로자를 고용한 후 고용 관계를 유지하면서 근로자 파견계약 내용에 따라 사용사업주의 지휘와 명령을 받아 사용사업주를 위한 근로에 종사하는 것을 의미한다. 국내에는 파견근로가 26개 업종으로 제한돼 있다. 예를 들면 국제회의 시 동시 통역사나 속기사 등 특수 전문직으로 많은 보수를 주면서 상시 고용하기에는 경영상 어려운 경우, 소프트웨어 개발, 기계 및 설비의 설계, 제도, 자료조사, 원가계산 등과 같이 특정기간이 소요되는 프로젝트를 수주해 그 일이 끝나면 관련되는 인력이 필요없게 되는 경우, 갑작스러운 예상 밖의 주문으로 일시적 인력이 필요한 생산업무 보조, 포장, 상 · 하차, 지게차 운전 등의 경우, 계절적으로 업무가 폭주해 비성수기에는 많은 인력을 고용할 필요가 없는 여행, 관광안내원, 빙과업체 등의 경우, 근로자가 출산, 질병, 부상 등으로 휴직해 일정기간 노동력을 고용할 필요가 있는 경우에 근로자 파견이 가능하다. 그 외 건설 현장업무, 항만, 철도, 화물 등의 근로자 공급 사업의 허가를 받은 하역업무, 선원업무 등 이미 도급이나 타 법률로 행해지고 있는 경우와 산업안전보건법상의 유해, 위험업무, 의료업무, 대중교통수단의 운전업무 등 근로자 보호와 공중의 안전이 중시되는 경우에는 어떠한 이유로도 파견근무를 사용할 수 없도록 하고 있다.

파견근로제는 도급(용역)과 구별되어야 하는데 도급은 파견근로와는 달리 수급인이 직접 고용한 근로자를 수급인이 직접 지휘 · 명령해 특정한 업무를 수행하는 것이며 근로자의 지휘 명령권은 수급인에게 있고 도급인은 수급인의 근로자를 지휘 · 명령할 수 없다.

1) 관리과정적 측면의 인적관리

외식업소에서 인적자원을 구성하여 관리하는 과정은 서비스의 형태와 제공방법, 주방공간의 설계 및 배치 등과 단위주방 공간 간의 기능이 배분된 상태에서 이루어져야 한다.

역으로 주방의 전체적인 공간구조 설정은 주방에서 판매하는 상품의 종류와 메뉴 수준 및 인적 구성에 따라 재구성되기도 한다.

주방인원에 대한 관리과정적인 관리기준은 모든 조직이 인간에 의해 움직이고 인간에 의해 물적요소가 창출되는 과정의 절차를 거쳐야 하기 때문에 조리종사원의 활동범위와 시설적 공간이 동시에 기능적으로 연계되어야만 관리과정적인 인적자원을 관리할 수 있다.

결과적으로 인적자원에 대한 계획, 조직, 교육, 통제 등 이른바 관리과정에 초점을 맞춘 것이다. 특히 계획의 기능이 중요하다.

2) 실행기능적 측면의 인적관리

인적자원을 교육훈련과 기능의 실질적인 실행상태에서 잠재적인 자질을 개발하고 관리하는 과정이다. 외식업소의 경영목표 달성에서도 매우 중요한 역할을 할 수 있는 기능이다. 주방조직의 인적자원에 대한 단위면적당 생산성과 상품의 효율적 가치를 향상시키기 위한 절대적인 방법이기도 하다.

실행적인 인적자원관리를 통해 얻을 수 있는 결과는 종사원들의 충원유지활동 및 다양하고 실질적인 교육 프로그램을 실시하여 능력있는 인적자원을 개발하는 것이다.

인적자원을 관리하는 과정에서 관리자는 임금, 근무시간, 복리후생, 근무환경 등의 통상적인 유지관리 기능과 함께, 교육훈련과 같은 의도적이고 계획적인 개발관리에 중점을 두어야 한다.

• • • 팀제란 무엇인가?

팀이란 공동의 목적을 달성을 위해 상호보완 기능을 갖춘 사람들이 서로 신뢰할 수 있는 방식으로 상호 책임을 공유, 문제해결을 위해 공동접근 방법을 사용하는 소수 그룹이라고 정의된다.
팀 조직은 기존의 직능 위주의 부 · 과제 중심에서 벗어나 팀장 중심으로 자원을 효율적으로 배분하고, 개인의 능력과 적성에 따라 인재를 탄력적으로 팀에 소속시킨다. 이런 조직하에 각자가 동률의 책임을 가지고 상호유기적인 협조관계를 유지한다. 조직체계도 담당 – 차장대우, 과장 – 차장 – 부서장에서 담당자 – 팀장으로 간소화 함으로써 팀 내의 모든 정보를 공유하고 신속한 의사결정이 가능케 된다. 즉 팀제는 개인의 능력과 적성에 따른 인재활용이 가능하고 의사결정의 신속성과 기동성을 제고한다. 간부사원의 전문능력 발휘가 가능하며 소수정예화된 인력운영에 적합한 조직구조로 각 전문능력 간 유기적 교류가 쉬워진다. 또한 이질성과 다양성의 상호보완 작용을 통해 지식 창조가 쉬워진다.

2. 인적자원 관리절차

일반기업 경영에서 인적자원관리는 곧 생산성과 직결된다는 결과 때문에 대부분 관리의 주체를 조직 구성원으로 삼고 있다. 모든 조직의 인원관리가 그랬듯이 외식업소에서의 종래의 인원관리활동은 경영자와 내부조직 구성원들 간의 욕구충족에만 목적을 둔 편파적인 방법으로 관리를 해온 것이 사실이다.

그러나 현재의 관리활동은 각 종사원들의 직무중심과 경력개발 중심으로 바뀌고 있으며, 종래의 타율적이고 소극적인 인간관에서 자율적이고 합리적이며, 주체적인 인간관으로 변화되고 있다.

인적자원에 대한 관리활동의 범위는 포괄적이고 객관적으로 이루어져야 한다. 그러기 위해서는 일반적인 인적자원에 대한 관리기능의 내용을 수용하는 차원에서 접근해야 한다.

인적자원의 관리활동은 조달활동과 개발활동, 유지활동의 내용들이 서로 총체적인 흐름으로 전개되면서 종사원들을 관리해야 한다.

1) 채용 활동

인원의 조달활동은 곧 종사원들의 충원(staffing)으로 보면 된다. 충원은 기존인원에서 자리가 비어있는 상태를 채우는 충원과 새로운 업장을 개업하여 모자라는 인원을 선발하여 채우는 충원하는 형태로 분류할 수 있다.

기존 영업장에서 갑작스러운 사고나 퇴직에 의해 업무별 분담과정이 정상적으로 이루어지지 않아 복잡하고 어려울 때, 이에 상응하는 신입이나 경력사원을 채용할 수 있도록 사전에 관리하는 활동이다.

조달활동의 구체적인 내용은 다음과 같다.

첫째, 모집
둘째, 시험
셋째, 면접
넷째, 선발

등의 채용기능을 통한 관리활동을 말한다.

2) 능력개발활동

조직 내에서 부족한 인원에 대한 충원과정을 거쳐 선발된 인원을 적재적소에 배치하여 각자의 기술과 기능을 발휘함과 동시에 승진을 자극시켜 승진할 수 있도록 관리하는 과정이다.

특히 개발활동과정에서 인원의 적재적소 배치는 잠재되어 있는 능력 이상의 효과를 얻을 수 있다는 장점이 있다.

개발활동은 조달활동 즉, 채용활동 이후에 이루어지는 관리활동으로서 새로운 교육 프로그램을 개발하여 지속적인 교육과 훈련을 통해 노동력의 효율성과 작업의 능률화를 이루는 관리활동이다. 이로 인해 낭비와 손실감소 및 조리상품의 품질이 개선된다.

종사원의 잠재적인 능력을 발휘할 수 있는 기회를 제공하는 것은 사기를 향상시켜 불평불만의 해소와 이직률을 감소시키는 효과를 얻을 수 있다.

종사원의 개발활동에는 다음과 같은 내용이 있다.

첫째, 훈련개발

둘째, 적재적소 인원배치

셋째, 필요부서 이동

넷째, 승진의 기회제공

등의 과정을 거친다.

3) 사후관리활동

사후관리활동과 동일한 내용을 포함하고 있는 인원의 유지활동은 원만한 조달활동과정과 능력개발활동을 거쳐 행해지는 과정이다.

인원에 대한 채용이 이루어지고 나면 지속적인 교육 프로그램에 의해 교육과 훈련 등을 거쳐 각 종사원들의 잠재되어 있는 능력을 발휘할 수 있는 기회를 제공하는 과정에서 이루어지는 활동이다.

특히 사후관리활동은 종사원들의 복리후생에 대한 지원활동과 내 · 외적 근무환경을 개선하는 활동으로 간주할 수 있으며, 또한 주방종사원들에게 보다 나은 작업공간과 환경을 만들어 근무의욕을 충족시켜줄 수 있는 분위기를 유지하는 기능이다.

종사원의 안전과 위생을 위한 활동 및 보상에 대한 혜택의 조건 등을 차별화 없이 골고루 전달되도록 하는 것이다.

외식업소 종사원에 대한 사후관리활동의 내용은 다음과 같다.

첫째, 종사원들의 직무보장

둘째, 복리후생지원

셋째, 안전위생

넷째, 상하 간 및 동료 간의 원활한 의사소통 전개
다섯째, 제안 제도
여섯째, 노동활동 보장

등의 근무환경과 분위기를 유지하는 기능이다.

2 외식업체 인적자원관리

1. 인적자원의 채용관리

대규모 외식업소에서의 채용방법은 보통 경영조직인 인사부(personnel department)에서 일괄적으로 채용하여 관리하는 경우가 대부분이다. 그러나 과거에는 채용방법과 관리방법이 주방의 책임자에 의해 직접 이루어졌기 때문에 현재와는 근본적으로 다르다.

종사원을 인사부에서 채용하여 관리한다 하더라도 각 부서의 책임자와 인사 책임자 간의 상호 밀접한 업무 협력이 이루어져야 한다.

외식업소의 시설과 규모가 대형화, 국제화, 체인화의 규모를 가지고 운영하고 있는 실정이어서 채용관리에 관한 부분도 그만큼 커지고 있다.

종사원을 채용하는 방법은 크게 정규사원 채용, 임시사원 채용, 실습생 채용으로 나누어 볼 수 있는데, 각각의 내용을 살펴보면 다음과 같다.

〈표 11-1〉 종사원의 채용절차

구 분	채용계획과정	비고
업장별 소요인원	• 각 업장 간의 필요인원 접수 • 인원의 조건 검토 및 인원집계 • 최종 채용인원 확정	• 각 업무별 담당인원 파악

모집방법 및 시기	• 채용계획 수립 • 모집방법에 따라 공고 • 지원서 교부 및 접수	
채용절차	• 서류전형 • 1차 면접시험 • 2차 면접시험 • 오리엔테이션실 시, 적성검사, 신체검사 • 최종 합격인원 확정	• 신체검사결과 전염성 질병환자는 지원자격이 상실됨
교육	• 업무별 오리엔테이션	
직무배치	• 업장별 직급별 배치 • 직무분담	

1) 정규직 채용

기업경영에서 가장 중요하게 여겨야 할 것이 바로 인원채용이다. "인사가 곧 만사"라는 말이 증명하듯이 매우 중요하고 어려운 일이다.

요즘 대기업의 인원채용 기준이 과거와는 상이하게 바뀌고 있다. 특히 인성에 대한 부분을 중요시하는 기업들이 늘어나고 있는 실정이다.

외식업소의 인원에 대한 채용도 예외는 아니며, 근무할 수 있는 유능한 인력을 확보하기 위해서는 현재와 미래에 대한 정확한 수요예측을 통해 지식과 능력의 소유자를 객관적이고 합리적인 방법과 절차에 의해서 확보해야 한다.

외식업소 종사원들을 채용할 때는 공개채용과 비공개채용의 방법에 의해 직·간접적으로 조리사를 채용하고 있다. 공개채용이란 신문이나 관련잡지 등에 모집공고를 기재하여 공개적으로 응시한 지원자들 중에서 면접을 거쳐 채용하는 방법이다. 반대로 비공개채용은 내부 연고자를 중심으로 추천을 받아 면접을 거쳐 채용하는 방법이다.

공개채용은 신입사원을 채용할 때, 주로 이용되는 채용방법이며, 비공개채용은 경력사원을 채용하고자 할 때 활용하는 방법이다.

공개채용이든 비공개채용이든 간에 주방인원을 채용하기 위해서 각 업체마다 채용 응시원서가 준비되어 있다. 지원자는 지원서의 내용에 따른 결과에 의해 1차 필기시험 또는 서류심사, 2차 면접을 통해 채용하는 과정을 거친다.

특히 주방인원은 법적인 자격인 조리기능사 자격을 취득했는지의 여부를 확인하여야 하며, 면접과정에서는 인성교육에 대한 주안점을 두고 있다.

(1) 사원채용 시 기재 및 준비사항

① 성명, 주민등록번호, 생년월일, 연락처
② 주소와 전화번호, 가족관계
③ 사진, 도장
④ 학력, 경력 및 포상
⑤ 희망직종, 급료
⑥ 사회활동, 해외연수
⑦ 건강진단서, 자격증 사본
⑧ 신원보증인, 주민등록 등·초본
⑨ 성격(특기), 취미, 기호, 외국어 사용 정도 및 태도

(2) 채용 면접위원의 유의사항

기본태도: ① 수용적이며 편안한 태도
② 면접위원 자신의 안정 및 인내심 유지
③ 관찰력 분석력을 소유한 면접위원
④ 현실적인 사고력을 유지
⑤ 면접 중 관찰사항이나 평가내용은 기록
⑥ 개인감정, 고정관념은 피한다.

질문방법: ① 간결하고 명확하게 질문('예', '아니오'는 피한다)
② 지원자의 편안함을 유지하면서 연결성 있는 이야기 유도
③ 지원자와 논쟁이나 불필요한 질문은 피한다.

(3) 듣는 태도

① 언어: 지원자의 답변을 촉진시키는 표현(강제성을 피한다)

② **시선**: 강한 시선은 피하고 부드러운 눈빛으로 상대방을 응시한다.

③ **표정, 자세**: 표정은 밝게 하고 자세는 지원자로 향한다.

(4) 면접자의 유의사항

① 친근한 인사와 부드러운 태도

② 대답은 간결하고 정확하게

③ 성격(책임감, 협조, 계획, 통솔력, 성실성, 명랑성)을 표현

④ 장단점 및 취미, 기호

⑤ 회사선택 이유

⑥ 장래의 희망

⑦ 요구하는 직급과 급료 정도

⑧ 외국어 구사능력

⑨ 성장배경

⑩ 근무시간 및 복리후생

2) 임시직(시간제) 채용

외식업소의 모든 인원은 정규직 종사원만으로 충당하기는 매우 어려운 일이다. 왜냐하면 총수익에 대한 인건비 상승율이 높아 수지타당성에 문제점을 안고 있기 때문이다.

그래서 대부분의 외식업소에서 종사원들은 2/3가 임시직 및 아르바이트와 실습생으로 영업을 하고 있는 실정이다.

임시직 사원을 채용하는 것도 정규직 사원을 채용하는 것과 마찬가지로 채용하고자 하는 인원에 대한 면접방법이 매우 중요하다.

임시직이나 아르바이트의 경우에는 대부분 면접을 통해 일시적으로 채용하였다가 퇴직하지만 근무기간 동안에는 정규직 못지않게 중요한 역할을 담당하고 있기 때문이다.

임시직 채용방법은 신문광고나 관련학과의 각 대학에 추천의뢰를 하여 추천받아

채용하는 경우가 대부분이다. 이렇게 채용되는 임시직이라도 최소한 다음과 같은 내용은 명시하여야 한다.

① 시간급여 및 지급방법
② 시간당 금료
③ 근무내용
④ 근무시간 및 기간
⑤ 식사대 및 교통비 지급여부
⑥ 휴일
⑦ 세탁물 관리
⑧ 초과근무수당

업소측과 종사원 간에 서로 이러한 항목을 확인하고 채용해야만 나중에 일어날 수 있는 여러 가지 문제에 대하여 해결할 수 있으며, 지속적인 고용관계를 유지할 수 있다.

3) 실습생 채용

실습생을 채용하는 방법에는 두 가지가 있다. 첫 번째는 교육담당부서나 인사과에서 방학기간을 이용하여 실습하고자 하는 대학에 의뢰하는 것이다.

다른 하나는 각 외식이나 조리관련 대학에서 자체적으로 실습호텔과 인원을 파악하여 희망 호텔에 직접 의뢰하여 이루어지기 때문에 실습생 관리에 많은 어려움이 있다.

실습생의 채용을 위해서는 실습생을 일정기간 동안 한정된 인원을 모집하여 OJT(on the job training) 과정을 거치도록 규정되어 있고, 각 대학은 대학마다 실습을 필수적으로 해야 하는 관계로 많은 실습생이 한꺼번에 오기 때문에 교육의 효과성이 떨어지는 경향이 있다.

실습의뢰에 대한 구체적인 내용은 실습하고자 하는 곳에 관련공문이나 서신 및 담당자와 직접 통화를 해서 실습할 수 있는 기간과 장소를 선택받아 주로 방학을 이용하여 실습생들의 OJT가 실행되고 있다.

2. 인원의 배치관리

인적자원에 대한 관리활동기능은 채용(충원)활동, 능력개발활동, 사후관리활동 등의 내용들이 서로 총체적인 흐름으로 전개되면서 하나의 인적자원을 관리한다.

외식업소의 조직구성원들은 모두가 분야에 맞는 전문적인 이론과 기술성을 요구하며, 또한 주방종사원의 경우에는 조리기능사로서 법적인 자격조건을 갖추고 있어야만 주방인원의 구성원이 될 수 있다. 그렇기 때문에 주방인원의 경우 주방의 인원을 배치하는 방법에 따라 관리활동이 달라지기 마련이다. 주방이라는 한정된 공간에서 제한된 노동력을 동원해 고객이 요구하는 최상의 음식상품을 창출하는 기술성과 경영성을 갖추고 있는 관리자만이 진정한 관리활동의 대변자라 할 수 있다.

1) 적재적소 배치관리(mise en place layout)

주방인원에 대한 배치는 능력활동과정에서 이루어지는 적재적소의 인원배치 활동에 기인하여 배치가 형성되어야 한다.

인원배치에 있어서 적재적소란 '직무의 구체적 내용에 따른 요건에 맞도록 적당한 장소에 필요한 조리사로서 요건을 갖춘 사람이 배치된다'는 의미가 있다.

이러한 적재적소의 배치 시스템(layout system)에 의하여 직무에 따른 인원을 배치했을 경우와 그렇치 못한 경우를 봤을 때 나타날 수 있는 결과로 아드킨스(D.C. Adkins)는 작업량에서 약 3.5배 정도의 차이를 보인다고 하였다.

주방종사자들의 작업량의 정도에 미치는 성과를 보더라도 배치활동의 중요성을 인식할 수 있을 것이다.

과거에는 주방의 인원을 배치하는 데 있어서 적재적소의 배치활동을 통해 배치하기보다는 인맥, 학연, 지연 등 비공식적인 조직의 작용에 의해 배치하는 경향이 많았다. 그러나 현실적으로 지향해야 하는 경영합리화를 위해서는 직능별, 특성화에 따라 조리인원을 배치하는 것이 매우 적합한 방법이다.

[적재적소배치 실행 시 장점]
첫째, 개인능력에 의한 새로운 아이디어 창출
둘째, 단위면적당 생산성향상
셋째, 조직 간 및 업장 간의 상호 유기적 협조관계
넷째, 식재료의 원가절감
다섯째, 이직율 감소
여섯째, 식음료 매출액의 증가

[적재적소배치 불이행 시 단점]
첫째, 경제적인 손실
둘째, 생산성저하
셋째, 조리사들 간의 불협화음
넷째, 조기 이직발생율이 높다
다섯째, 식음료 매출액의 감소

2) 순환배치관리(cycling layout)

모든 조직의 구성원을 적절한 요건에 맞춰 배치한다는 것은 그리 쉬운 일이 아니다.

제한된 공간과 노동력을 동원해 생산의 탄력성을 적용시켜 원활히 수행하고 더욱이 단위면적당 노동생산성 강화를 추구하기 위해서는 구성원들 간의 순환배치를 통해 잠재능력을 개발해야 한다.

외식업소에 구성되어 있는 종사원들은 새로운 메뉴에 대한 개발과 조리사들의 순발력, 안전사고에 대한 세심한 주의를 요하며, 주방의 경우 특히 숙련된 기술과 기능이 요구되는 종사원들이기 때문에 각 업장별 주방특성에 알맞도록 인원의 순환배치를 하여 관리활동이 이루어져야 한다.

순환배치 관리활동과정에서 주의할 점은 다음과 같다.

① 주방의 규모와 위치를 파악해야 한다.

② 업장별 판매상품에 대한 내용을 파악해야 한다.
③ 조리사들의 적성을 고려해야 한다.
④ 조리기술과 능력의 정도를 고려해야 한다.
⑤ 조리이론과 전문성에 대한 지식의 정도를 파악해야 한다.
⑥ 업장 간의 인원과 상호 유기적 협조체계를 고려해야 한다.

3. 교육과 훈련활동

외식업소의 인적구성원들을 형성하고 있는 조직의 특성은 인적자원에 대한 과정적 측면에서 매우 중요한 부서임과 동시에 교육과 훈련의 과정을 끊임없이 시행해야 하는 곳이다.

주방인원에 대한 교육과 훈련활동은 주방조직 구성원들의 잠재력을 개발하여 생산활동에 기여하고자 하는 데 중요한 역할을 한다.

교육과 훈련활동은 인적자원에 대한 경쟁력을 향상시켜줌으로서 직무을 수행해야 하는 자기능력과 가치관을 확립시키는 과정이라 해도 과언이 아니다.

단지 학교에서 행하는 교육과 훈련활동과정은 직무 수행을 위한 기초적인 단계로서 역할을 할 뿐, 특수한 지식이나 기술을 전수할 수 있는 교육과 훈련활동은 한계가 있을 것이다.

그러나 학교교육의 관리자는 지속적인 연구와 현장 경험을 토대로 관리의 중추적인 역할을 담당해야 할 책임이 있다.

교육과 훈련활동의 내용은 직무수행에 필요한 '지식과 기능, 태도'이다. 지식은 직무수행에 있어 기본적으로 알아야 할 이론적인 기초를 말하며, 기능은 이를 응용하여 실제로 직무에 적용되는 숙련된 기술이다. 그리고 태도는 일에 임하는 마음가짐으로서 일에 대한 의욕을 말한다.

외식업소의 일반적인 교육과 훈련관리활동의 방법으로는 크게 사내교육과 사외교육으로 구분할 수 있는데 구체적으로 설명하면 다음과 같다.

1) 교육훈련의 내용

교육과 훈련은 각 기업의 사명전달을 위해 자사의 경영이념을 이해하고 의사 통일을 하며 각각의 조직의 일원으로서 회사의 목적달성을 위해 지식과 기술을 체계적으로 배우는 과정이다.

이러한 교육과 훈련을 통하여 각 개인은 자기의 욕구실현을 충족할 수 있으며, 근무의욕을 부추길 수 있는 계기가 될 것이다.

그러나 아직까지는 많은 외식업소들이 그들 나름대로의 교육 프로그램을 개발하여 훈련을 시키고 있지는 못한 실정이다. 이러한 경우 위탁교육 등을 통한 교육의 효과를 노리는 것이 다른 대안이 될 수 있다. 교육과 훈련의 내용은 다음과 같다.

① 업무에 관한 교육과 훈련의 내용이다.
② 능력개발에 관한 교육과 훈련의 내용이다.
③ 인성교육과 훈련의 내용이다.

2) 현장 교육과 훈련(OJT)

현장 실습이라고도 하며, 또는 업무과정별 교육과 훈련활동(OJT : On the Job training)으로 볼 수 있는 OJT는 사내교육과 훈련활동의 내용에 포함된다.

즉, 업무을 직접 수행하면서 상사나 선배 및 동료에게 업무에 대한 지식과 기능, 태도, 분위기, 관리방식 등을 전수받는 방식이다.

보통 OJT교육과 훈련활동 프로그램은 대학에서 현장 실습을 위해 나온 실습생을 위주로 하는 경우가 대부분이다. 그러나 때때로 신입사원에게 시행하는 경우도 있다.

대규모 호텔의 주방에서 시행하고 있는 OJT교육과 훈련과정 활동을 통해 얻을 수 있는 장단점은 다음과 같다.

① 장점

첫째, 교육과 훈련활동에 소요되는 시간을 절감할 수 있다.

둘째, 많은 인원의 교육과 훈련을 동시에 실시할 수 있다.

셋째, 현장에서 직접 실행하기 때문에 업무에 도움을 받을 수 있다.

넷째, 시설과 장비에 대한 안전사고에 대한 교육을 동시에 실시할 수 있다.

다섯째, 직무관련 업무에 대한 유기적인 협력관계를 유지할 수 있다.

여섯째, 교육과 훈련 비용이 적게 든다.

② 단점

첫째, 교육과 훈련활동 과정에 있어서 체계적인 점이 부족하다.

둘째, 교육자의 자질에 따라 영향을 쉽게 받는다.

셋째, 교육과 훈련활동 과정이 집단적이기 때문에 일괄성 있게 수행하기 어렵다.

3) 현장 외 교육과 훈련(OFF-JT)

현장 외에서 교육과 훈련활동(OFF-JT : Off the Job Training)을 시행하는 방식으로서 집합교육이라고도 한다.

OFF-JT는 현장업무를 떠나서 별도로 시간을 내어 교육전문가가 광범위한 교육내용과 훈련활동을 체계적인 계획하에 인원을 집합적으로 교육하는 것을 말한다.

이러한 교육방식은 많은 인원을 집단적으로 수용하여 예정 프로그램에 의해 일괄성 있게 교육을 하기 때문에 자칫하면 실용성을 떨어뜨리는 경향이 있다.

OFF-JT를 실행하는 보통의 경우에는 현장의 업무와는 직접적인 관련성을 갖지 않고 보편적이고 일반적인 내용에 대한 사고방식이나 직업관, 직업윤리에 대한 교육에 적합하다.

① 장점

첫째, 교육과 훈련의 내용이 전문성을 띤 집합교육이다.

둘째, 외부 전문가로부터 전문적인 지식과 기능 및 기술을 배울 수 있다.

셋째, 공식적이고 공개적인 교육과 훈련의 기회를 줄 수 있다.

② 단점

첫째, 교육의 인원이 집합성을 띠기 때문에 실용적인 면이 상실될 우려가 있다.

둘째, 교육시간과 비용이 많이 든다.

셋째, 관련부서의 기능을 갖추고 있어야 되기 때문에 인건비가 든다.

4) 자기업무개발 방식(S.D)

외식업소 종사원에 대한 교육과 훈련활동 과정은 자기업무에 대한 개발방식(S.D : Self Development)이 매우 합리적이라 생각할 수 있다. 수동적이고 타율적인 교육과 훈련활동에 얽매이지 않으며, 자기 스스로 업무에 대한 목적달성의 기회에 부흥하기 위하여 부족한 점을 개발하는 방식이다. 업무에 대한 일반적인 기초지식과 기능 및 기술이 부족하면 부족한 만큼 타 교육기관이나 또는 외국교육기관에 유학을 하여 배울 수 있는 자기개발이 절대적으로 필요하다.

5) 사외교육과 훈련

일반기업체에서 실시하는 보통의 교육방법으로 실행하고 있는 방식으로, 외식업소에서도 필요한 교육과 훈련방식이다. 왜냐하면 사내에서 실시하는 교육과 훈련의 프로그램이 한계성이 있을 수 있기 때문이다.

사외교육과 훈련활동의 장소는 다음과 같다.

첫째, 대학 및 전문교육기관

둘째, 정부 및 민간 연구기관

셋째, 정부투자기관

넷째, 해외 유학 및 연수

교육 훈련의 목적을 명확히 한다.
↓
교육훈련의 방침을 정한다.
↓
교육훈련 대상자를 명확히 한다.
↓
교육내용을 명확히 한다.
↓
교육훈련자를 선정한다.
↓
교육훈련 방법 및 기간을 결정한다.
↓
교육훈련을 실시한다.
↓
결과에 대한 효과 측정 → 차기계획에의 피드백

〈그림 11-1〉 교육과 훈련활동 과정의 절차

• • • 21세기에도 계속되는 외식업계 고용불안 신세대의 등장 새로운 리더십이 강조된 인사관리개념 변화요구

외식업계의 인력난과 이직방지 문제는 국내뿐만 아니라 외식업 선진국인 미국에서도 성장을 위협하는 위험요소로 등장하고 있다.
많은 경영주들이 귀중한 시간을 신입직원의 인터뷰에 할애하고 있으며, 홀 서버가 떠나버린 자리를 대신하고, 경쟁업체로의 직원 스카우트 문제로 골머리를 앓고 있다.
이전처럼 관리자에서 말단 직원까지 수평적 위계질서로 통제가 가능하던 방법은 그야말로 옛날의 일처럼 노동인력의 관리개념이 변하고 있다. 아직, 효과적인 이직방지 정책이 제시되지 않은 상황에서 이로 인한 신규채용과 인재의 조직화, 교육훈련 등 인사관리를 어떻게 할 것인가를 당면과제로 대두되고 있다.
1999년 7월 26일, 미국 레스토랑 협회(national restaurant association)에서 발행되는 nation's restaurant news에 실린 미국 외식업 경영자 대화에서 발표된 인사관리에 대한 내용에는 신세대들의 사회진출과 그로인한 고용구조의 변화를 설명하고 있다. 그 내용으로는, 첫째 현재와 같은 교육방법은 더 이상 효과적이지 않다는 것. 둘째 21세기의 세대들은 지난 과거의 세대들과 다르다는 점. 셋째 신세대들은 풍족한 환경 속에서 다양한 직업선택의 기회 속에서 생활하고 있다는 점을 새롭게 인식해야 한다는 내용이었다. 또한 외식업 관리자는 리더로서의 역할과 자격을 갖춰야 하며 부하직원에게 질문을 던지고 물론 이때 곧바로 정답을 주지 않는다. 항상 일방적으로 얘기하기보다는 듣는 자세를 강조한다. 중요한 것은 리더는 다른 사람들을 리드해 나가야 하기 때문이다. 예를 들어, 피자전문점에서 상품에 대한 고객의 컴플레인이 발생했다고 하자. 이전에는 홀 책임자가 고객의 불평을 접수하고 문제를 해결하였지만 새로운 리더십 스타일은 피자를 직접 만든 주방담당직원을 고객과 연결시킴으로써 직원과 고객 양쪽 모두에게 효과적인 방법으로 활용하고 있다. 고객들은 점포의 경영진들이나 레스토랑의 콘셉트를 구매하는 것이 아니고 '사람'으로부터 구매의욕을 느끼기 때문이다. 또한 함께 소개된 직원채용 시 활용할 만한 인터뷰 내용들을 살펴보면 다음과 같다.

- ▶ 레스토랑이 성공하기 위해서 가장 중요한 것이 무엇이라고 생각합니까?
- ▶ 지금까지 업무 중 가장 크게 실수한 경험은 무엇입니까? 그리고 그것으로부터 배운 점은 무엇입니까?
- ▶ 다른 사람이 당신이 하고 있는 일의 장래를 묻는다면 어떤 점이 가장 큰 비전이라고 말하겠습니까?
- ▶ 당신이 가장 인상에 남거나 좋아하는 레스토랑을 3곳 얘기해 보세요. 그리고 왜 그곳이 좋은지도 설명해 주세요.
- ▶ 당신이 오더를 잘못하여 고객이 굉장히 화가 났다면 어떻게 처리하겠습니까?
- ▶ 고객관리란 무엇이라고 생각합니까?
- ▶ 당신은 왜 이 직업을 선택하였습니까?
- ▶ 당신이 할 수 있는 서비스 특기가 있습니까?
- ▶ 레스토랑에서 가장 중요한 것이 무엇이라고 생각하십니까? – 음식, 서비스, 분위기 등

우리 점포에서는 직원 채용 인터뷰 때 어떤 대화를 나누는가. 좋은 인재를 채용하는 기술도 좋은 직원을 보유하고 있는 것만큼 중요한 일임엔 분명하다.

참/고/문/헌

김기영, 『호텔주방관리론』, 백산출판사, 2000.
한국외식산업연구소, 『외식사업경영론』, 1995.
이학종, 『인적자원관리』, 세경사, 1990.
정종진 외, 『인적자원관리』, 법문사, 1996.
양창삼, 『인적자원관리』, 법문사, 1993.
김충호, 『호텔인사관리』, 형설출판사, 1994.
Law, C. M., 『Training Foodservice Employees』, Genevieve La Greca, 1988.
Scanlon, N., 『Restaurant Management』, New York: Van Nostrad Reinhold Co., 1993.
C.C. Constance and M.J. Becker, 「Job satisfaction and Performance, An Empirical Test of Some Theoretical」, Organizational Behavior and human Performance, Vol. 9, 1973.
C.E. Jurgenson, 「Job Perference」, Journal of Applied Psychology, Vol. 42, 1978.
E.A. Locke, 「The Nature and Causes of Job Satisfaction」, Handbook of Industrial and Organizational Psychology, M.D. Dunnette(ed), Chicago Rand-Mcnally, 1976.
Edwin B. Flippo, 『Personnel Management』, New York: McGrow-l-lill, Inc, 1976.
E. Herzberg B. Mausner & B.B. Synderman, 『The Motivation to work』, John Wiely & Sons, 1959.
JG. March & H.A. Simon, 『Organization』, John Wiley & Sons, Inc., 1958.
Leonard Nadler, 『Human Resource Development: The Perspective of Business and Industry』, The National Center for Research in Vocational Education, The Ohio State University, 1988.
Michel Armstrong & John F. Lorentzen, 『Handbook of Personal Management Practice』, Englewood Cliffs, Prentice-Hall, 1982.
William B. Werther & Keith Davis, 『Human resources & Personnel Management』, New York, McGraw-l-lill, Inc., 1993.

12 Chapter 외식산업 위생 및 안전관리

1 개인위생

1. 개인위생의 개요

음식에 의해서 전염되는 질병은 40여 가지가 넘는다. 우리나라에서도 매년 수많은 사람들이 식중독을 경험하고 심지어는 목숨을 잃는 경우가 발생한다. 따라서 고객에게 안전하고 위생적인 음식을 제공하는 것은 종사원들의 가장 중요한 책임이자 의무이다.

청결한 몸 관리 및 개개인의 위생관리는 식중독 방지에 있어서 매우 중요하며 또한 고객들은 외식업소에 종사하는 종사원들로부터 받는 인상으로 그 외식업소를 평가한다. 그러므로 외식업소는 조직적인 방법으로 종사원들을 고용하고 훈련시키며 관리해야 한다.

특히 요리는 조리시작에서 완성될 때까지 여러 단계를 거치지만 고객은 요리 그 자체만을 볼 수 있기 때문에 만들어지는 과정에서의 위생은 조리사의 양심과 가치관에 달려있다. 우선적으로 조리 종사원은 정신적으로나 육체적으로 건강하여야 하고 위생관념이 투철하여야 하며 동시에 위생수칙을 생활화해야 할 것이다.

즉, 요리하는 사람 또 접대하는 사람과 고객 사이에 오염방지 장벽을 만들어야 한다. 오염방지 장벽이란 종사원들에게 안전한 음식에 대한 지식과 기술 그리고 진지한 태도를 철저하게 훈련시키는 것을 말한다. 따라서 업소 내의 책임있는 자나 업주는 종사원들에 대해 다음 사항을 명확히 교육하여야 한다.

① 종사원들에게 위생관리를 철저히 하게 한다.
② 식재료 취급 시 위생과 안전에 대한 요구사항을 규정하고 설명한다.
③ 계속해서 위생규칙을 지키는지 관리하고 감시한다.
④ 모든 위생에 관련된 사항은 우선 순위를 두지 말고 똑같이 중요하게 지키도록 한다.

2. 개인위생 점검사항

종사원이 모든 작업에 임하기 전에 자신이 어떠한 오염으로부터 안전한 상태를 유지하는 것을 개인위생이라고 하며, 종사원이 전염병이나 다른 오염에 감염되었을 때는 1차적인 감염에 그치지 않고 다른 곳으로 전염시키는 중간역할을 하기 때문에 식품이나 기구오염보다 전염범위를 확산시킬 수 있는 요소를 지니고 있다.

다음은 외식업 종사원 중 조리사가 개인적으로 점검해야 할 개인위생 및 개인 복장사항이다.

1) 개인위생

① 감기, 인후염, 피부병 및 전염성 질환의 감염 시는 업무에 임하지 않는다.
② 손에 상처가 있을 때는 즉시 치료하고 직접적인 조리업무에는 임하지 않는다.
③ 손은 항상 깨끗이 유지한다.
④ 손톱은 짧게 깎고 반지는 끼지 않는다.

⑤ 신체를 청결히 유지하고 위생복은 항상 깨끗한 것을 입는다.

⑥ 조리사는 위생복을 착용한 상태에서 의자 외에 바닥에 앉지 않는다.

⑦ 음식물 앞에서는 기침이나 재채기를 하지 않는다.

⑧ 음식물은 작은 공기에 덜어서 맛을 보며 국자나 기타 조리용기 사용은 금한다.

⑨ 위생복을 착용한 상태로는 화장실 출입을 금해야 한다(최소한 앞치마, 모자는 벗어놓고 작업화는 갈아 신어야 한다).

⑩ 칼자루는 항상 깨끗이 씻어야 하며 칼을 잡고 일하던 손은 깨끗이 씻은 후 음식물을 만진다.

⑪ 소독된 일회용 손수건을 청결히 휴대하여야 하며 개인용 손수건 사용은 금한다.

⑫ 조리사는 항상 건강을 제일로 생각하고 자신의 건강에 관심을 가지며 과로, 수면 부족 등을 피한다.

⑬ 조리사는 정기적인 신체검사 및 예방접종을 받는다.

⑭ 항상 손을 씻는 습관을 기른다. 용변 후, 식전이나 식후 외출에서 돌아왔을 때, 돈이나 전화기를 만지거나 문을 열고 닫은 후 기회가 있을 때마다 손을 씻는다.

2) 개인복장

① **조리모**: 한쪽으로 기울어지지 않고 짧게 깎은 머리카락이 귀 윗 부분부터 덥힐 수 있도록 하고, 모자의 모양이 구부러지거나 구겨진 부분이 없도록 한다.

② **상의**: 상의의 이중단추는 여러 가지 기능을 갖추고 있다. 작업 시에 발생할 수 있는 오븐이나 스토브의 급속한 열을 차단해주고 뜨거운 음식물이 튀었을 때에도 일차적으로 몸을 보호해주는 역할을 한다. 따라서 상의 단추는 완전히 잠그고 가능한 한 면으로 된 단추를 사용하고 양쪽소매는 조리 시에 불편함이 없도록 2번 정도 접어 손목이 5cm 이상 노출되도록 올린다.

③ **하의**: 허리 사이즈가 알맞은 것으로 길이는 안전화의 윗부분이 살짝만 덥히는 것이 좋고 벨트착용으로 움직임을 방지한다.

④ **앞치마**: 뒤로 둘러 배꼽까지 돌아와 단단히 묶을 수 있어야 하고 남는 끈은 팔

이나 다른 물건에 걸리지 않도록 단단하게 묶어 안으로 밀어넣거나 리본형식으로 단단하게 매어준다.

⑤ **머플러:** 뜨거운 열이 발생하는 주방에서 작업하는 동안 많은 양의 땀을 흘리게 되는데 땀을 닦아내기 위해서 손을 사용하면 불결하기도 하고 세균에 감염될 우려가 있는데 머플러는 손을 대지 않더라도 흡수가 되어 닦아주는 효과를 내고 있다. 그뿐만 아니라 머플러는 뜨거운 요리재료나 다른 이물질이 목에 남아 있는 공간으로 들어가는 것을 방지해 준다. 머플러의 이러한 기능을 최대한 발휘하기 위해서는 머플러의 재질이 순면으로 수분흡수가 잘 되어야 하고 그 크기가 적당하여 목에 감싸는 데 불편함이 없어야 하며, 착용 시 목 부분에 공간이 많이 생기지 않도록 해야 한다.

⑥ **안전화:** 바닥이 미끄러울 때 다른 신발에 비하여 안전성을 높여 미끄러지는 것을 방지하고 위험한 물건이 떨어지거나 충격을 가하였을 때 그 충격을 흡수해 주는 보호역할을 한다. 안전화의 끈이 풀어지지 않도록 단단하게 묶어야 하고 나머지 끈은 짧게 처리하는 것이 바람직하다.

2 식품위생

1. 식품위생의 개요

고객에게 제공되는 음식물이 경영주의 철저한 사전관리로 안전하게 제공되어 식중독으로부터 고객을 보호할 수 있다면 이로 인해 발생할지도 모르는 업소의 위기를 방지할 수 있다.

일단 음식물은 식중독이 발생할 수 있다는 기본 인식하에 취급하여야 하며, 특히 오염에 쉽게 감염되는 음식물은 보다 철저한 주의가 요망된다. 식중독에 관한 연구

자료를 보면 식중독 발병은 음식물을 처리함에 있어 가장 중요한 음식규칙을 준수하지 않은 경우가 대부분이다. 잘못된 음식처리가 미생물에게 가장 적합한 장소를 제공해주므로 음식물 처리 과정에서 실수가 없도록 재점검하는 일을 잊지 말아야 한다.

간편한 식음료를 제공하거나 편의식을 제공하는 업소는 재래식 업소보다 식중독 감염률이 적다. 왜냐하면 식재료의 회전율이 높고 또 저장이나 보관 등에 있어서도 비교적 복잡하지 않고 단순하기 때문이다. 그러나 일반업소처럼 영업시간이 길고 많은 메뉴를 취급하는 업소는 식재료의 보관이나 저장 그리고 활용에 많은 문제가 발생하기 때문에 각종 식중독 발생에 유의하여야 한다.

2. 오염방지

1) 식중독

음식물이 미생물이나 화학물질에 의해 오염되거나 변질된 것을 섭취하여 인체에 유해한 영향을 주는 것을 식중독이라 하며, 이러한 식중독은 다음과 같이 분류해 볼 수 있다.

••• 식중독을 호소하는 사건이 발생할 때

- 외부의 압력에 의해 과장되거나 삭제되는 일이 없이 서류 양식에 기재하는 조항마다 정확히 기록한다.
- 항상 예의 있게 진지한 태도로 설명을 듣고 논쟁하지 않도록 하며 다소라도 손해배상의 책임을 질 수 있는 언행을 삼가한다.
- 상대방이 자신의 입장을 충분히 설명하도록 기회를 주고 직원은 절대로 식중독 증세를 손님이 설명하기 이전에 미리 암시하여 주지 않는다.
- 기록은 그 당시 증세만을 기록한다. 당시의 증세는 식중독의 원인을 파악하는 데 도움이 되기 때문이다.

• 음식을 섭취한 내역을 찾아낸다. 대개 사람들은 식중독이 바로 섭취한 음식 때문이라고 믿고 있으나 많은 경우는 그 이전에 섭취한 음식에 의해 식중독 증상이 나타나기 때문이다.

(1) 세균성 식중독

① **감염형**: 음식물 중에서 증식한 세균 및 인체 내의 장관에서 증식한 세균에 의해 일어나는 식중독이며, 원인균은 살모넬라균, 비브리오균, 병원성 대장균, 웰치균 등이 있으며, 원인식으로는 어패류와 육류 및 그 가공품, 채소 샐러드, 우유 및 유제품, 조류의 고기 및 알 등이 있다.

② **독소형**: 음식물에서 세균이 증식할 때 발생되는 독소를 섭취하여 일어나는 식중독이며, 원인균으로는 포도상구균이 대표적이며, 원인식으로는 어육 및 수육가공품(통조림), 우유 및 유제품에서 발생한다.

(2) 화학성 식중독

① **자연독에 의한 식중독**: 버섯이나 복어 등 식자재 내에 함유되어 있는 독소류에 의한 식중독이다.

② **첨가 혼입독에 의한 식중독**: 식품첨가물 및 용기 또는 포장 등에 유해성분이 기준치 이상 함유되어 있으며, 채소나 과일류에 묻어있는 살충농약, 각종 공해에 의해 오염된 식재료(특히 어패류) 사용 등의 경우 발생되는 식중독이다.

• • • 냉장육 보관요령

냉장육은 동결되지 않는 저온(-1℃~1℃)에서 저장하는 것으로 다음과 같은 보관요령을 잘 지켜야 신선하고 육즙을 다량 함유한 냉장육을 즐길 수 있다.

1. 온도변화를 최소화 - 냉장육은 도축, 가공처리, 진공포장 시까지는 작업실의 온도를 15℃에서 18℃를 유지시키고 이후 진공포장이 된 후 유통, 판매, 음식을 만들기 직전까지 -1℃~2℃ 내에서 보관을 하면서 온도변화를 최소화해야 한다. 4℃ 이

하로 온도를 유지시키지 못하면 혐기성 박테리아가 생성, 지방 변패의 커다란 원인이 된다.

2. 진공포장은 뜯은 즉시 사용 원칙 – 진공포장은 산소를 차단, 호기성 박테리아의 번식을 억제시킨 것으로 진공포장을 뜯으면 다시 산소와 접촉하기 때문에 단시일 내 소비하지 않으면 변패의 원인이 된다. 냉장육이 공기와 접촉하면 육색이 선홍색에서 검붉은 색으로 변하고 악취가 발생하거나 식육표면의 수분이 감소, 감량이 일어날 수 있다. 따라서 진공포장을 뜯었을 경우에는 건조 공기와의 접촉을 피하고 남은 고기는 접시 위에 올려 주발로 덮어두는 것이 좋다.
3. 위생적으로 보관–비위생적으로 냉장육을 취급하면 혐기성 박테리아를 생성시키거나 악취와 육색이 변하게 되므로 위생적으로 보관을 해야 한다.

2) 식중독 예방

(1) 음식물 관리

모든 세균이나 박테리아는 살아남기 위해서는 영양급원이 필요하다. 육류, 생선, 가금류 등 높은 단백질을 함유한 음식물은 세균이 번식하기 좋은 여건을 갖추고 있다. 우리가 흔히 사용하고 있는 달걀, 잡곡, 채소류에도 세균이 성장할 수 있는 영양분이 충분하기 때문에 이러한 재료로 만들어진 음식물은 완성 후에도 관리를 게을리 해서는 안 된다. 따라서 일단 조리된 음식은 즉시 사용함이 원칙이며 불가피한 경우 밀봉냉장, 냉동 등의 적절한 조치를 취해야 한다.

(2) 온도관리

온도는 세균번식 및 사멸에 가장 중요한 요소로 작용한다. 일반적으로 세균은 0℃ 이하와 80℃ 이상에서는 발육하지 못하며 대체로 고온보다는 저온에서 저항력이 강하다. 세균이 증식하는 데는 세균에 따라서 조금씩은 차이가 있지만 '증식억제온도', '증식최적온도', '최고온도'로 구분짓는데 대부분의 세균들이 16~49℃에서 가장 빠르게 증식하는 것으로 알려져 있다. 그렇지만 세균의 증식가능 온도는 이보다 더 넓은 4~60℃로 시간에 비례하여 증식한다. 따라서 음식을 만들어 보관할 때는 60℃ 이상으로 가열하여 4℃ 이하로 냉각시켜 보관하는 것이 비교적 세균의 증식을 억제시키는 방법이기도 하다.

음식물 온도를 관리하기 위한 몇 가지 방안을 살펴보면 다음과 같다.

① 음식물을 식히는 과정에서 자주 저어 식는 시간을 단축시킨다.
② 일단 한 번 냉각한 음식물을 고객에게 제공할 때에는 필요한 양만큼 덜어서 데워낸다.
③ 미리 데워야 하는 음식은 일단 100℃ 이상 가열한 다음 보관한다.
④ 냉각한 음식을 보관하는 냉장고의 온도는 4℃ 이하를 유지할 수 있도록 한다.
⑤ 냉장고의 물건적재를 복잡하게 하지 말고 냉기순환이 잘되도록 한다.
⑥ 찬 음식을 만들 때는 그 재료들도 식혀서 사용한다.
⑦ 냉동된 재료를 녹일 때는 냉장상태에서 시간을 두고 녹인다.
⑧ 전자렌지나 기계를 이용하여 냉동된 재료를 해동할 때는 즉시 요리하여 제공한다.

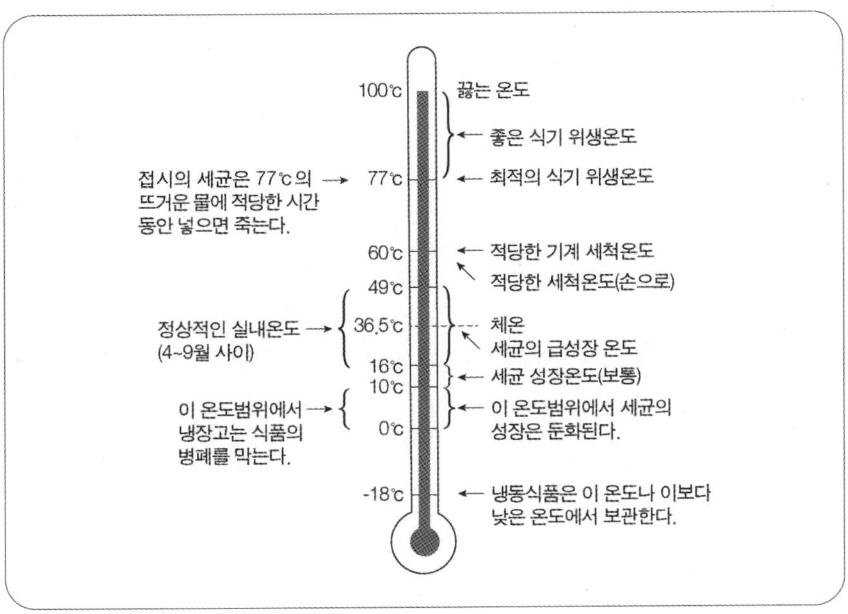

〈그림 12-1〉 온도와 세균과의 관계

(3) pH관리

일반적으로 세균은 중성 혹은 알칼리성에서 잘 번식하고 효모나 곰팡이는 산성에서 증식이 잘된다. pH의 범위 안에서는 세균의 증식이 사멸되지 않고 존재하며 pH 6.6~7.5 사이에서 증식이 왕성하지만 pH 4.6 이하로 떨어지면 증식이 정지된다.

따라서 산성재료인 레몬주스나 토마토, 식초는 세균이 증식할 수 없는 환경을 가지고 있다고 할 수 있다. 이와 같이 산도를 지닌 재료라 할지라도 온도, 습도 등에 영향을 받기 때문에 전적으로 신뢰하기는 힘들다.

구분	pH	재료
산성류(acid)	0	
	1.0	
	2.0	라임, 레몬(lime, lemon)
	3.0	일반적인 마요네즈(mayonnaise)
	4.0	오렌지 주스(orange juice)
	4.6	바나나(banana)
	5.0	채소류(vegetable)
	6.4	육류(meats & poultry)
중성(neutral)	7.0	물, 생선류(distilled water, fish)
알칼리성 (alkali)	8.0	옥수수와 크래커류(hominy, crackers)
	8.5	베이킹 소다를 탄 물(baking soda in water)
	9.0	
	10.0	
	11.0	
	12.0	암모니아(ammonia)
	13.0	
	14.0	

〈그림 12-2〉 일반적인 재료의 산도

• • • PL법의 기원

1963년 미국의 그린맨(Green man)이라는 소비자가 소매상에서 구입한 목공 선반을 사용하다가 기계결함으로 튀어 오른 나무파편에 눈을 다쳤다. 그는 기계부품을 고정시키는 나사못에 결함이 있다고 하여 제조회사와 소매상의 과실에 대해 제소, 캘리포니아 대법원은 소매상은 책임이 없고 제조회사가 제조결함에 대해 책임을 져야 한다고 판결을 내렸다. 이후 미국에서 제조결함을 근거로 한 PL법이 도입되었다.

• • • PL법이란?

2002년 7월 1일부터 시행된 제조물책임법(product liability: PL법)에 따라 외식 및 식품업계에 비상이 걸렸다.

PL법은 국민회의 추미애 의원을 비롯한 91명이 국회의원이 1999년 11월 5일 국회에 제출한 결함제조물책임법안이 1999년 12월 16일 국회 본회의를 통과하여 제조물책임법(법률 제 6109호)으로 확정되었다. 그 후 정부에 이송되어 2000년 1월 12일 공포되고 2002년 7월 1일부터 시행하게 되었다. 하지만 당시 국내 대부분의 기업들은 PL법에 대한 인지도와 관심도가 부족한 것으로 나타났으며 이는 외식업계도 마찬가지였다.

PL법이란 제조물의 결함으로 인해 발생한 손해에 대해 판매자나 제조자가 피해자에게 민법상의 배상 책임을 지는 것을 말한다. 자동차의 급발진 사고로 인한 손해보상 소송 및 전 세계 담배 시장을 떠들썩하게 했던 임산부 및 청소년에 대한 경고문으로 인한 소송 등이 가장 대표적인 PL법 소송의 사례라 할 수 있다. 그러나 현재의 PL법이 대부분 제조물에만 초점이 맞춰져 있고 또 아직까지 외식업의 경우 이렇다 할 PL법 소송 사례가 없다 보니 담당자들은 그 적용범위가 어디까지며 또 어떤 대비를 해야 하는지에 대해 막막한 실정이다(현재 외식업의 경우 고객의 주관적인 판단이 개입될 수 있는 서비스에 대한 부분은 제외다). 제조자 책임은 이미 세계적인 추세이다. 미국은 1916년 맥퍼슨-뷰익자동차 소송사건에서 무과실 입증책임을 소비자에게서 제조업자에게로 넘겨 제조물책임법의 기본개념이 성립, 1963년 공식적으로 법이 제정 · 공포했다. 유럽은 1985년 '제조물책임에 대한 EC지침'을 채택한 이래 모든 유럽 국가들이 이 법을 시행하고 있으며 일본도 1995년 제조물책임법을 발효했다. 이외에 브라질(1991년), 필리핀(1992년), 중국(1993년)을 포함해서 세계 30개국이 시행 중이다.

우리나라도 PL법의 시행으로 여러 가지 제품들이 PL소송의 위험에 놓여 있으며 음식물 역시 많은 PL소송을 받을 수 있는 위험한 품목 중 하나로 여겨지고 있다. 특히 음식물은 농업, 수산업, 축산업 등 모든 산업이 연관되어 있는 원료단계에서부터 원료의 구매로로 이어지는 유통의 단계 등 최종 소비를 하는 순간까지의 모든 단계가 제조물 책임을 추궁당할 수 있는 위험에 노출되어 있다(농수산물 등 1차 생산물은 PL법에서 제외된다).

또한 악성 음식물을 소비자가 섭취해 체내에 유해물질을 축적함으로 인한 악영향도 문제 제기가 가능하며 각종 식중독 사고도 제조물 책임을 받을 수 있다.

최근 테이크 아웃 문화의 확산에 따라 발생할 수 있는 포장용기의 재질이나 결함, 또는 포장용기에 표기를 해야 할 여러 가지 내용의 미표기 및 표시 방법으로 인해서도 제조물책임법에 저촉될 우려가 있다.

음식물은 외관의 모양이 다르다 하여도 음식물을 구성하고 있는 원재료는 각종 농수산품으로 이루어져 있으며 이렇게 이루어진 원재료에 각종 2차 원료를 추가하는 등 여러 가지 과정을 거치는 특성이 있으므로 이러한 과정에 대한 업주 및 관계자의 철저한 식품안전 위생 관리안이 제조물 책임으로부터 보호 받을 수 있는 예방책이다.
업주 및 회사의 PL 관리자는 여러 가지 식품가공 과정에 있어서 식품안전위생관리를 실시할 때 직원 및 작업원의 안전위생관리 및 각종 화학반응, 사용 중인 기물의 관리에 기본을 두고서 업장의 식품위생관리를 해야 한다.
마지막으로 업주 및 회사 관계자들은 PL소송 발생 시 자체적으로 실시한 미생물 검사 기록, 용기 및 내용물에 대한 자체 검사 기록, 성분 기록 등을 보존할 의무가 있다.
2002년 7월 1일부터 시행될 PL법으로 인해 인터넷을 이용한 PL피해 신고센터를 각종 법률단체에서 운영하고 있으며 식품에 관한 소송의 경우 개인적 소송보다 피해자들의 단체 소송도 예상되고 있다.
이에 따라 최근에는 이러한 PL소송으로부터 회사와 업주를 보호하기 위한 각종 보험상품이 출시되고 있기도 하다.
이처럼 PL법은 소송을 당하는 업체의 생존 여부를 결정지을 수 있을 만큼 강력한 파워를 가지고 있다. 근본적으로 PL법은 소비자를 보호하기 위한 법인만큼 PL법의 법망에 저촉되지 않는 최선의 방법은 철저한 위생관리뿐이라 할 수 있다.

3) 위해요소중점관리(HACCP: hazard analysis critical control point)

HACCP란 '위해요소중점관리기준(hazard analysis critical control point)'의 약어로서 식품위생법의 정의에 따르자면 "식품의 원료관리 및 제조 · 가공 · 조리 · 소분 · 유통의 모든 과정에서 위해한 물질이 식품에 섞이거나 식품이 오염되는 것을 방지하기 위하여 각 과정의 위해요소를 확인 · 평가하여 중점적으로 관리하는 기준"이다.

hazard(위해요소)란 인체의 건강을 해칠 우려가 있는 생물학적, 화학적, 물리학적 인자를 말하며, CCP(중점관리기준)란 HACCP를 적용하여 식품의 위해를 방지, 제거하거나 안전성을 확보할 수 있는 단계 및 공정의 두 가지로 나뉜다.

1962년 미 Pilsbury사가 우주식공급을 시작할 때 NASA가 요구했던 '무결점, 프로그램'의 기준에 맞추기 위해 미생물 제어용으로 처음 쓰였으나 오늘날에는 유독물질, 이물질 제어를 위해서도 쓰인다.

일반적인 CCP는 i) 시설, 설비의 위생유지 ii) 기계, 기구의 위생 iii) 종사원의 개인

위생 iv) 일상의 미생물 관리 체계 v) 미생물의 증식억제, 온도관리로 이루어진다. HACCP은 〈표 12-1〉와 같은 7단계에 따른 계획작성과 실천에 의해 이루어진다.

〈표 12-1〉 HACCP의 7단계에 따른 계획작성과 실천

단계		내 용
1	위해분석 및 위험평가 (HA: hazard analysis)	: 생산품목의 제조공정도를 작성해서 품목별 원재료, 장치, 기계, 제조 공정 등에 대한 위해분석을 실시 후 적용 가능한 조치를 고려한다. (배제가 불가능할 시 허용한도 등도 고려한다) ex) FDA의 세 가지 위해 분류 ① 제품에 통상적 환경에서 잠재적 오염원이 될 수 있는 성분이 있는가? ② 제조 공정 중 미생물 사멸을 위한 공정이 있는가? ③ 수·배송, 소비자 취급 중 미생물 증식이 일어나 이로 인한 건강 문제가 생길 수 있는가?
2	중요 관리점의 결정	: HACCP을 적용하여 식품의 위해를 제거, 방지할 수 있거나 안전성을 확보할 수 있는 단계 혹은 공정을 결정해야 한다.
3	각 CCP에 대한 관리기준 설정	: 위해요소의 관리가 한계치 설정대로 충분히 이뤄지는지 판단하기 위한 기준을 설정하는 것으로 관리기준(specifications)과 한계기준(critical limits)으로 나뉜다.
4	CCP에 대한 monitoring	: monitoring이란 위해요소의 관리 여부를 점검하기 위해 실시하는 관찰 측정수단이다.
5	CCP 기준을 벗어날 경우의 개선조치	: 위해가 일어나기 전 공정을 바꾸고 관리가 유지되도록 조치를 취해야 하며 책임은 개선조치를 한 개인에게 있다.
6	기록 유지방법 설정	: 효과적 recall제의 실시를 위해 필요하다.
7	확인(verification)	: 제조업자나 관리감독기관의 검증이 필요하다. 서류상 기록의 재검토와 미생물, 물리, 화학적 검사 등이 포함된다.

자료: 세계 각국의 HACCP 제도와 규정, 한국 HACCP 연구회, 1997, p.33.

HACCP제도는 식품안전성의 관리도구로서 원료에서 가공, 소비자까지 포괄적으로 적용되는 위생대책이며 기술과 과학을 바탕으로 위해요인이 소비자에게 도달되기 전에 방지되도록 할 수 있어 효적인 식중독 예방대책으로 꼽힌다.

위생상 가장 중요한 부분에 중점투자가 가능해지고 문제 발생 시 책임소재를 확실히 할 수 있으며, 자율적으로 발생 가능한 위해의 예측, 관리 방법을 설정할 수 있을 뿐 아니라 CCP설정 후에도 변형하여 품질을 증진시킬 수 있다. 재료의 변질에 따른 손실도 방지할 수 있음은 물론이다.

우리나라는 HACCP제도를 1996년 12월 5일 보건복지부 식품위생법의 제32조2의 제1항에 의해 고시하였다. 국제적 추세가 식품위생 관련규정에 의한 관리체계, 식품위생검사 & 식품생산품검사, GMP 등의 시설점검, 경험 위주의 위생관리에서 식품의 안전성 확보를 위한 위해요소의 사전적이며 과학적 관리인 HACCP을 도입하는 방향으로 바뀌고 있고, 우리 식품의 수출과 외국에서 들여온 비위생적 식품의 유통금지를 위해서도 국제기준화 되어가는 HACCP의 도입이 필요하다.

또한 FAO/WHO Codex 위생관리위원회는 위생분야에 HACCP개념을 근거로 한 위생규격, 기준을 설정하도록 권고하고 있다.

(1) HACCP원칙의 적용순서

① HACCP team의 설치

제품에 대한 특별한 지식이나 전문적 기술을 가지고 있는 사람으로 구성된 team을 설치한다. 이 경우 전문가 집단만으로는 필요한 정보를 얻을 수 없는 경우 다른 정보원으로부터 전문적인 조언을 받아야 한다.

② 제품에 관한 기록 작성

HACCP system을 적용시키고자 하는 대상 제품에 대하여 그 성분 조성에 관한 정보 또는 유통조건 등의 내용을 충분히 기재한다.

③ 알려진 용도의 확인

어떤 제품의 용도는 최종 사용자 또는 소비자가 그 제품을 무슨 용도로 사용하는가에 근거하여야 하며, 제조자로부터 출하된 제품은 어디에서, 누가, 어떠한 용도로 사용될 것인가를 가정하여 위해분석을 실시한다.

④ flow diagram의 작성

HACCP team은 제조공정의 흐름을 그림으로 작성하여야 하며, 어떤 작업구역 내의 각 단계에 대한 flow diagram을 작성하는 데 있어 특수한 부분에 해당되는지의 여부를 상세히 분석한다. 어떤 공정을 HACCP system으로 적용시킬 경우 그 전후의 단계에 대하여도 검토한다.

⑤ flow diagram의 현장검증

HACCP team은 flow diagram에 기재한 모든 단계에 걸쳐 조업시간 중의 실제 작업 공정을 확인하여 필요할 경우 공정흐름도를 수정하여야 한다.

⑥ 각 단계에 관련된 모든 위해 list의 작성 및 위해를 줄이기 위한 모든 예방방법을 검토한다.

(2) 미국의 HACCP system(식품제조에 관한 원칙)의 적용과 해설

미국에서는 1988년 국립과학아카데미(NAS)의 식품보호위원회의 미생물기준에 관한 분과위원회의 권고에 따라 식품의 미생물기준에 관한 자문위원회(national advisory committee on microbiological criteria for foods: NACMCF)가 설치되었다. 이 위원회는 USDA, FDA 등 행정당국 외에 식품과학 및 미생물 등 관련분야 전문가로 구성되어 있다. 1989년 11월에 이 위원회로부터 "HACCP-식품 제조에 관한 원칙"(HACCP-principles for food production)이란 간행물이 공표되었다. 이 내용은 미국에서의 HACCP 제도의 지침서로서, HACCP에 관한 원칙 이외에도 용어의 내용 등이 구체적으로 제시되어 있어 이를 해설하고자 한다.

① HACCP system에 관한 용어 내용

- HACCP: 식품의 위해분석(hazard analysis: HA) 및 중요관리점(critical control point: CCP) 감시를 조합한 식품의 생산공정의 위생 및 품질관리방법이다.
- 위해(hazard): 소비자의 건강장애를 일으킬 우려가 있어 허용될 수 없는 생물적 · 화학적 · 물리적인 특성이다.
- 미생물 위해(microbial hazard): 병원미생물 이외에 식품의 품질 및 보존성에 영향을 미치는 미생물(세균 · 곰팡이 · 효모) 등의 오염 · 증식 · 생존 및 그 유독 대사산물(독소 · 효소 · 생체 아민 등)의 산생에 따른 건강장해 및 부패 · 변패에 의한 경제상의 손실도 포함된다.
- 위해분석(hazard analysis: HA): 가공식품의 원재료인 가축 · 가금 · 채소 · 과일류 · 어패류 등에 대하여 그 발육 · 생산 · 어획 · 채취 단계에서 시작하여 원재료의 보존 · 처리 · 제조 · 가공 · 조리를 거쳐 제품의 보존 · 유통단계를 지

나 최종적으로 소비자의 손에 들어올 때까지의 각 단계에서 발생할 우려가 있는 미생물 위해의 원인을 확정하고, 그 위해의 중요도(severity) 및 위험도(risk)를 평가하는 것이다.

- 중요관리점(critical control point: CCP): 어떤 식품의 제조 · 유통체계에 있어 관리하지 않으면 건강장해를 일으킬 우려가 있는 장소 및 방법을 말한다. 여기서 관리점이란, 원래 위해를 제어하는 장소를 지칭하는 말이지만, 현재 CCP에는 중점적으로 감시(관리)하는 것에 추가하여 위해를 제어하는 조치 · 방법 또는 공정을 전부 의미한다.
- CCP의 기준 또는 위험도의 한계(critical limit): 하나의 CCP에 있어서, 그것이 미생물 유래의 위해 예방에 효과적인 역할을 하고 있음을 보증하기 위하여 정해진 하나 또는 그 이상의 미리 설정된 허용한계(기준)이다.
- 일탈, 벗어남(deviation): 하나의 CCP에 대하여 설정한 위험도의 한계(기준)에서 벗어나는 것이다.
- 감시(monitoring): 제품의 안전성을 유지하고 확보하기 위하여 하나의 CCP 또는 그 기준(위험도의 한계)에 대하여 정확한 기록을 얻도록 계획된 일련의 검사로, 측정 및 관찰을 행하는 것이다.
- 위험도(risk): 위해 또는 위험성이 있는지의 여부를 평가(추정)하는 것이다.
- 위해인자(risk factor): 식품에 의하여 발생하는 위해를 그 위해인자에 따라 A에서 F까지 6단계로 나누고, 하나의 잠재적인 위해를 기준으로 하여 가산 점수를 주는 방법으로 위해 발생의 정도를 나타내는 것이다.
- 위험도 분류(risk category): 식품은 그 위해(특성)인자에 따라 우선 순위를 정하여, Ⅰ~Ⅵ의 6단계로 분류한다. 이때 위험도가 전혀 없는 범위를 0으로 한다면, 식품을 그 위험도로 볼 때 7 category로 분류한다.
- 검증(확인시험, verification): HACCP방법에 따른 관리(감시)가 당초의 계획서대로 정확하게 실시되고 있는지의 여부를 확인하고, 또한 증명하기 위한 방법과 방식 및 검사를 뜻한다.

- 감수성 있는 성분(sensitive ingredient): 이미 알려진 병원균의 증식이 용이한 식품성분을 말한다.

② HACCP에 관한 7원칙

- **원칙 1**: 성장발육, 수확, 신선 원재료 및 각종 재료는 물론 제조 · 가공 · 수송 · 배송 · 판매 및 최종제품의 소비에 이르기까지의 각 단계에서 발생할 우려가 있는 위해 및 위험도를 평가할 것. 그리고 각 단계에서의 위험도를 허용 수준까지 저하시키기 위한 방지대책을 강구할 것.
- **원칙 2**: 확인된 위해의 방제에 필요한 중요관리점(CCP)를 결정할 것.
- **원칙 3**: 결정된 CCP에 대하여 각각의 적합한 관리기준(위험도한계)를 설정할 것.
- **원칙 4**: 각 CCP의 감시(관리)방법을 정할 것.
- **원칙 5**: 하나의 CCP를 감시할 때, 기준에서 벗어남(일탈)이 확인된 경우 취해야 할 수정조치를 미리 정해 둘 것.
- **원칙 6**: HACCP계획의 문서에는 효과적인 기록 보존방법을 정하여 기재하여 둘 것.
- **원칙 7**: HACCP 방법이 정확히 실시되고 있는지의 여부에 대한 검증방법을 정해 둘 것. 검증방법에는 생물학적 · 물리적 · 화학적 및 관능적 방법이 포함됨. 그리고 필요에 따라 각각의 항목에 대한 기준을 설정할 것.

③ HACCP의 적용 범위

HACCP system은 원래 우주식의 안전성 확보, 특히 병원미생물 대책을 목표로 개발한 관리방법이다. 그러나 이 방법은 식품의 생산에서 시작하여 가공 · 제조 · 유통을 거쳐 최종 소비자에게 이르기까지의 모든 단계에서 발생하는 위해의 방제에 적용되는 것이다. 즉, 식품에 기인하는 여러 가지 유해성 · 위험성 중에는 병원미생물과 그 유독 생산물 및 대사산물, 잔류농약 등 화학성 잔류물, 물리적인 이물의 오염문제는 물론, 경제적인 위조 · 변조 또는 원재료, 제조공정, 저장조건, 배송체계 등에 유래하는 위해문제 등의 관리 · 제어 등에도 적용할 수 있다. 다시 말하면 HACCP방법은 식품생산의 초기단계부터 제조 · 가공공정을 거쳐 최종 소비에 이르기까지 일관된 안전성 확보대책으로 적용하는 관리방식으로서 현재 WHO에서는 이 방식을 병원미생물 제어 이외의 분야에 대하여도 적용하고 있다.

가. 식품의 위해(특성) 요소

- class A: 특별한 class로서, 무살균의 제품으로 위해 감수성이 높은 사람, 즉 유유아, 고령자, 허약자 또는 면역기능 결핍자 등의 소비를 목적으로 만든 제품으로 그 취지가 표시되어 있는 것.
- class B: 병원미생물의 증식을 용이하게 하는 '상하기 쉬운 성분'이 들어있는 것.
- class C: 제조 공정에는 유해한 미생물을 살균시키기 위한 관리된 살균공정이 들어있지 않은 것.
- class D: 가공 후 포장까지의 단계에서 2차 오염의 우려가 없는 것.
- class E: 운반 중 또는 소비자의 취급 단계에서 잘못 취급될 우려가 많으며, 이렇게 취급된 식품을 섭취하면 건강장해를 일으킬 우려가 있는 것.
- class F: 포장 이후 또는 가정에서 조리할 때에 최종적인 가열을 거치지 않고 섭취하는 것.

전술한 A에서 F까지의 위해요소에 따라 식품을 분류하는 것으로, 종래의 NAS의 분류(1969년)에서는 식품을 위험도에 따라 Ⅰ에서 Ⅴ까지 5단계로 나누었으나, 이번 NACMCF(1989년)의 위험도 분류에서는 다음과 같이 Ⅵ에서 0까지 7단계의 범위로 나누고 있다.

더욱이 과거의 분류에서는 category Ⅰ이 가장 위험도가 높은 식품으로 Ⅱ, Ⅲ, Ⅳ, Ⅴ로 감에 따라 위험도가 저하되고 있었으나, 이번의 분류에서는 그 순서가 역전되어 위해성이 거의 없는 것이 0이며, 수가 가해짐에 따라 위험도가 높아진다.

나. 위험도에 따른 식품의 분류

- Category Ⅵ: 여기에는 위해에 대하여 민감한 자, 즉 유유아, 고령자, 허약자 또는 면역기능 결핍자 등이 소비하기 위하여 만들어진 것으로 그 취지가 표시되어 있는 무살균 제품(위해요소 Class A의 식품은 자동적으로 이 범위에 들어간다)

- Category Ⅴ: 다섯의 일반적 위해요소를 갖는 제품으로서 위해요소 Class B, C, D, E, F가 다 포함됨.
- Category Ⅳ: B에서 F까지의 위해요소 중 4개의 +를 갖는 제품
- Category Ⅲ: B에서 F까지의 위해요소 중 3개의 +를 갖는 제품
- Category Ⅱ: B에서 F까지의 위해요소 중 2개의 +를 갖는 제품
- Category Ⅰ: B에서 F까지의 위해요소 중 1개의 +를 갖는 제품
- Category 0: 위해 발생의 우려가 없는 제품

다음 〈표 12-2〉는 실제적인 사례를 들어본 위해요소이며, 〈표 12-3〉은 위해요소에 따른 가공식품의 위험도 분류에 대하여 우리나라 가공식품을 예로 들어 나타내었다. 또한 같은 품목이라도 제조방법이나 보존·유통방법에 따라 위해요소가 달라질 수 있으므로 실제의 경우 〈표 12-3〉에 나타낸 범위(category)가 변할 가능성이 있다.

〈표 12-2〉 식품의 위해 요소

class	위해특성	식품예
A	무살균 제품으로 위해감수성이 높은 사람(예: 유유아, 고령자, 허약자, 면역기능 저하자)을 위하여 만든 제품으로, 그 취지가 표시되어 있는 것(특별 class임)	
B	미생물의 증식을 용이하게 하는 상하기 쉬운 성분을 함유한 것	신선 어패류, 신선 소, 돼지, 닭고기 등
C	제조 공정에서 유해한 미생물을 살균시킬 수 있도록 관리된 살균공정이 없는 것	김초밥류, 빵 및 생과자류, 생식용 어패류
D	제품의 가공 후 포장까지의 단계에서 재오염을 받을 우려가 있는 것	도시락, 달걀말이, 어육연제품(무포장)
E	운반 또는 소비자의 취급 중 잘못 취급될 우려가 크며, 이것을 먹을 경우 건강피해를 받을 우려가 있는 것	양생과자, 반가공 조리식품, 즉석빵
F	포장 이후 가정에서 조리할 때 최종적으로 가열공정이 없는 것	김초밥류, 즉석빵

〈표 12-3〉 미생물 위해요소에 따른 가공식품의 위험도 분류

category	식품의 성상 및 위해 특성	식품 예
VI	A(+)특별 category 특별한 자(미생물에 민감한 자)를 대상으로한 식품	유아식, 노인식, 특정의 환자식
V	5개의 + (B-F까지) (생식용 무가열제품)	생선회 · 초밥 · 양과자 · 한과자 · 도시락 · 채소 샐러드
IV	4개의 + (B-F까지)	김밥 · 슈크림 · 달걀말이 · 샐러드류(마카로니 · 감자) · 도시락
III	3개의 + (B-F까지)	무포장 어묵류, 햄 · 소시지류, 햄버거, 즉석빵
II	2개의 + (B-F까지)	슬라이스햄 · 소시지
I	1개의 + (B-F까지)	포장 어묵류 · 건면류 · 식빵
0	위해 발생의 우려가 없는 제품	건과류 · 인스턴트커피 · 가공 김 · 알사탕류

(3) 위해분석(HA) 및 중요관리점(CCP)의 적용

가공식품의 원재료로 쓰이는 가축 · 가금 및 어패류 등의 피부 · 체표 · 소화관 등에는 성장발육과 사육 단계에서부터 상당한 미생물이 부착하거나 존재하고 있다. 또한 채소 · 과일류를 비롯하여 곡류나 곡분, 건조 재료 등도 결코 무균상태는 아니다. 극히 신선한 식육이나 닭고기에서도 종종 살모넬라(salmonella)나 캄필로박터(campylobacter)가 검출되고 있으며 신선 어패류에서도 장염비브리오 등의 병원균이 검출된다.

이 밖에도 소 · 돼지 · 닭 등의 온혈동물의 고기 · 내장 또는 젖 · 알에 의해서 인수공통전염병(zoonosis)의 병원체나 기생충(낭충 · 자충을 포함)이 매개된다는 사실은 오래전부터 알려진 바 있으며, 현재도 이들 질환은 계속 발생하고 있다.

신선한 소고기 · 돼지고기 · 닭고기 · 오리고기 등에서 살모넬라나 캄필로박터가 검출되는 것은 주로 이들 가축의 도살 · 해체 시의 2차 오염으로 인한 것이지만, 가축이나 가금은 사육단계에서 환경이나 사료 등을 통하여 감염되거나 오염되는 수가 많기 때문에 식육이나 내장 등의 무균화를 꾀한다는 것은 기술적으로 보아 아주 곤란한 것이다.

그러나 식육이나 가금육의 살모넬라, 캄필로박터, 병원대장균, 리스테리아(listeria)

균 등 병원균의 오염 문제는 현재 국제적으로도 커다란 관심사로서, 이들 병원균의 방제나 증식억제 등의 미생물 억제대책은 식생활의 안전성 확보 차원에서 필수적인 일이다.

따라서 여러 나라에서는 인수공통 질병의 예방 차원에서 도축검사제도를 확립하여 가축의 도살 전과 도살 후 해체 시에 감시 및 검사를 시행하고 있다. 그러나 현행의 도축감시나 검사에서는 특수한 경우를 제외하고는 식육의 미생물 오염도 검사업무까지 시행하고 있지 않았으며 세균학적 기준도 설정되어 있지 않았다. 설사 그 기준에 있어 살모넬라 등 병원균의 검사를 실시하더라도 검사 일수, 노력 및 경비 등의 관점에서 현실적으로 불가능한 일이다. 여기서 미국 문무성이 식육이나 가금육의 감시업무에 HACCP방법의 도입을 결정하게 된 것도 이와 같은 도축검사나 도계처리장에 대한 감시방법의 결함을 근본적으로 개선하여 보다 미생물적으로 안전하며 건전한 제품을 얻고자 하는 데 있다.

식육이나 어패류 등에 병원미생물이 오염되어 있다는 것은 결코 바람직하지 않다. 그러나 현실적으로는 병원균이나 부패균이 전무한 식육이나 어패류를 얻는다는 것은 곤란한 일이며 불가능에 가까운 일이다. 따라서 HA(위해분석)의 기본적 개념은 이들 식육 · 어패류 등의 신선 원재료에는 원래부터 병원균이나 부패균이 부착, 오염되어 있음을 전제로 하고 있다. 그 예로서 '생선 어패류에는 장염비브리오가 묻어 있다', '소고기 · 돼지고기 · 닭고기와 그 내장, 생달걀 · 건조란 및 우유류에는 살모넬라 · 캄필로박터 · 병원성대장균이 오염되어 있다' 등의 극단적인 생각을 하는 일이다. 그러나 이와 같이 원료로부터 유래하는 병원균이나 부패 · 변패 미생물을 어떻게 살균하고 이들 미생물의 증식을 확실하게 억제시키는 대책을 세우는 것이 중요한 일이지 미생물 자체의 부착이나 오염을 원천적으로 막는다는 것은 불가능한 것이다.

또한 이들 식품의 조리 · 가공공정, 용기 · 기구 · 포장과 시설장치 및 종사원의 손 등을 통해 일어나는 최종제품에의 2차 오염 방지대책을 강구함으로써 안전하고 양질의 제품을 얻도록 해야 한다. 이와 같이 미생물 제어를 중심으로 한 계획적인 자주위생관리를 하자는 것이 HACCP방법의 기본 목표라 할 수 있다.

• • • 광우병

광우병은 1980년대 초반 젖소의 우유 생산량을 늘리기 위하여 양과 소의 사체(死體)를 소의 사료 원료로 사용한 영국에서 1986년에 처음 발견됐다. 이 사료 원료에 양에서 광우병과 같은 증상을 일으키는 스크래피(scrapie)에 걸린 양이 포함됐던 것이 광우병의 원인으로 밝혀졌다. 광우병은 사람을 포함, 모든 동물에게서 정상적으로 발견되는 '프리온'이라는 단백질이 변형됨에 따라 발병하고 전염되는 것으로 추정된다. 광우병(mad cow disease)은 3년 이상 성장한 소에서 나타나는 퇴행성 신경질환으로 의학용어로는 '우해면상 뇌병증(bovine spongiform encephalopathy)'이라 한다. 광우병에 걸리면 뇌가 쪼그라들면서 스펀지처럼 구멍이 뚫려 죽는다. 특히 광우병이 사람에게도 옮겨 치명적인 '크로이츠 펠트 야콥병(CJD)'을 일으킬 가능성이 있는 것으로 알려져 있다. CJD는 감염자의 뇌에 프리온 단백질이라는 물질이 침투, 뇌 조직에 스펀지처럼 구멍을 만드는 등 광우병과 비슷한 증세가 나타나는 질환이다. 초기에는 사람을 잘 알아보지 못하다가 시간이 지나면서 치매증세를 일으킨다. 전 세계에서 1백만 명당 1명꼴로 감염되고 있다. 하지만 아직까지 광우병에 걸린 소를 사람이 먹을 경우 CJD가 발생하는지 여부에 대한 과학적 해답은 내려지지 않았다.

• • • 구제역

구제역(口蹄疫, foot-and-mouth disease: FMD)이란, 국제수역사무국(國際獸疫事務局, office international des epizooties: OIE)에서 지정한 가축의 A급 전염병(OIE list A disease)중 첫째로 꼽히는 악성전염병으로, 본래는 소에서 볼 수 있는 전염성 질병이지만 돼지나 양, 사슴, 코끼리 등과 같이 발굽이 둘로 갈라진 동물(우제류, 偶蹄類: cloven-hoofed animals)에서 나타난다. 체온의 급격한 상승과, 입, 혀, 발굽, 젖꼭지 등에 물집(수포, 水泡: vesicles)이 생기고, 식욕이 떨어져 심하게 앓거나 죽게 되는 것이 특징이다. 사람에 대한 감염은 문제시되지 않으며 우리나라의 가축전염병예방법(개정법률 제4,885호 : 1995. 1. 5)에는 제1종 법정 전염병으로 지정되어 있다. 좁은 pH 안정성을 가지고 있어 pH7.4~7.6에서는 안정하나, pH6 이하의 산성 또는 pH9.5 이상의 알칼리성에서는 급격히 파괴된다. 4℃ 이하에서는 단순배지 내에서도 수년간 보존의 가능하며 37℃에서는 10일 정도 생존이 가능하다. 56℃ 30분에서 대부분의 스트레인이 파괴되지만, 조직배양 또는 응용배지 내에서 어떤 스트레인은 80℃에서도 수 시간 동안 생존 가능한 것도 있다. 농림부에서 제시한 보고서를 보면 '구제역 바이러스에 감염된 동물이 내쉰 숨을 사람이 들이마실 경우 적어도 24시간 동안 몸속에 발병 이전 단계의 감염으로서 구제역 바이러스를 보유할 수 있다. 이 기간 동안 사람은 이 바이러스를 호흡기를 통해 다른 사람이나 동물에게 옮길 수 있다. 이런 일시적 감염이 발병으로까지 발전하는 경우는 드물다. 발병이 되면 작은 수포가 사람의 손, 발, 입 등에 발견된다. 하지만 '통상 회복이 빨라 구제역 바이러스는 공중위생보건상의 문제로 간주되지는 않는다.'라고 하여 인체에는 극히 적은 영향을 미친다. 우리나라의 구제역의 감염 경로에 대해서는 황사, 건초, 해외 여행객 등 3가지로 보고 있으며 주요 발생국은 아프리카, 남미, 아시아, 유럽 일부 등이다.

• • • 외식업체의 원산지 표시제의 의무화

2008년 8월 8일부터 소고기에 대한 음식점 원산지 표시제도가 모든 일반 · 휴게음식점 및 위탁급식소와 집단급식소까지 확대 · 시행되고, 이어 2008년 12월 22일부터 돼지 · 닭고기 등에 대한 원산지 표시가 의무화되었다.
농림수산식품부와 보건복지가족부, 국립농산물품질관리원, 식품의약품안전청 등 관계 당국은 유통거래 질서를 확립하고 생산자 판로확보 및 소비자에 정확한 정보를 제공 · 선택할 수 있도록 하기 위해 '원산지표시제도'를 시행한다고 밝혔다.
이는 기존 100m^2 이상 중대형 일반음식점 및 휴게음식점, 위탁급식소에만 적용되던 것을 규모에 관계없이 모든 음식점에 적용해 원산지 표시를 의무화한 것이다.
또한 학교 · 병원 · 기업체 구내식당 등 이용자의 선택권이 제한된 집단급식소의 쇠고기 원산지 표시도 의무화하고, 개정된 법이 적용되지 않는 50인 미만의 영유아 보육시설 및 유치원 등에는 복지부 · 교과부 등 해당 부처의 내부 관련규정에 따라 표시하도록 했다.
정부가 고시한 농산물품질관리법에서는 원산지 표시방법을 소비자가 쉽게 알아볼 수 있도록 메뉴판 및 게시판, 푯말 등 다양한 방법으로 추가적으로 표시하도록 명시되어 있다. 예를 들면 "우리 업소에서는 '국내산 쌀만 사용합니다'", "우리 업소에서는 '국내산 한우 소고기'만 사용합니다" 등이다.
국내산의 경우 '국내산'으로 표시한다. 단, 수입한 돼지를 국내에서 2개월 이상, 수입한 닭을 국내에서 1개월 이상 각각 사육한 후 국내산으로 유통하는 경우에는 '국내산'으로 표시하되 괄호 안에 수입국가명을 함께 표시한다. 예를 들면 삼계탕(국내산), 삼겹살 국내산(돼지, 덴마크산)으로 표시하면 된다.
또 국내가공품(수입가공품을 국내에서 가공한 것을 포함한다)의 경우에는 그 가공품에 사용된 원료의 함량순위에 따라 원료의 원산지를 표시하도록 돼 있다.

수입산의 경우 '삼겹살(덴마크산)', '삼계탕(중국산)'으로 수입국가명을 표시해야 한다.
원산지가 다른 돼지고기 또는 닭고기를 섞을 경우 '고추장불고기(국내산과 미국산 돼지고기를 섞음)', '닭갈비(국내산과 중국산을 섞음)'라고 표시하면 된다.
그 밖에 소고기, 돼지고기, 닭고기를 섞은 경우 '햄버그스테이크(소고기: 국내산 한우, 돼지고기: 덴마크산)'처럼 각각의 원산지 등을 표시하며, 국내산 돼지고기, 닭고기를 사용할 경우에는 '국내산'으로 표시하는 대신에 이를 생산한 시 · 도명이나 시 · 군 · 구명으로 표시한다.
원산지 표시 위반 시 3년 이하의 징역과 3,000만 원 이하의 벌금에 처하게 된다.
이에 따라 수입산 고기나 혼합육을 사용하는 업체들은 소비자의 기피현상을 대비해 국내산으로 바꿀 가능성도 전망된다. 이는 업체들의 원가부담을 가중시켜 식재료의 품질을 낮추게 되는 악순환까지 가져올 수 있다.
또한 모든 메뉴와 식재료가 고정되어 있는 것이 아니라 가격이나 계절에 따라 수시로 변한다는 것도 원산지 표시제에 대한 어려운 부분이다.
원산지 표시제도가 성공적으로 안착하면 소비자가 믿고 먹을 수 있으며 올바른 선택권을 보장할 수 있는 장점이 있을 것으로 보고 있다.
아울러 원산지와 품질을 투명하게 공개해 업체 간의 차별화를 두는 데도 큰 도움이 될 것이라는 전망도 있다.

3 안전관리

1. 안전관리의 개요

업장의 규모가 대형화되고 각종 기기들의 도입이 늘어남에 따라 규모도 대형화되고 있다. 이러한 업장의 대형화는 재해에서도 대형사고를 유발하게 되어 인명 또는 재산상의 손실을 불러일으키고 있다. 따라서 안전관리는 각 업장에서 발생할 수 있는 신체상, 재산상의 피해를 사전에 예방할 수 있는 대책과 실행을 의미한다. 특히 주방에서 개인적으로 발생할 수 있는 각종의 사고요인을 파악하고 조리 시 안전수칙에 대한 주의를 기울인다면 사고발생을 현저히 감소시킬 수 있을 것이다.

현대화된 조리장비는 업무능력을 향상시키는 데 많은 도움을 주고 있지만 잘못된 기기작동이나 부주의로 피해를 입는 경우가 자주 발생하고 있다. 또한 조리업무와 화기와는 불가분의 관계에 있으므로 화기로부터의 안전 역시 중요한 과제임을 인식하여야 할 것이다.

2. 개인 및 일반 안전수칙

1) 개인 안전수칙

① 칼을 사용할 때는 정신을 집중하고 안정된 자세로 작업에 임한다.
② 주방에서 칼을 들고 다른 장소로 옮겨갈 때는 칼끝을 정면으로 두지 않으며 지면을 향하게 하고 칼날은 뒤로 가게 한다.
③ 주방에서는 아무리 바쁜 상황이라도 뛰어다니지 않는다.
④ 칼로 캔을 따거나 기타 본래 목적 외에 사용하지 않는다.
⑤ 칼을 보이지 않는 곳에 두거나 물이 든 싱크대에 담가 두지 않는다.
⑥ 칼을 떨어뜨렸을 경우 잡으려 하지 않는다. 한 걸음 물러서면서 피한다.
⑦ 칼을 사용하지 않을 때는 안전함에 넣어서 보관한다.
⑧ 주방 바닥은 미끄럽지 않은 상태로 유지한다. 기름이나 물기를 제거한다.
⑨ 뜨거운 용기를 이동할 때는 마른 행주를 사용한다.
⑩ 뜨거운 용기나 수프를 옮길 때는 주위 사람들을 환기시켜서 충돌을 방지한다.
⑪ 뜨거운 수프에나 끓는 물에 재료를 투입할 때는 미끄러지듯이 넣는다.
⑫ 청결하고 몸에 맞는 유니폼과 안전화를 착용한다.

2) 일반 안전수칙

① 손에 물이 묻어있거나 물이 있는 바닥에 서 있을 때는 전기장비를 만지지 않는다.
② 전기장비를 다룰 때는 스위치를 끈 다음 만진다.

③ 각종 기계는 작동방법과 안전수칙을 완전히 숙지한 후에만 사용한다.
④ 스위치를 끈 것을 확인하고 기계를 조작하거나 닦는다. 기계가 작동을 완전히 멈출 때까지 기계에서 음식을 만지지 않는다.
⑤ 전기장비와 전기장치를 점검하고 전기코드를 꽂을 때 기계 자체에 부착된 스위치가 꺼져 있는가를 먼저 확인한다.
⑥ 작업이 끝나면 전기코드를 뽑기 전에 장비에 부착된 스위치를 먼저 끈다.
⑦ meat slicer를 청소할 때는 절단하는 칼날에 손이 닿지 않도록 거리를 두고 기계를 사용하지 않을 때는 칼날을 닫아 놓고 스위치는 항상 꺼져 있어야 한다.
⑧ 평소 냉동실의 문을 안에서도 열 수 있는지 확인하고 작동상태를 점검한다.
⑨ 호스로 물을 뿌릴 때 전기플러그, 각종 기계의 스위치에 물이 튀지 않도록 주의한다.

3. 방화 안전

1) 식당 안전수칙

① 맨 처음 출근자는 먼저 가스 누출과 냄새가 나고 있는지의 여부를 확인한다.
② 소방시설물 부근에는 장애물을 두지 말아야 한다.
③ 소화기는 잘 보이는 곳에 비치하고 사용 가능한 소화기인가를 확인한다.
④ 미끄러지기 쉬운 바닥은 청소를 해서 상해사고를 미연에 방지해야 한다.
⑤ 근무 중에는 이상한 냄새, 연기, 그리고 소리에 주의를 기울여야 한다.
⑥ 이상이 있을 때는 크고 작고를 가리지 않고 응급조치를 한다.
⑦ 위험물 및 유해물은 식품과 별도로 안전한 곳에 보관한다.
⑧ 최종 근무자는 화기단속 및 모든 사항을 확인한다.

2) 전기 안전수칙

① 콘센트에 플러그를 완전히 삽입하여 접촉 부분에서 열이 발생되지 않도록 한다.

② 스위치 및 콘센트, 플러그의 고정나사가 장기 사용으로 풀려 흔들릴 경우 위험하니 사용을 중지해야 한다.
③ 한 개의 콘센트에 여러 개의 전기기구를 사용하지 말아야 한다.
④ 스위치, 콘센트, 전기기구의 부근에 가연물, 인화물질이 없도록 한다.
⑤ 전기용량을 정격치보다 초과하여 사용하지 말아야 한다.
⑥ 스위치, 콘센트에 충격을 가하지 말고 물을 뿌리지 말아야 한다.
⑦ 물 묻은 손으로 스위치 콘센트 전기기구를 다루지 말아야 한다.
⑧ 비닐코드는 사용치 말아야 한다.
⑨ 전기기구 사용 중에는 자리를 비우지 말고 사용 후 플러그를 빼 놓아야 한다.
⑩ 커피포트 및 전기히트와 같은 용량이 많은 전열기는 사용하지 말아야 한다.

3) 가스 안전수칙

① 도시가스는 냄새가 있어 새는 것을 쉽게 알 수 있으며 공기보다 가벼우므로(LPG 경우는 공기보다 무겁다) 가스가 새면 높은 곳으로 몰리기 때문에 사용 전 반드시 환기를 잘 시켜야 한다.
② 연소기기 부근에는 불붙기 쉬운 가연성 물질(호스 등)을 두어서는 안 된다.
③ 가스가 새지 않나 알기 위하여 콕과 연결부, 호스를 비눗물로 수시 검사해 보아야 한다.
④ 가스사용을 중단할 경우에는 연소기구의 콕밸브를 확실하게 닫아 둘 것, 야간에 가스를 사용한 후에는 주밸브와 용기밸브를 꼭 닫아야 한다.
⑤ 가스가 새어 냄새가 날 때는 즉시 부근의 화기를 꺼버림과 동시에 콕, 주밸브, 용기밸브를 모두 닫고 창이나 출입구를 열어 통풍을 시키며 비상관제실에 통보해야 한다.
⑥ 가스 사용할 때 자리를 비우지 말고 끓이는 것이 넘쳐 불이 꺼지지 않도록 감시하여야 한다.
⑦ 가스가 나오면서 호스, 배관에 화재가 났을 경우 먼저 가스 중간밸브를 차단하

고 소화기로 소화한다.

4) 기계설비 안전수칙

① 제반작업은 운전 및 작업기준에 준하여 행해야 한다.
② 모든 기구는 정확하고 철저한 점검을 행해야 한다.
③ 기계설비 작업 및 운전방법은 정확하게 숙지해야 한다.
④ 각종 기계의 이상음과 타는 냄새에 주의해야 한다.
⑤ 운전 중인 모든 기계는 기준치대로 가동 중인가를 확인해야 한다.
⑥ 교대 및 인수인계를 확실해야 한다.
⑦ 근무지를 무단 이탈하거나 졸지 말아야 한다.
⑧ 흡연 및 음주를 금해야 한다.
⑨ 항상 자기 주변을 깨끗이 청소하고 폐기물은 지정된 장소에 버려야 한다.
⑩ 공동작업 시는 상호 간 연락 및 신호를 확실하게 해야 한다.
⑪ 출입이 제한된 곳에는 지정된 자 외에는 통제해야 한다.
⑫ 작업지시와 보고 계통을 확립하고 준수해야 한다.

5) 위험물 안전수칙

① 위험물 취급자는 위험물 보안 감독자의 감독 아래에 위험물을 취급해야 한다.
② 위험물 취급자는 매 시간 순찰을 행하여 이상 유무를 확인해야 한다.
③ 위험물 취급 장소에서는 담배를 피우거나 화기를 다루지 말아야 한다.
④ Co_2 및 분말 소화기의 정비점검을 철저히 해야 한다.
⑤ 발화성 및 인화성 물질 또는 폭발 우려가 있는 물질은 통풍을 시키고 시설 등이 정상 작동되도록 수시 점검해야 한다.
⑥ 탱크에서 기름이 새지 않는지를 확인해야 한다.
⑦ 주위를 항상 깨끗해야 한다.
⑧ 위험물 취급자 외에는 출입을 금해야 한다.

참/고/문/헌

오석태 외, 『서양조리학개론』, 신광출판사, 1999.

김규태 외, 『급식경영학』, 지구문화사, 1996.

한국식품영양학과 교수협의회, 『단체급식』, 수학사, 1996.

신재영 외, 『식품위생관리론』, 백산출판사, 1994.

김숙희 외, 『조리산업기사』, 백산출판사, 2001.

James R. Keiser, 『Principles and Practices of Management in the Hospitality Industry』, New York, Van Nostrand Reinhold, 1989.

Adatto C.B, MS, RD et al., 『Handbook of Clinical Dietetics』, The American Dietetic Association, 1988.

Byan FL., 『Hazard Analysis Critial Control Point Systems for retail food and restaurant operations』, L Food Protet, 1990.

Harrigan WF, McCance ME. 『Laboratory methods in food and dairy microbiology』, Academic Press INC., New York, 1976.

Williams, M.H., 『Nutritional ergogenic aids and athletic performance』, Nutrition Today. Jan/Feb, 1989.

Part 03 외식창업의 이해

FOOD SERVICE INDUSTRY

13 Chapter 외식창업의 성격

1 창업의 정의 및 동기

1. 창업의 정의

창업이란 사업의 시작을 의미하며, 기업가의 능력을 갖춘 개인이나 집단이 사업 아이디어를 가지고, 사업목표를 세우고 적절한 사업기회에 자본, 인원, 설비, 원자재 등 경영자원을 확보하고 재화나 서비스를 제공하는 기업의 설립을 말한다.

예전에는 나라를 새로이 세운다는 뜻도 포함되었고, 새롭게 시작하는 일을 창업이라고도 하였으나 최근에는 새로운 기업을 설립한다는 의미로 사용한다.

창업이란 제품이나 서비스를 생산 또는 판매하기 위하여 이제까지 존재하지 않았던 새로운 기업조직을 설립하는 행위를 말한다. 즉 제품이나 서비스의 생산이나 판매를 위해 자본을 투자하고 생산설비나 건물을 갖추며, 필요한 인원을 선발 배치하는 등의 행위를 일컫는다. 그러나 최근 들어 새로운 기업조직을 설립하는 것뿐만 아니라 사내 벤처처럼 기존의 기업이 새로운 제품을 생산하거나 새로운 사업부를 창출하는 것까지 창업으로 포함하는 경향이 있다.

기업을 하나의 유기체로 인식하는 시각에서 볼 때, 창업이란 기업이라는 생명체를 탄생시키는 과정으로 볼 수 있다. 모든 유기체들의 자신의 미래를 예측할 수 없듯이, 창업도 이제까지 경험하지 못했던 미지의 사업을 새로 시작하는 것이므로 본질적으로 불확실성하에서의 의사결정인 것이다.

2. 창업의 동기

새로운 기업을 설립하고 이를 운영하게 되면 기업의 목적을 달성함은 물론 개인적인 목적을 달성할 수 있는 좋은 기회가 된다. 이러한 기회는 다른 직업에서는 찾기가 어렵다. 창업을 하는 이유는 여러 가지가 있으며, 이를 구분하면 개인적인 측면과 상업적인 측면으로 나누어 볼 수 있다.

1) 개인목적 달성동기

기업가들은 자신의 기업을 운영함으로써 여러 개인적인 목적을 달성할 수 있는 가능성을 얻게 된다. 그것은 기업경영에는 많은 기회와 도전 그리고 새로운 경험들이 존재하기 때문이다. 사실 기업을 소유하여 운영하게 되면 직업을 통해서 얻을 수 있는 대부분의 목적 즉, 좋은 직장 소유, 도전의식 발휘, 개인생활의 향상, 재정적 안정, 능력발휘 등을 달성할 수 있다. 이러한 개인적인 목적을 달성하는 방법은 기업가가 가지고 있는 지식, 기술, 개인적 특성에 따라 달라진다.

2) 사업목적 성취동기

기업가가 수행해야 하는 가장 중요한 기능 중의 하나가 조직의 모든 활동들에 있어 지침이 되는 목적을 설정하는 일이다. 이러한 목적은 기본적으로 기업의 특성을 결정하는데, 왜냐하면 이것이 기업의 계획, 정책, 프로그램의 기반이 되기 때문이다. 또한 이것은 사업의 방향을 제시해 주어 개인의 성과를 측정하는 표준이 된다.

전반적인 목적 가운데 기업에서 중요한 것은 서비스, 이윤, 사회적 기여, 성장목적이며 이러한 목적들은 상호 관련되어 있다. 예를 들면, 서비스 목적은 이윤목적을 달성하기 위해 수행된다. 그러나 이윤은 사업이 서비스와 사회적 목적에 부합되어야만 달성되며 성장은 이윤과 사회적 목적에 영향을 받게 된다.

2 창업의 구성요소

1. 창업의 요소(창업의 3요소)

창업을 하기 위해서는 창업자 자신뿐 아니라 인적 또는 물적인 여러 가지 요소들이 투입되어야 한다. 이 중에서 창업자, 사업 아이디어, 그리고 자금이 특히 중요하며, 이를 창업의 3요소라 한다.

1) 창업자와 기업가 정신

창업자는 '기업을 새로 시작하는 사람'을 지칭한다. 창업자는 위험부담은 있지만 인적자본을 십분 활용하여 그에 상응하는 보상을 기대하여 가치 있는 새로운 것을 창조하려는 과정과 강한 성취욕을 요구한다.

이러한 창업자에게는 급변하는 환경에 적응하기 위해 보다 혁신적이고 유연해져야 할 필요성이 커짐에 따라 무엇보다도 필요한 것이 창업자 정신이다.

(1) 창업자의 태도와 행동

창업자의 자질 그리고 지적능력 등은 부모로부터 나지만, 이러한 자질이 꼭 성공적인 창업자를 만드는 것은 아니다. 물론 창업자적 자질은 타고나지만 노력과 교육을 통해서 더 훌륭한 창업가가 될 수 있다. 즉 많은 경험과 교육을 통해서 성공에 필요한 태도나 행동 등이 개발되고 습득되어 더 좋은 방향으로 발전될 수 있는 것이다. 그러나 인간의 태도와 행동은 누구에게나 똑같이 습득되어지는 것이 아니다.

창업자의 바람직한 태도는 고통감수의 의지와 노력의 태도이며 이러한 태도는 각 개인의 성장동기에 의해 결정된다. 즉 성공하고 싶은 동기부여가 확실하면 인간은 스스로 변화하고 배우려고 하며 이러한 어려움도 극복하려고 하는 것이다. 성공적인 창업가의 공통적인 태도와 행동은 다음의 세 가지이다.

첫째, 환경변화에 대하여 적극적으로 도전하며 실패에도 좌절하지 않고 실패를 배움으로 딛고 일어선다.

둘째, 항상 모든 일에 앞장선다.

셋째, 강한 인내심과 결단력이 있다.

물론 성공적인 창업가의 자질에 대한 일반적인 표준적 모형은 없다. 어떠한 자질이 성공적인 창업가에게 요구되느냐 하는 것은 일반적인 모형이 있는 것이 아니라 창업자가 처해 있는 환경, 사업의 형태, 사업의 기회 등에 따라 다른 자질이 요구될 수도 있다. 그러나 창업자의 장점과 약점에 따라 기회가 포착될 수도 있고 놓쳐버릴 수도 있다. 그러므로 창업자의 태도와 행동 등도 중요하지만 창업자도 인간이기 때문에 장 · 단점이 있으므로 팀을 이루어 창업을 수행해야 창업자의 장, 단점을 보완할 수 있다. 어떠한 경우에도 완전무결한 창업자는 있을 수 없다.

• • • BEST 업소의 10훈

1. 우리 업소는 고객과 마음이 통하는 경영을 하고 있다.
2. 우리 업소의 상호와 외장은 고객을 흡입하고 있다.
3. 우리 업소 직원의 용모는 가장 단정하고 복장은 수준급이다.
4. 우리 업소는 가장 위생적이고 청결하다.
5. 우리 업소 내에는 미신적인 요소가 없다.
6. 우리 업소 직원의 표정은 호감과 기쁨을 주고 항상 반기는 표정이다.
7. 우리 업소 직원은 한 번 다녀간 고객의 이름을 모두 기억한다.
8. 우리 업소 직원은 전화를 가장 빨리 받고 친절하게 응대한다.

9. 우리 업소 직원은 항상 미소 띤 표정으로 가장 인사를 잘한다.
10. 우리 업소는 가장 실질적이고 신속한 서비스로 모든 고객에게 영원히 기억되는 최고의 이미지를 준다.

(2) 창업자의 자질

① 의지와 결단력

모든 조직 경영에 있어서 성공요소 중 가장 중요한 것은 최고 경영자의 적극적인 의지와 결단력이라는 것은 많은 학자들의 연구 결과에서 나타나고 있다. 창업의 경우에서도 창업자의 창업에 대한 적극적인 의지와 결단력이 있다면 창업자는 어려운 장애와 고난도 극복할 수 있고 창업자가 갖고 있는 약점도 보완할 수 있다.

창업에 성공하기 위해서는 창업자의 총체적인 헌신적 노력이 요구된다. 창업 초기에는 예외 없이 엄청난 장애와 어려운 점이 있으나 창업자의 의지와 결단력은 어떻게 측정될 수 있는가? 창업자의 적극적인 의지와 결단력은 그의 재산 중 얼마를 사업에 투자하는가와 그의 보수를 어느 정도로 책정하는가 또는 창업의 주요기능을 적극적으로 담당하려는 의지 등으로 측정될 수 있으며 총체적으로 그의 삶의 방식과 가족 배경 등으로도 그의 조직에 대한 희생도를 알 수 있다.

② 리더십(Leadership)

창업에 성공하려면 경쟁시장의 특성과 경쟁시장에서 요구하는 지식과 기술에 대하여 조예가 있어야 하며 건전한 경영자질 그리고 검증된 활동 경력 등이 있어야 한다. 창업에 성공한 사람들은 대부분 스스로 창업을 시작하였고 높은 수준의 조직관리 능력을 보유한 사람들이다. 무슨 일에도 성공하려면 인내가 필요하듯이 창업에 성공하려면 상당한 인내가 요구된다. 또 장기적인 비전을 바라보며 일상적으로 닥쳐오는 어려움을 극복할 수 있는 강한 인내와 지구력이 필요하다.

〈표 13-1〉 창업자의 경영능력과 지도력

구분	경영능력	지도력
신계획개발능력	[계획과 예산수립] 결과달성을 위한 단계적 일정계획 수립과 자원의 효율적 활용 및 분배	[새로운 방향 제시] 장기비전 달성을 위한 전략과 변화의 제시 및 수립
계획달성을 위한 인간관계구축	[조직구성] 계획달성에 필요한 조직구도 구축과 인력배치 및 업무에 따른 책임과 권한의 분배	[횡적 인간관계 수립] 지도자의 비전과 전략 그리고 가치 등을 받아들일 수 있는 팀의 창조를 위해 고용인들의 협력을 유도할 수 있는 직접대화의 방법
업무의 실행결과	[관리 및 통제와 문제해결] 계획과 결과의 차이 분석 및 조정의 차이로 인한 문제해결 및 계획수립	[동기부여 및 사기진작] 인력자원의 불만해소와 기대충족을 통해 무한한 고부가가치의 창조

2) 사업 아이디어

사업 아이디어(item)는 무엇을 가지고 창업을 할 것인가? 어떠한 재화와 서비스를 할 것인가에 대한 사업동기를 뜻한다.

이러한 사업 아이디어는 창업에 있어 매우 중요한 역할을 한다. 좋은 아이디어의 토대 위에서 사업계획이 체계화될 수 있다. 아이디어는 창업의 출발점이며 전체 사업의 윤곽을 결정한다. 이에 따라 창업자들은 최상의 경제적 결과를 가져올 것으로 기대되는 유망한 아이디어를 개발하고자 노력한다.

하지만 훌륭한 아이디어만으로는 사업에 성공할 수 없다. 많은 성공 창업자들의 경우를 보면, 아이디어의 출발은 사소하고도 작은 데서 비롯되는 경우가 많다.

작은 아이디어가 큰 힘이 될 수 있다는 것은 작은 기업이 아이디어를 사업화 함에 있어 유리할 수도 있음을 의미한다. 따라서 너무 거대하고 어려운 아이디어를 개발하려고 노력하는 것보다는 비록 작은 아이디어일지라도 소중하게 개발하는 것이 중요하며, 그것을 포착한 기회와 연결해 신속하게 사업화 하는 것이 중요하다.

칼 베스퍼(Karl Vesper)는 성공한 100명의 창업자들에 대한 조사를 통해 실제 성공한 창업자들이 사업 아이디어를 어디에서 얻었는가를 살펴본 바에 의하면, 개인적 교육, 유사 직종의 경험 그리고 취미 등으로부터 나왔음을 발견했으며, 일상 속에서 우연한 기회에 사업 아이디어를 발견하게 되었다고 하는 창업자들도 있는 것으로 나타났다.

• • • 향기와 음향을 적절히 활용하면 매출이 두 배

향기는 두뇌작용과 직접적으로 연결되어 있어 타 감각에 의한 것보다 더욱 강력한 반응을 일으킨다고 한다. 백화점 내부에 빵가루를 뿌려 놓으면 빵 매장의 매출액이 3배나 오르고 영화관 등에서 풍겨져 나오는 팝콘 냄새가 사람들에게 팝콘의 유혹을 안겨줘 판매량이 늘기도 한다.

식당에서도 마찬가지. 조그만 파스타 전문점의 경우 오픈주방을 통해 두꺼운 철판에 요리가 익어가는 냄새와 소리로 입맛을 자극하거나 양념갈비가 불에 구워지는 냄새로 판매량이 증가되는 결과를 낳기도 한다. 때로는 식욕을 저하시키는 작용으로 다이어트에 사용되는 향도 있지만 이를 잘 구분해 활용한다면 분위기도 멋지고 매출도 오르는 효과를 얻을 수 있다.

매장의 분위기를 유지하는 데 결정적인 역할을 하는 음향도 매출에 영향을 미칠 수 있다. 느린 음악을 틀어놓은 매장에서는 식사시간이 길어지고 음료수의 주문이 많은 한편, 빠른 템포의 음악을 틀어놓으면 매장의 회전이 빨라지는 효과가 있다. 따라서 패스트푸드점에서는 빠른 템포의 음악을, 풀코스 식사를 제공하는 레스토랑에서는 느린 템포의 음악을 많이 사용하며 클래식 음악을 틀어 놓으면 고급 와인의 소비가 느는 것도 아울러 기억해 둘 필요가 있다.

3) 창업자금

사업기회의 타당성을 평가하고, 구체적인 사업계획을 수립하게 되면 창업자는 사업추진에 요구되는 자본, 즉 창업자금(seed money)을 확보해야 한다. 창업자금이라 함은 인력, 사업장, 설비, 원자재 등 경영자원을 조달하고 기술개발, 영업조직의 구축 등 유, 무형 자산을 형성하는 데 필요하다.

기존 기업이 자금을 조달하는 것에 비해 기존의 고객기반과 매출실적이 미비한 창업기업이 자금을 조달하는 것은 훨씬 어려운 작업이다. 또한 사업이 어느 정도 자리잡은 후 빠른 속도로 성장할 때에는 시설투자 등의 확대를 위해 더욱 많은 자금이 요구된다. 따라서 창업자는 늘 자금부족에 시달리게 된다.

그러나 창업자는 사업 초기의 자금압박에 대해 너무 심란해 할 필요는 없다. 자금이 부족한 상황이 오히려 사업기반을 견고히 하고 사업성을 향상시키는 힘이 되는 경우도 많기 때문이다.

3 외식창업환경과 전략

1. 거시적 환경과 기술적 요인

레스토랑 산업에서 기술환경의 변화는 다른 산업과 비교할 때 특히, 기술 집약적 부분에서는 경영에 상대적으로 적은 영향을 미치는 요인이라 할 수 있다. 이는 레스토랑 산업이 기술 집약적이기보다는 노동집약적인 특징을 가지기 때문이다.

하지만 기술환경의 변화는 레스토랑 기업에게 상당히 중요한 기회와 위협요소를 제공하며, 따라서 레스토랑 기업이 경쟁기업에 대해 경쟁우위를 확보하기 위해서는 기술적 환경이 제공하는 변화를 정확히 진단함으로써 기회를 선택하는 것이 필요하다.

또한, 기술적 변화라는 거시적 환경변화는 레스토랑 기업의 과업환경과 기능별 환경에 영향을 주게 되며, 레스토랑 경영자의 이들 환경에 대한 지각정도에 따라 그들이 선택할 수 있는 전략이 결정된다. 〈표 13-2〉는 이러한 환경영역들과의 관계 및 변화의 결과로서의 전략적 선택의 관계를 보여준다.

기술변화에 대한 역동적인 적응(dynamic adaptation)은 레스토랑 기업에게 다음과 같은 기회를 제공할 수 있다.

첫 번째는 효율적인 운영관리에 의한 효율성 증대이고, 두 번째는 제조 원가 및 인건비의 절감, 세 번째는 효과적인 마케팅 수행능력에 의한 고객유지 및 창출이다.

이러한 기회들은 레스토랑 기업의 재무적 가치(financial value)에 직접적으로 기여할 수 있는 핵심적인 요소이다.

〈표 13-2〉 기술적 요인에 따른 전략적 선택

거시적 환경요인	기 회	위 협
기술적 요인	운영관리 시스템 및 관련 정보기술의 발달	정보의 보편화로 가격 및 마케팅 정보 노출
과업환경	• 원자재 및 정보기술 공급자 • 소비자 구매행동변화 및 경쟁사의 마케팅 활동	
기능별 환경	• 구매관리, 전산관리, 연구개발, 운영관리, 마케팅	
전략적 선택	• 식재료의 국산화를 통한 원가절감 • 차별화마케팅 전략 • 운영시스템 개발을 통한 수용능력 극대화	

2. 거시적 환경으로서 사회적 요인

거시적 환경으로서의 사회환경의 변화는 레스토랑 기업에게 매우 중요하다. 특히 레스토랑 기업은 콘셉트 지향적이고 고객중심(customer oriented)의 경영을 특징으로 하기 때문에 사회환경의 영향으로 인한 고객의 가치, 구매태도, 고객의 특성 등에서의 변화는 이들 레스토랑 기업의 경영자가 신중하게 진단해야 할 대상이 된다. 또한, 사회환경의 변화는 과업환경을 구성하는 영역 즉 소비자와 공급자에 대한 사회환경에 영향을 미치게 되며, 따라서 레스토랑 기업의 기능별 환경 가운데 연구개발, 마케팅, 매장관리 그리고 인사관리의 기능환경에 직접적인 영향을 주게 된다. 이러한 연관성은 〈표 13-3〉에서와 같이 설명될 수 있다.

〈표 13-3〉 사회적 요인에 따른 전략적 선택

거시적 환경요인	기회	위협
사회적 요인	• 여성의 사회진출 • 교육 및 문화수준 향상 • 가정에 대한 가치 증가	• 건강에 대한 관심증가 • 고객욕구의 다변화
과업환경	• 소비자의 구매행동 변화 및 소비자 시장 확대	
기능별 환경	• 인적자원관리, 연구개발, 운영관리, 마케팅	
전략적 선택	• 가족 및 여성을 위한 상품개발 및 마케팅 전략 • 건강식품 개발 • 차별화 서비스 전략 및 내부마케팅 활동 강화	

기술환경의 변화와 마찬가지로 사회환경의 변화는 레스토랑 기업에게 상당히 중요한 기회와 위협요소를 동시에 제공한다. 따라서 레스토랑 기업이 경쟁기업에 대해 경쟁우위를 확보하고 재무적 가치(financial value)를 달성하기 위해서는, 경영자가 사회적 환경이 제공하는 변화를 정확히 진단함으로써 기회를 선점하는 전략적 선택(strategic choice)이 필요하다.

• • • 이벤트 프로모션 기법

① 해당 업체와 관련된 경품을 제공하라.
② 고객들이 가치를 느낄 수 있는 상품을 제공하라.
③ 정기적인 이벤트를 통해 고객들이 홈페이지에 주기적으로 방문할 수 있게 하라.
④ 이벤트는 고객들이 믿을 수 있고, 흥미를 느낄 수 있게 하라.
⑤ 고객들이 이벤트를 쉽게 즐길 수 있도록 구성하라.
⑥ 이벤트 페이지에 자사의 상품(신메뉴 등) 광고를 간결한 메시지로 처리하라.
⑦ 고객에게 신뢰를 주기 위해 경품 당첨지는 메인 페이지에 공지하라.
⑧ 당첨자는 이메일로 통지하여 자사의 사이트를 재방문 하도록 유도하라.
⑨ 이벤트 참가자의 DB를 구축하고 활용하라.
⑩ 이벤트를 프로모션화하라.

3. 거시적 환경으로서 경제 및 정치적 요인

레스토랑 기업에 있어서 경제적, 정치적 환경의 변화는 긍정적인 측면에서는 환경의 풍부함(munificence)을 제공하지만, 그와 반대의 경우 인색한 환경을 제공하여 시장에서의 레스토랑 기업의 생존에 치명적인 영향을 미치기도 한다.

즉, 경제적 환경이 매우 풍부한 조건을 제공한다면 레스토랑 기업에게는 많은 기회가 발생한다. 이러한 환경에서는 소비, 투자, 시장 등의 경제적 변수들이 기업에 유리하게 작용하므로 경영자가 다양한 전략적 선택(strategic choice)을 할 수 있게 된다.

그 반면에 인색한 경제적 환경 조건에서는 경제적 변수들이 위축되고 기업에 불리하게 작용하여 기업이 경영자들은 커다란 위협에 놓이게 된다. 만약에 경영자가 잘못된 전략을 선택한다면 기업의 환경은 이러한 실수를 용납하지 않을 것이다.

이러한 경제와 정치적 환경의 변화는 영향력이 구체적이기 때문에 경영자들이 비교적 많은 관심을 두며, 따라서 다른 환경적인 변화에 비해서 쉽게 진단될 수 있다는 특징이 있다.

〈표 13-4〉 경제 및 정치적 요인에 따른 전략적 선택

거시적 환경요인	기회	위협
경제 및 정치적 요인	• 은행금리의 하락 • 새로운 시장의 출현	• 은행금리의 상승 • 소비수준의 정체 • 기업투자의 감소 • 환율상승 • 위생관련 법규의 강화 • 노동관련 법규의 제정 • 여성단체의 정치역량 강화
과업환경	• 원자재 및 노동력 공급자 • 법 제정자에 대한 압력 • 소비자의 구매력 • 경쟁사의 출점(경쟁 정도의 증감)	
기능별 환경	• 인사관리(human resource), 재무관리, 구매관리, 연구개발, 운영관리, 마케팅	
전략적 선택	• 식재료 및 장비의 국산화 전략 • 사업의 다각화를 통한 다양한 세분시장 개척 • 공격적인/방어적인 출점 및 투자전략 • 새로운 지역시장의 개척(지방 및 위성도시) • 시간제 종사원의 적극적 활용	

그러나 〈표 13-4〉에서와 같이, 이 두 가지 환경에서의 변화는 레스토랑 기업에 상당히 중요한 기회와 위협요소를 동시에 제공하며, 다른 환경적 변화와 비교하여 레스토랑 기업이 경쟁기업에 대해 경쟁우위(competitive advantage)를 확보하기 위해서는 이들 환경이 제공하는 변화를 보다 정확히 진단해야만 생존과 성장을 확보할 수 있다.

참/고/문/헌

김기수 외, 『전략적창업론』, 백산출판사, 2001.

전병길 외, 『레스토랑창업론』, 지구문화사, 2001.

김근종, 『외식사업경영론』, 대왕사, 2000.

김헌희, 『외식산업경영의 이해』, 백산출판사, 2001.

Baraban, R. S., J. F. Durocher., 『Successful Restaurant Design』, New York: Van Nostrand Reinhold, 1989.

Birchfield, J. C., 『Design & Layout of Foodservice Facilities』, New York: Van Nostrand Reinhold, 1988.

Kazarian, E. A., 『Foodservice Facilities Planning』, New York: Van Nostrand Reinhold, 1989.

Fisk, Brown & Bitner, 「Tacking the evolution of the service marketing literature」, Journal of Retailing, Vol. 69, 1993.

Maslow, A.W., 『Motivation and Personality』, Harper & Row, 1954.

Sasser. W.E. & Areibt. S., 「Selling Jobs in the sector」, Business Horizaons, June, 1976.

W.R. Geroge, 「The Retailing of Services - A Challenging Future」, Journal of Retailing, Vol. 53(3), Fall 1977.

14 Chapter 외식사업계획

1 업종(concept) 선택

1. 외식업에서의 콘셉트

외식업의 예비 창업자들은 서로 다른 조건에서 창업을 계획하게 된다. 즉 입지를 이미 확보한 상태에서 그 장소에 맞는 콘셉트를 찾는 창업자도 있으며, 반대로 콘셉트를 정해 놓고 장소에 맞는 콘셉트를 찾는 창업자도 있다. 그러나 대부분의 창업자들은 콘셉트와 입지 등을 정해 놓지 않은 경우가 대부분이다. 따라서 어디에서 출발하든지 사업계획의 기본적인 요소는 변함이 없으며, 단지 순서는 변경될 수 있을 것이다.

우선 외식업을 하려면 시장 내에서 고객을 끌어들일 수 있는 콘셉트와 경쟁업체와 차별화 할 수 있는 전략이 요구된다. 다른 업종도 마찬가지겠지만 외식업에도 언제나 경쟁업체가 등장하기 때문에 분위기, 메뉴, 위치, 마케팅, 이미지 등 점포운영의 모든 면에 있어 완벽한 시스템을 갖추어야 한다.

콘셉트(Concept)는 여러 가지 형태로 정의되고 있지만 사전적인 정의를 보면 '마음에 내재되어 있는 생각' 즉 아이디어(idea)이다. 그리고 콘셉트의 형성은 특정한 경험들을 일반적인 규칙이나 형태로 전환시키는 과정이 되며, 특히 레스토랑 콘셉트의 형성은 서비스, 분위기, 메뉴, 인테리어 그리고 운영방법 등에 있어서 경영자가 중요하게 생각하는 것을 구체화시키며 이들이 상호연결되고 고객들에게 하나로 통합되어 나타나는 '통합적인 이미지'인 것이다.

2. 콘셉트의 체계

1) 테마(theme)

창업하고자 하는 레스토랑의 이미지 또는 스타일을 묘사하는 것이다.

예를 들어 스포츠바 혹은 레스토랑을 계획한다면 인기 스포츠 선수의 사진들이나 소장했던 물건들이 실내장식으로 이용될 것이며 대형 케이블 TV의 설치로 세계 각국에서 개최하고 있는 스포츠 이벤트를 중계할 것이다.

또 시내 중심가에 위치하여 가족과 직장인들을 위한 레스토랑을 계획한다면 안락한 공간과 세련된 장비를 사용하여 최고급 서비스를 지향하고 유럽풍의 가구와 소품들이 메뉴와 조화를 이룰 것이다.

2) 분위기

이것은 실내장식, 내부재료, 조명 등 레스토랑이 풍기는 전체 느낌을 의미한다.

3) 서비스 스타일

이것은 고객들에게 제공되는 서비스 형태이다. 예컨대 서비스의 형태라든가 샐러드나 디저트바의 존재 여부 등 다양한 서비스의 스타일을 가리킨다.

4) 좌석 및 테이블의 수

좌석과 테이블은 레스토랑 사업에서 매우 중요한 자산이다. 창업자가 계획하는 착석 인원과 좌석의 배치 즉 테이블 수와 테이블 믹스는 레스토랑의 총매출을 결정하며 나아가서 투자계획에도 영향을 준다.

테이블의 유연성(table flexibility)이란 레스토랑의 수용능력을 최대화하기 위하여 테이블의 수를 변형시키는 것으로 동일공간에 12테이블/42좌석 혹은 15테이블/38좌석을 만들 수 있음을 의미한다.

5) 영업일수 및 시간

영업일수 및 시간의 조정은 레스토랑 사업 전체에 지대한 영향을 주게 되며 이는 목표 매출액 및 운영비 등을 산출하는 데 기초가 된다. 즉, 매출 및 인건비 등의 중요한 재무성과 지표에 직접적 영향을 주게 된다. 따라서 영업일수 및 시간결정에 있어서 시장의 수요 및 계획되는 레스토랑의 운영스타일 등을 사전에 고려하여야 한다.

3. 콘셉트의 수립단계

다양한 시장환경 속에서 창업자 자신의 점포만이 가지고 있는 콘셉트를 확립, 창조한다는 것은 점포개발을 위한 작업만큼이나 어렵다. 따라서 이러한 작업의 수행을 보다 효과적이고 체계적으로 하기 위한 수립단계가 필요하다.

레스토랑 콘셉트의 목적은 서로 다른 목표시장의 욕구를 충족시키고자 하는 것이다. 어떤 레스토랑은 보다 높은 가격의 메뉴음식과 풀서비스 식사를 제공하지만 다른 레스토랑은 적당한 메뉴선택으로 중간가격의 음식을 제공할 수도 있고 낮은 메뉴가격으로 퀵서비스 레스토랑의 분위기를 제공할 수도 있다. 실내디자인과 좌석은 메뉴음식의 수준과 가격의 범위에 맞는 것이어야 하며, 새로운 레스토랑을 설립하는 데 있어 접근하고자 하는 시장을 파악하여 새로운 개발전략 수립에 이러한 정보를 이용할 수 있다.

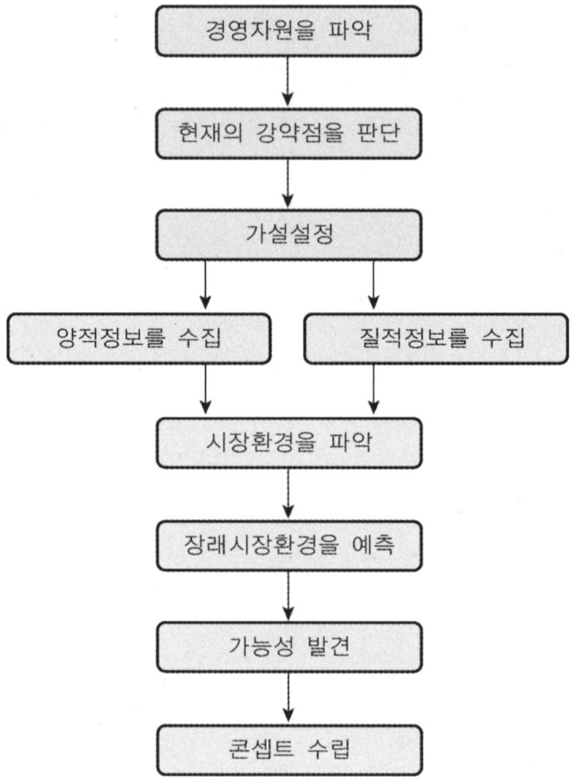

〈그림 14-1〉 콘셉트의 수립단계

• • • 점포개발 진행절차 및 유의사항

먼저 물건을 획득한다. 이때 신축건물은 준공예정일을 확인하고 RWHS 건물은 조건협의에 들어간다. 건물 임차 시 조건협의에 있어서는 임대, 수수료, 임대와 수수료 절충 방식 중 택하는데 임대는 보증금과 월세를 지급해야 하며, 수수료는 물건획득자가 예상매출에 대한 위험부담을 줄이고자 매출액에 대해 일정 수수료를 지급하는 방법이다. 임대와 수수료 절충은 보증금과 수수료를 지급하는 방식으로 보증금과 수수료는 반비례하게 된다.

다음은 시장조사에 착수해 예상매출과 예상 손익분기점, 건물 규모 등을 알아본다. 시장조사가 끝나면 후보지의 지번과 전물주를 파악하고 권리금 등 제반 정보를 인근 부동산 업자 등으로부터 알아본다. 이때 토지/건물 등기부 등본, 토지대장, 도시계획

확인원, 지적도, 인감증명, 주민등록등본 등 법적서류를 확인해야 한다. 예상매출이 손익분기점보다 많고 계약기간, 재계약 등에 대한 협의가 되면 계약체결에 들어간다. 이후 공사를 시작해 영업허가를 얻은 후 매장을 개점하며, 임대차계약 만료 시나 건물주와의 쌍방 조정 실패로 임대 계약을 해지하게 되면 폐점한다.

2 사업타당성 분석

1. 사업타당성 검토의 개요

사업타당성 분석은 레스토랑 경영의 핵심요소에 대하여 총체적으로 점검함으로써 지나치기 쉬운 위험요소를 사전에 선별하여 대비하도록 하는 등 창업에 있어 필수적인 과정이다. 또한 체계적인 사업타당성 분석은 경영의 설계역할을 하며 창업자의 경영능력 향상에도 도움을 준다. 다음은 효과적으로 사용되고 있는 사업타당성 분석방법이다.

2. 사업타당성 분석방법

1) SWOT분석

투자경제성 분석은 사업타당성 여부를 결정짓는 방법의 하나로 많이 이용되고 있다. 아무리 좋은 입지에 훌륭한 점포라 할지라도 수익성이 창출되지 않으면 의미가 없게 된다. 즉 투자 여부를 결정할 때 최우선적으로 분석해야 할 부분이 외식시장 분석과 환경분석이며, 그 대표적인 환경분석기법이 SWOT분석이면서 진입시장에 대한 매력도 분석이다.

SWOT분석이란 기업이 신제품개발이나 신규사업에 진출 시 시장진입을 타진함에 있어 핵심역량(core factor)인 외적 환경과 내적 환경을 파악하여 기회(opportunity)를 활용하고 위협(threat)을 회피하거나 위협을 기회로 변화시키기 위한 것이다. 환경변화에 따른 기회와 위협이 교차된다면 바람직한 전략 대안을 어떻게 선택할 것인가 하는 문제가 제기되며, 이러한 문제를 해결하기 위하여 일정시점을 기준으로 주요 환경요인을 기회와 위협요인으로 분류하고, 전략적 관점에서 자사의 강점(strength), 약점(weakness)을 결합시켜 효과적인 전략을 모색하는 과정이 SWOT분석이다. 따라서 SWOT분석은 강점과 약점, 기회와 위협의 매트릭스(matrix)를 통한 전략을 수립하는 방법이며, 일반적으로 분석자의 주관적인 판단력에 크게 의존하는 분석특징이 있다.

〈표 14-1〉 SWOT분석 시 고려사항

구분	내용
강점(strength)	• 기술 경쟁력, 자금투자의 재무적 능력, 입증된 경영관리 수준
약점(weakness)	• 운영관리 및 경영관리의 결여, 전략의 쇠퇴화 및 전략수행
기회(opportunity)	• 틈새시장 공략과 세분화, 제품군의 다양화, 시장성 속도
위협(threat)	• 경쟁자의 신규진출, 대체상품의 판매량, 소비패턴의 변화

2) 미래 영업상태 분석

추정된 제무제표를 기초로 여러 가지 재무비율을 계산하여 미래경영 및 영업상태가 얼마나 양호할 것인가를 검토한다. 재무비율은 기업의 재무적 건강상태를 나타내는 하나의 신호(signal)로서 한 가지 분석보다는 여러 가지의 분석을 함께 고려하여 종합적으로 판단하여야 한다.

3) 민감도 분석(sensitivity analysis)

불확실한 미래상황은 언제든지 변화할 수 있으므로 이제까지 분석 검토한 것은 계획의 전제가 된 가정치를 변경하여 검토를 반복하여야 한다. 이를 감도분석이라 하는데, 예컨대 판매가격을 10%로 낮춘다면 매출과 이익은 어떻게 될 것인가? 혹은 원재료인 식자재가 10% 오른다면? 등의 수많은 상황을 가정하여 계획사업이 어느 정도의 상황변화에도 사업성이 있는가를 검토하여야 한다.

즉, 비용을 고정비와 변동비로 나누어 매출과 이익이 어떻게 변화하는가의 감도 분석을 손쉽게 하는 방법으로 손익분기분석법을 사용하고 있다.

3 사업계획서 작성

1. 사업계획서의 개요

사업에 앞서서 사업계획 전반에 걸친 모든 과정을 창업자 스스로가 사업의 성패를 좌우하는 인허가, 홍보 및 광고, 투자비용, 손익분기 및 미래예측 등에 대해서 계획을 세워 문서로 작성하는 것이라고 할 수 있다. 이러한 사업계획서의 작성과 체크로 사업에 대한 추진력과 사업이라는 하나의 목적을 향해 집중할 수도 있다.

따라서 사업계획서는 말 그대로 사업을 결심하고 사업을 시작하기 위한 준비과정에 필요한 계획서로 이미 업종을 정하고 가게 터를 고르며 어떻게 운영할까를 정하는 창업계획서 작성 이전의 단계이다.

사업계획서는 업종과 조건에 따라 약간의 차이는 있지만 소규모 점포사업을 계획하는 사람에게 기본적으로 필요한 사항들을 정리하면 다음과 같다.

〈표 14-2〉 사업준비 체크리스트

항목	준비 내용	실행 내용
주변여건조성	가족동의	배우자나 부모
	보증인 확보	금융기관 이용을 위한 준비
업종과 입지선정	사업전망 검토	자료수집, 운영점포 답사
	입지선정을 위한 준비	입지에 대한 안목, 예상자금, 사업 희망지역 선정
자금확보계획 선정	예상필요 자금	자금확정 임대료, 고정비, 시설비
	부족자금 확보계획	금융기관 활용계획, 자금적립방법
사업운영능력 향상	사업노하우 향상	요령, 기술, 자격증, 주의점
	경영에 필요한 상식	세금, 수표, 어음, 상식, 부기, 입출금 관리, 인력확보 대상자 선정

• • • 민법에 근거한 세입자의 핵심 체크 포인트

1. 민법 제634조

제634조(임차인의 통지의무) 임차물의 수리를 요하거나 임차물에 대하여 권리를 주장하는 자가 있는 때에는 임차인은 지체 없이 임대인에게 이를 통지하여야 한다. 그러나 임대인이 이미 이를 안 때에는 그러하지 아니하다.

2. 민법 제626조 제1항

제626조(임차인의 상환청구권) ①임차인이 임차물의 보존에 관한 필요비를 지출한 때에는 임대인에 대하여 그 상환을 청구할 수 있다.

3. 민법 제626조 제2항

②임차인이 유익비를 지출한 경우에는 임대인은 임대차종료 시에 그 가액의 증가가 현존한 때에 한하여 임차인의 지출한 금액이나 그 증가액을 상환하여야 한다. 이 경우에 법원은 임대인의 청구에 의하여 상당한 상환기간을 허여할 수 있다.

4. 민법 제646조

제646조(임차인의 부속물매수청구권) ①건물 기타 공작물의 임차인이 그 사용의 편익을 위하여 임대인의 동의를 얻어 이에 부속한 물건이 있는 때에는 임대차의 종료 시에 임대인에 대하여 그 부속물의 매수를 청구할 수 있다.

②임대인으로부터 매수한 부속물에 대하여도 전항과 같다.

5. 민법 제627조 제1항

제627조(일부멸실 등과 감액청구, 해지권) ①임차물의 일부가 임차인의 과실 없이 멸실 기타 사유로 인하여 사용, 수익할 수 없는 때에는 임차인은 그 부분의 비율에 의한 차임의 감액을 청구할 수 있다.

6. 민법 제629조

제629조(임차권의 양도, 전대의 제한) ①임차인은 임대인의 동의 없이 그 권리를 양도하거나 임차물을 전대하지 못한다.

②임차인이 전항의 규정에 위반한 때에는 임대인은 계약을 해지할 수 있다.

7. 민법 제625조

제625조(임차인의 의사에 반하는 보존행위와 해지권) 임대인이 임차인의 의사에 반하여 보존행위를 하는 경우에 임차인이 이로 인하여 임차의 목적을 달성할 수 없는 때에는 계약을 해지할 수 있다.

8. 민법 제623조

제623조(임대인의 의무) 임대인은 목적물을 임차인에게 인도하고 계약존속 중 그 사용, 수익에 필요한 상태를 유지하게 할 의무를 부담한다.

2. 사업계획서 작성의 기본방향

1) 전략적 측면

사업에서의 전략은 이익을 낼 수 있는 즉, 손익분기점 도달 이상으로서의 매출신장을 가져올 수 있는 전략을 의미하며, 아무리 전략이 뛰어나다 할지라도 아이템에 대한 전략을 세우지 않고서는 성공할 수 없는 것이다. 따라서 품목의 구상이나 아이템의 선정이 전략적인 측면에서의 기본방향이라 할 수 있다.

2) 세부항목

사업에 성공을 거두기 위해서는 창업의 내 · 외부 환경에 대한 분석이 반드시 필요하다. 즉, 종사원, 자금, 입지, 기술, 판매방법, 광고 등이 상호 역할을 하여야 하는데 사업계획서에는 이들 각 세부내용에 대한 전략적 방향설정이 이루어져야 한다.

3) 연계성 유지

사업을 처음 시작하였을 때 방향이 설정되었다면 시종일관 연계성을 유지하여야 하며 각 계획들은 시스템적으로 연계성을 가져야 한다.

4) 경제성 분석

사업계획서 작성에 있어서 경제성이 전혀 없는 사업계획서라 한다면 쓸모가 없을 것이다. 과다한 초기자본 투자와 인적구성 및 시장분석 등이 완벽하다 할지라도 경제성 분석에 의해 이익을 남기지 못한다면 그 사업계획서는 문제가 크다 하겠다.

3. 사업계획서의 내용

사업계획서는 외식사업에서의 기초가 되는 가장 중요한 자료라고 할 수 있을 것이다. 대부분의 외식경영자들은 외식업을 먹는 장사라고 쉽게 생각하여 뛰어들었다가 실패하는 경우가 상당히 많다.

외식사업은 단순히 자금력만으로 이루어지는 것이 아니라 기본사업의 구성부터 세부항목, 크게는 내·외부 환경분석에 이르는 철저한 분석을 했을 때만이 그 성공의 가능성이 있는 것이다.

다음은 외식사업계획서 작성에 필요한 세부사항을 표로 정리한 것이다.

〈표 14-3〉 외식사업계획서의 항목의 사례

항 목	세부내용
사업개요	사업의 목적과 개요
메뉴계획과 설명	메뉴계획 메뉴설명
인력운영계획	인원계획 조직구성계획 채용계획 교육계획
시설 및 구매계획	점포계획 인·허가 사항의 체크 점포 레이아웃 설비업체 일람표 설비 및 비품 리스트 식재리스트 점포운영에 필요한 수배사항 오픈반입 스케줄
운영관리계획	주방 일일매뉴얼 홀 일일매뉴얼 Q.S.C 체크표 영업일보 품목별 판매현황표 식재 발주표 사입 집계표 영업 효율표 식재보관 매뉴얼 주문전표
판매촉진 계획	준비사항 판매촉진 스케줄표 open 직후의 판촉
투자예산 및 수지계획	투자비용 분석 고정비용 분석 손익분기 매출의 계산 매출계획
〈별첨〉 사항	오픈 스케줄표 메뉴별 레시피 소스별 레시피 원가계획 교육교재

• • • 광고와 입소문의 여섯 가지 규칙

1. 간단하게 하라.
메시지는 간단해야 사람들이 전달할 수 있다. 짧고 솔직한 메시지를 기존의 믿음과 결합시키면 네트워크들 속에서 좀 더 퍼질 수 있다.

2. 새로운 것을 제시하라.
진부한 표현은 네트워크 속에서 이동하지 않는다. 누구도 점심시간에 밖에서 돌아와 "내가 맥도날드에서 무엇을 먹었게? 햄버거!"라고 말하지는 않는다. 하지만 맥도날드에서 새로 본 것을 먹었다면 옆 사람에게 얘기할 것이다.

3. 당신의 제품이나 서비스가 갖고 있는 특성에 대한 고객들의 의견을 구하라.
제품의 품질이나 서비스에 대한 당신의 자부심은 입소문에 도움이 되지 않는다. 고객들이 그런 차이를 느껴야 한다. 그러기 위해 고객들과 이야기를 해야 한다.

4. 책임질 수 없는 주장을 하지 말라.
'고객들을 생각한다'고 얘기할 때 정말로 그래야 하며 지속적으로 우수한 고객 서비스를 제공해야 한다. 그렇지 않으면 부정적인 입소문을 퍼뜨릴 가능성이 크다.

5. 입소문을 측정하라.
당신의 조직이 보이지 않는 네트워크들의 힘을 파악할 수 있는 효과적인 방법 중 하나는 입소문의 측정이다. 고객만족도에 관한 설문조사를 할 때 고객에게 최근에 그 제품을 다른 사람들에게 추천한 적이 있는지 물어보라.

6. 입소문에 귀를 기울여라.
마케터들은 네트워크에 귀를 기울임으로써 제품에 대한 다양한 의견을 들을 수 있다. 물론 오늘날 온라인에서 일어나는 엄청난 양의 의사소통에 의해 다소 쉬워졌다. 그러나 온라인 토론이 모든 고객의 의견을 대변하는 것은 아니기 때문에 고객들과(그리고 비고객들과) 얼굴을 맞대고 하는 옛날식의 교류 역시 여전히 중요하다.

참/고/문/헌

전병길 외, 『레스토랑창업론』, 지구문화사, 2001.

김근종, 『외식사업경영론』, 대왕사, 2000.

신봉규 외, 『외식창업메뉴얼』, 백산출판사, 2001.

정구점 외, 『외식산업 시장조사와 상권분석』, 학문사, 2001.

홍기운, 『외식산업개론』, 대왕사, 2000.

Baraban, R. S., J. F. Durocher., 『Successful Restaurant Design』, New York: Van Nostrand Reinhold, 1989.

Birchfield, J. C., 『Design & Layout of Foodservice Facilities』, New York: Van Nostrand Reinhold, 1988.

Kazarian, E. A., 『Foodservice Facilities Planning』, New York: Van Nostrand Reinhold, 1989.

15 Chapter 입지 및 상권분석

1 입지선정

1. 입지선정의 의의

외식사업의 입지는 외식사업의 성공에 아주 중요한 요인이며 경영전략의 한 수단이다. 외식사업에서 입지 선점은 사업 성패의 70~80%까지를 좌우한다. 따라서 고객의 편리성을 감안하여 점포가 고객의 거주지에서 5~10분 이내에 위치한다면 사업 성공률이 높아질 것이다. 이 외에도 주택지 주변, 역전을 중심으로 제1차 상권의 반경 500m 내에 입지하는 것이 외식사업의 일반적인 입지기준이다.

그것은 외식사업의 콘셉트가 하나가 아닌 데 원인이 있다. 따라서 일단 고객들의 외식욕구를 충족시킴으로써 사업목적을 달성할 수 있는 콘셉트로 외식사업을 진행해야 한다. 그러나 외식사업체들은 대부분 느낌에 따라 입지를 결정하였고, 더 나아가서는 인구나 상업중심적, 가처분 소득 등 인구통계적 변수를 고려하는 데 그쳤다.

실제로는 교통의 요충, 경쟁업체의 수, 유흥업소의 방향, 철야조업의 공장, 도매시장, 상설시장, 100세대 이상 입주 아파트, 고급맨션 및 아파트단지, 교육 집중적 거리 등 다양한 사항을 고려하여야 한다.

외식사업체가 위치하여야 할 가장 바람직한 장소는 외식사업체가 지닌 특성에 달려있다. 그렇다면 잠재고객이 접근할 수 있고 편리한 위치는 어떠한 곳일까? 보통 전문직 종사자를 외식고객으로 하고 이들의 점심식사를 위한 외식사업체는 그들의 근무지나 주변 거리와 비교적 가까워야만 한다.

특히 고속도로변이나 국도 및 지방도로에 위치한 외식사업체들은 자동차여행자들에게 아주 인기 있을 수도 있다. 미국의 McDonald's, Denny's 또는 Howard Johnson's와 같은 지명도가 있는 외식업체의 경우 품질과 가격을 보장받기 위하여 찾는 외식고객들도 있지만 대부분 이곳을 찾는 고객들은 위치의 편리성을 보고 찾아오는 경우가 많다. 이처럼 입지방향과 선택조건에 따라 외식고객들의 잠재력 규모가 변화할 수 있기 때문에 외식사업의 입지선정에 큰 의미가 있다.

1) 입지선정의 전제조건

일반적으로 외식사업체의 상권이 좋다는 것은 곧 입지조건이 양호하다는 것과 일맥상통한다. 그러나 외식사업체의 입지결정에 필요한 조건은 외부적인 요인보다는 내적인 요인이 더 크다는 사실을 명심할 필요가 있을 것이다. 외식사업 창업을 위한 양호한 조건의 입지라는 것은 사업장에 오는 고객들의 주거지에서 가까워야 하고 또한 외식고객들이 선택하는 요소가 매우 다양하게 형성되어 있어야 한다는 것이다. 이런 의미에서 입지결정을 위한 전제조건을 살펴보면 다음과 같다.

첫째, 외식사업을 위해 선택한 업종과 입지와의 관계를 현실적으로 파악해야 한다. 물론 업종을 선택하고 입지를 결정하는 경우와 입지를 결정한 다음 업종을 선택하는 경우가 있지만, 가능하면 업종을 선택하고 입지를 결정하는 것이 바람직하다.

둘째, 입지결정을 하기 전에 외식사업의 장기적인 비전(vison)을 생각해야 한다. 사업을 시작해서 단기간 내에 결과를 볼 생각을 한다면 매우 위험하며, 결과적으로 사업성은 떨어지는 경우가 발생한다.

셋째, 주변 여건을 분석해야 한다. 주변의 중대형 건물, 즉 5층 이상의 건물이 어느 정도 분포되어 있으며, 또한 예상 소비자의 분포까지도 고려해야 한다.

넷째, 교통근접성과 도로의 너비를 고려해야 한다.

다섯째, 상권 내의 유사업종과 경쟁업종의 분포사항을 파악하여야 하며, 동시에 시장성의 구조를 고려하여 입지를 결정해야 한다.

2) 입지선정의 기초자료

경영자는 외식사업의 개별성, 서비스의 스타일, 메뉴가격 등에 맞도록 입지선정에 특별한 기준을 필요로 한다. 어떤 외식사업체에 적당한 것은 다른 외식사업체에게는 적합하지 않을 수도 있다. 또한 근본적인 문제는 외식업장으로 유도하여야 할 고객들의 잠재시장에 입지해야 한다. 이러한 입지선정 기준으로 다음과 같이 6가지로 분류하기도 한다.

첫째, 지역의 인구통계적 변수이다. 여기에서는 흔히 나이, 직업, 종교, 인종, 가족규모, 교육수준, 평균소득이 포함된다.

둘째, 주요 접근로에서의 시각성이다.

셋째, 주요 접근로로부터의 접근성이다.

넷째, 레스토랑을 지나가는 잠재고객들의 수이다.

다섯째, 잠재시장으로부터의 거리이다.

여섯째, 주위환경과의 조화이다.

위치의 입지성은 경제, 지역주민의 성향, 건물의 출현과 쇠퇴, 교통흐름의 변화, 지역의 치안, 그리고 기타 다른 요인들을 포함한 여러 상황조건들에 따라 변화된다. 따라서 외식업체는 계속적으로 지역의 전반적인 상황에 주의하여 메뉴를 바꾼다든가 필요하다면 콘셉트를 변화시키거나 레스토랑 영업을 중단하여야 할 경우 변화조치가 필요하게 된다. 따라서 어떠한 위치영향 요인들을 간과하지 않기 위하여서는 입지를 평가할 수 있는 정보의 체크리스트를 개발할 필요가 있다.

여러 학자들이 주장한 입지선정을 위한 기본적인 체크리스트와 확인사항들은 다음과 같다.

〈표 15-1〉 입지선정을 위한 체크리스트 I

1. 위치의 면적과 전체 면적	16. 위생적 상하수도 처리 기준
2. 위치전면의 직선길이	17. 상하수구 배출 설비기준
3. 가장 가까운 주요거리로부터의 거리와 방향	18. 현행 토지이용조건
4. 하루 동안의 평균교통량	19. 인접시설물의 이용
5. 길의 위치, 폭, 중앙위치	20. 건축제한
6. 교통통제상태	21. 약 6km 내에 위치한 경쟁시설물들
7. 인접거리의 속도제한	22. 지역 인구밀도와 소득의 특징
8. 도로에 주차가능 여부	23. 허가 및 승인을 요구하는 관계기관
9. 주차장(크기, 폭, 필요한 주차장의 수)	24. 영업상태
10. 주차장을 위한 주의환경과 방해물	25. 서비스 수준표시
11. 지형적 특성	26. 건축법
12. 토지의 형태	27. 경쟁상황
13. 하수처리 정도	28. 메뉴가격
14. 기존 하부구조	29. 부동산 매매중개인의 정보
15. 이용할 수 있는 에너지	

〈표 15-2〉 입지선정을 위한 체크리스트 II

토지이용 상황
1. 현재 토지이용의 상황
2. 변경 가능한 토지이용의 변화성
3. 건축높이제한 정도
4. 주차한계 및 제한
5. 주변 건축물과의 관련성
6. 광고간판의 제약조건
7. 기타제한

입지조건
1. 주거지역
2. 주변 사무실 이용상황
3. 사업지구(용도)
4. 교육시설 상황
5. 주요 판매시장
6. 스포츠와 레크리에이션 활동
7. 역사유적지와 문화재
8. 지역을 연결하는 도로상황 및 폭
9. 산업활동센터
10. 쇼핑활동센터

지역개발 상황
1. 인구의 형태
2. 향후 성장패턴
3. 사업의 형태
4. 주변지역의 개발상황
5. 목표인구
6. 잠재노동력 전망
7. 향후 개발계획

물리적 이용에 따른 특징 분석
1. 토지 용도 상황
2. 입지 지하층부 지질상황
3. 지하수면 상황
4. 하수처리 능력
5. 입지의 경사 정도
6. 주위환경의 용의성
7. 현 위치의 해발 정도
8. 강, 바다, 하천 등의 둑으로부터 거리
9. 기타 특징

입지도로 토지 측정
1. 길이
2. 폭
3. 전체지역
4. 건축, 주차, 주변광장을 위해 이용할 수 있는 지역

주변 시각성
1. 장애물의 위치
2. 다른 방향으로부터의 시각성
3. 광고간판의 시각성
4. 위치에 영향을 미치는 시각성
5. 시각성에 불필요한 건축물 개보수

교통이용패턴과 규제
1. 거리의 교통량
2. 인접한 주요거리의 교통량
3. 가장 번잡한 교통량 시간대
4. 교통의 이용형태
5. 가장 가까운 도로까지 거리
6. 교통제한
7. 주차제한
8. 공공교통수단

공공서비스 시설현황
1. 관공서의 위치 및 거리
2. 경찰서, 소방서 등
3. 쓰레기처리 시설 장소의 거리
4. 치안을 위한 보호거리

도로 이용거리
1. 폭
2. 포장상태
3. 도로의 커브상태
4. 보도
5. 조명
6. 경사도
7. 위험성
8. 전체 도로 이용 시각상태

기존 시설물의 설비상태
1. 물의 공급
2. 위생처리
3. 하수도
4. 전기
5. 가스
6. 스팀

유사경쟁업체
1. 음식시설의 수
2. 시설과 메뉴의 유형
3. 서비스 스타일
4. 좌석의 수
5. 평균매출액
6. 경쟁의 형태
7. 경쟁의 영향

〈표 15-3〉 입지선정을 위한 확인사항

입 지 평 가	입지선택에 있어 확인사항
1. 주요 도로로부터의 시각성 2. 주요 도로의 이용교통 편의성 3. 다른 교통편의성 4. 상하수도 배수시설 5. 가스, 수도, 전기, 전화 이용과 그 요금 6. 주변 고속도로와의 연결성 7. 도심과의 이용상황 8. 주변 도로의 교통량 9. 주변의 환경영향 10. 장래 지역성장도 11. 입지점포의 개요와 장래 확대여지 12. 지역의 외적환경과 특징 13. 고객 및 주민의 거주지로부터의 거리	1. 도시 중심부로부터의 거리(시간과 교통수단) 2. 토지가격과 성장가능성 3. 지형과 지질의 정도 4. 공공시설(도로, 하천 등)의 유무 5. 급배수시설 6. 공익적 시설(학교 상업시설 등) 7. 주변지역의 환경 8. 도시계획과의 관계 9. 법률상의 규제 유무

• • • 전문가들이 조언하는 피해야 할 입지 유형 5가지

① 건물주가 현재 외식업, 식당업을 하고 있거나 유사한 업종을 하고 있는 경우를 피해야 한다. 임차해서 들어가는 경우 당연히 강자는 건물주고 약자는 임차인일 것이다. 아무리 성격이 좋은 건물주라 하더라도 보증금, 월세, 권리금, 각종 공과금, 재계약, 시설 측면 등 시간이 흐를수록 시비가 끊이지 않을 수 있다.

② 임대료가 싸거나 권리금이 없는 경우는 조심해서 입점해야 한다. 임대료가 싸다면 그만큼의 상권형성이 안 됐다는 것이고 권리금이 없는 경우는 그만큼의 수익이 발생하지 않는다는 것이고 반대급부적으로 시설, 인테리어 비용 등 투자비용이 많이 들어간다는 것이다.

③ 건물주가 자주 바뀌는 점포는 피해야 한다. 건물주가 자주 바뀐다는 것은 건물에 하자가 많다는 것이며 차후에 건물이 경매에 들어가 보증금을 떼일 소지가 많다는 것이다.

④ 주변에 식당이 없는 경우 식당창업을 피해야 한다. 주변에 식당이 없는데 독자적으로 식당창업을 해서 성공을 해보자는 것은 위험천만한 일이다. 그만큼의 위험부담이 크다는 것이다. 주변에 식당이 많이 형성되어 있다는 것은 외식업으로 입지형성이 되어 있다는 것이고 고객 수요층이 충분하다는 것이므로 위험 부담을 줄일 수 있다.

⑤ 되도록이면 지하층에 입점을 피한다. 창업자본금이나 위치적으로 어쩔 수 없는 상황이면 모를까. 지하층은 환경적으로 좋지 않다. 공기 순환이 좋지 않아 손님의 건강 측면도 있겠지만은 우선은 오랜 기간 동안 운영해야 하는 창업자의 건강이 우선돼야 한다고 본다.

2. 입지선정 조사방법

위에서 설명한 바와 같이 외식사업에 매우 적정한 입지를 선정한다는 것은 매우 어려운 일이다. 만약 사업을 위해 적절한 장소를 선택한 상황에서 외식업을 시작한다면 거의 성공하였다고 해도 과언이 아니다. 외식사업에 필요한 정보와 입지선정을 위한 자료를 얻기 위해서는 다음과 같은 조사방법을 실행해야 한다.

1) 통행량의 정확한 수치 확보

이를 위해서는 입지를 선정하고자 하는 장소 앞을 유동인구와 기존 거주인구가 어떠한 방향으로 이동하고 있는가를 철저하고 세밀하게 분석하여 정확한 자료를 확보해야 한다.

○ 조사항목:
- 반경 1km 이내 주변 잠재고객 이용시설 정도(관공서, 쇼핑센터, 학교, 백화점, 서비스시설 등)
- 평일 및 휴일 시간대별 통행량(여성고객, 직장인, 어린이, 학생 등)
- 통행인의 속도
- 이용 교통수단별(버스, 전철, 자가용, 철도 등)
- 이용 도로형태 및 보도블록 상태

2) 입지선정 주변지역의 상권조사

행정지도에 나타난 일정한 지역을 설정하여 주변에 형성하고 있는 상권이 어떠한 상태로 구성되어 있는가에 대하여 입지 후보지역을 등급화(ABCD)하여 최소한의 반경 0.5~1km 정도 이내 도로변의 건물과 인구집중건물 및 상가건물의 형태를 세밀하게 조사하여 입지결정에 활용해야 한다. 상권에 대해서는 다음 절에서 자세히 다루도록 한다.

3) 입지선정 지역의 주변 경쟁업체 조사(유사업체, 메뉴가격별, 규모별 등)

〈표 15-4〉 유사 및 동종업체 조사표

순위	동종업체명	메뉴가격	규모(층, 평)	주고객층	이용시간	매출액대비	기타

4) 시장분석

외식사업체의 위치는 중앙도로 또는 고속도로와 같은 매력 있는 거리와 매우 밀접한 접근성이 있어야 한다. 거리의 형태와 도로의 폭 및 커브상태 등에 의해서 가려질 수 있는 위치가 주변 건물과의 시각성을 갖추고 있는 경우에는 이러한 빈약요소를 극복할 수 있다.

또한 성공적인 외식사업을 위해서는 실제의 경쟁업체와 잠재적 경쟁상대를 사전에 면밀히 분석하여 대처해야 한다. 주요 경쟁업자들은 업체의 수, 좌석의 수, 회전율, 메뉴의 유형, 평균 고객의 수, 그리고 연매출액 등 기초자료를 토대로 입지를 결정한다.

〈표 15-5〉 입지선정을 위한 시장분석

구 분	세부사항
인구통계적 자료	1. 나이, 성별, 소득수준, 가족규모, 직업 2. 걸어서 이용할 수 있는 거리, 운전하여 2분에서 10분거리, 운전하여 15분에서 30분 거리

교통패턴	1. 주요 도로와의 연결, 교통량, 인근도로에서의 시각성 2. 앞으로의 도로나 거리의 루트
지역고용상황과 성장력	1. 지역의 대규모 사업체 2. 새로운 산업의 향후 성장력
기타 경제적 요인	1. 현재나 향후 레크리에이션 시설 2. 토지세와 세금 3. 향후 지역의 발전 전망 4. 주차
잠재고객	1. 경쟁업체 2. 메뉴, 가격, 그리고 장식에 있어 경쟁업체와의 유사점 3. 앞으로 경쟁업체의 시장침투 4. 인근 음식업체의 좌석수 5. 경쟁업체로부터 메뉴수집하여 다양성과 가격 연구
매출계획	1. 설문지 개발 2. 매출계획서식을 이용

날짜: ______________________ 위치: ______________________
음식서비스의 유형: ______________________

특징평가	
구역	
1. 현재구역	______________
2. 기대구역변화	______________
3. 고도제한	______________
4. 주차제한	______________
5. 옆과 뒤쪽제한	______________
6. 간판표시제한	______________
7. 기타 제한	______________
위치: ~로부터의 거리와 시간	
1. 주거지역	______________
2. 주위 사무실	______________
3. 사업체지구	______________
4. 교육기관	______________
5. 주요 시장	______________
6. 스포츠와 레크리에이션 시설	______________
7. 역사유적지	______________
8. 주요 교통루트	______________
9. 산업센터	______________
10. 쇼핑센터	______________

〈계속〉

특징평가	
지역	
1. 인구의 유형	
2. 향후 성장력	
3. 주요사업의 유형	
4. 근교개발	
5. 목표인구	
6. 노동력 전망	
7. 개발계획	
물리적 특징	
1. 표토	
2. 하층토	
3. 지하수면	
4. 배수	
5. 경사	
6. 경관	
7. 해발	
8. 강이나 시내로부터의 거리	
9. 기타 특징	
대지측정	
1. 길이	
2. 폭	
3. 총면적	
4. 건축, 주차, 열린 공간을 위해 이용할 수 있는 총면적	
시각성	
1. 장애물	
2. 다른 방향에서의 시각성	
3. 업체표시의 시각성	
4. 위치에 영향을 미치는 시각성(예, 공장이나 큰 건축물)	
교통패턴과 규정	
1. 교통량	
2. 근처 주요거리의 교통량	
3. 교통량이 가장 많은 시기	
4. 교통의 유형	
5. 가장 가까운 주요 도로와의 거리	
6. 교통규정: 편도, 멈춤표시, 회전금지, 속도제한	
7. 주차규정	
8. 대중교통수단	
서비스	
1. 치안	
2. 화재	
3. 쓰레기	
4. 음식물 쓰레기	
5. 안전	

〈계속〉

특징평가	
거리	
1. 폭	________
2. 포장상태	________
3. 커브	________
4. 보도	________
5. 밝기	________
6. 경사도	________
7. 위험	________
8. 전체조건	________
공공시설	
1. 상수도	________
2. 위생하수도	________
3. 전기	________
4. 가스	________
5. 스팀	________
경쟁	
1. 음식시설의 수	________
2. 시설과 메뉴의 유형	________
3. 서비스 스타일	________
4. 좌석의 수	________
5. 평균매출액	________
6. 경쟁의 유형	________
7. 경쟁의 영향	________

〈그림 15-1〉 시장과 위치분석

3. 입지선정 방법의 실제

1) 인터체인지 입지

인터체인지가 만들어지면 새로운 도로, 우회도로를 연결하는 도로가 만들어지고 입지는 구시가지에서 크게 변화하여 새로운 오른쪽 상권이 이동하게 된다. 이러한 형태의 입지는 현대적이고 고객을 창출할 수 있는 화제성이 높은 새로운 업태나 업종이 적당하다.

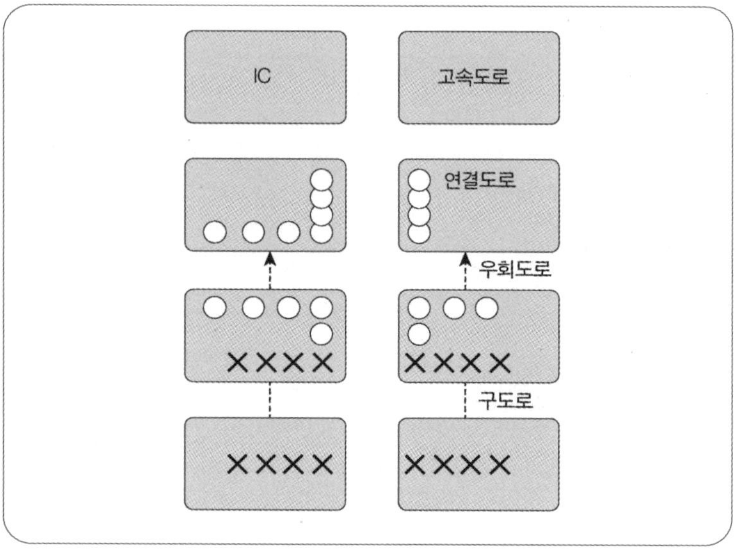

〈그림 15-2〉 인터체인지 입지

2) 도시와 도시 간의 중간입지

식당의 흡인율은 매장면적(또는 인구)의 크기에 비례하고 거리의 제곱에 반비례한다. 따라서 〈그림 15-3〉의 A시와 B시에 흡인력이 있더라도 거리가 떨어져 있는 E읍에는 영향이 적어 새로운 상업입지가 탄생하게 된다.

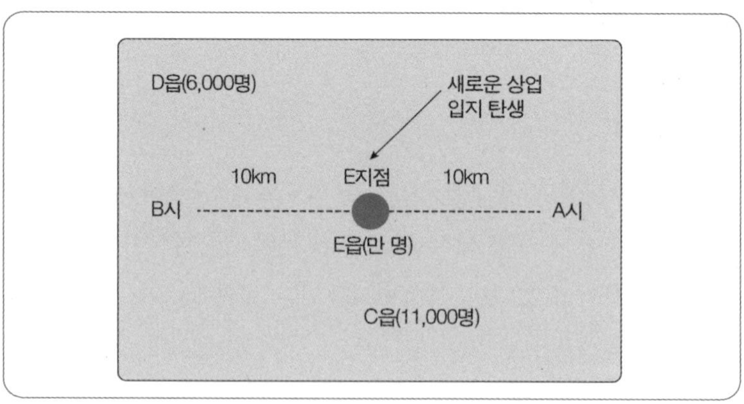

〈그림 15-3〉 도시와 도시 간의 중간입지

3) 일면입지

일면입지는 생활도로가 좋고 승용차 통행량이 많은 오피스와 아파트 단지가 많은 지역이 좋다. 또 점포 앞 전면으로 주차장이 있으며 전면 길이가 5m 이상이면 좋다. 최초 길목으로 횡단보도와 버스정류장, 지하철역이 인접해 있으면 음식점 입지로 적합하다.

4) 삼거리 코너 입지

삼거리 코너 입지는 우회전쪽 코너가 좋으며 삼각 방향에서 가시성이 좋아 홍보에 유리하다. 삼거리 교차지점에서 코너 입지를 끼고 좌회전 또는 U턴할 수 있으면 좋고 비보호 신호등일수록 좋으며 주차장이 전면에 있어야 한다.

5) 사거리, 오거리 코너 입지

오거리는 상권이 분산되는 입지로서 점포가 위치하고 있고 지점 내 집적시설(주차장, 백화점, 관공서 등)이 있는 곳이어야 출점할 수 있다. 사거리 코너는 좌회전, 우회전, U턴, 직진 등 자동차가 자유롭게 왕래할 수 있어야 하고 신호등이 점포 전면에 있으면 좋다.

6) 쌍방향 일자형, 쌍방향 양면입지

아주 좋은 입지로서 가시성, 홍보성이 우수하다. 4면이 교통도로가 아니면 좋고 생활도로나 도보도로이면 좋다. 특히 4방향일 경우에는 접근성이 좋다.

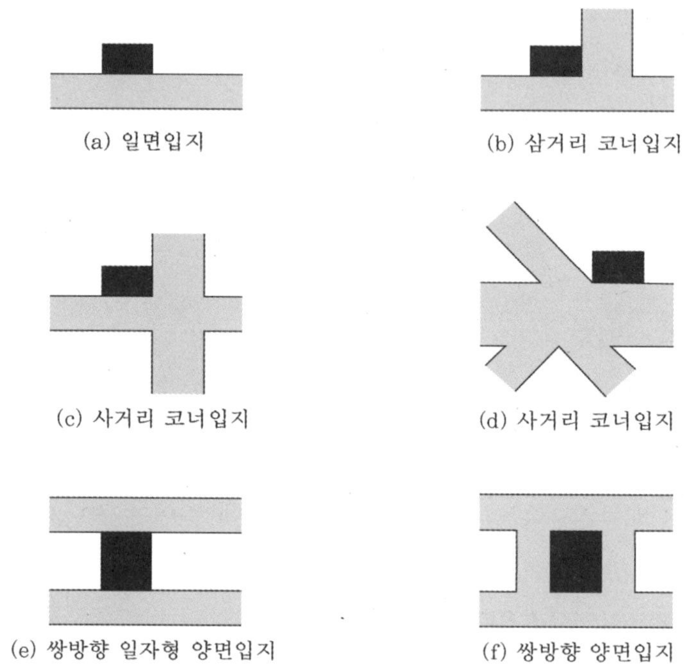

〈그림 15-4〉 입지종류별 유망지역

• • • 수수료 매장이란?

전형적인 전월세 형태의 임대방식에서 탈피, 매출의 일정률을 건물주에게 임대료조로 지급하는 방식으로 선진국에서는 이미 보편화돼 있으며 국내에서도 일부 외국계 기업형 레스토랑에서 채택하고 있는 임대방식이다.

수수료 매장이 선호되는 이유는 대형 점포를 지향하는 패밀리 레스토랑의 경우 과도한 임차료와 큰 초기 투자비에 대한 부담이 큰 반면 이를 감수하고서 오픈을 한다 해도 장사가 잘된다는 보장이 없다 보니 임대료 부분을 보다 유연하게 변동비성으로 가져가야 한다는 데 있다.

이 같은 수수료형 임대 방식은 건물주가 단순히 임대료를 낮춰주는 대신 매달 매출의 일정률을 받는 경우가 있는가 하면 임대료뿐 아니라 시설, 인테리어 등에도 공동 투자하는 대신 수수료를 높이는 방법도 있는 등 계약에 따라 조건에는 차이가 있다. 이에 대한 장점을 살펴보면 우선 임차인(외식업체)에게는 임대료를 고정비에서 변동비로 전환해 회계상의 유연성을 확보할 수 있고 초기 투자비가 적다 보니 현금 흐름을 높혀 이를 다른 부분에 투자할 수 있어 한정된 비용으로 보다 많은 점포를 출점할 수 있으며 건물주와의 협조가 용이해 점포 운영이 원활해진다는 것이다.
반면 임대주(건물주)는 시세보다 높은 임대료를 확보할 수 있으며 건물 및 부지 가치의 상승, 전체적인 임대시장의 활성화에 기여, 그리고 임차인을 통해 사업에 관한 다양한 정보를 얻을 수 있다.

2 상권분석

1. 상권분석의 의의

소비자들의 행동특성은 일정한 지역공간 내의 일정한 지점에 거주지를 마련하고 이를 행동반경으로 하여 생활행동을 전개하며, 이에 대한 상호작용으로서 일정한 상권이 형성되게 된다. 따라서 이러한 상권의 본질이나 특성을 과학적이고 체계적으로 분석하거나 이해한 후 사업경영에 임하면 시행착오나 실패를 최소화할 수 있게 된다.

1) 상권의 정의

상권(trading area)이란 생산자와 수요자 그리고 소비자 사이에서 상거래가 이루어지는 거래권(영향권, 세력권, 판매권, 관할권 등으로도 표현)을 의미한다. 다시 말해서 고객을 끌어들이는 범위로서 상업세력이 미치는 범위 또는 고객을 흡입할 수 있는 지역적인 범위를 뜻한다.

이는 생산자나 판매자의 거래공간이자 범위인 공급권(supply area)과 판매권(sales territory) 그리고 수요자나 구매자의 거래공간인 수요권(demand area), 구매권(shopping area)이 복합된 개념이라고 할 수 있다.

과거에는 상권을 '마케팅 주체인 기업이 상품이나 서비스를 판매 내지 배송하는 데 있어 판매량과 비용 면에서 보아 경제적인 경계에 의해 그 크기가 결정되는 지역(distrit)'이라고 정의하였다. 이와 같이 상권이란 소비자의 생활권과 사업자의 활동권이 직·간접적으로 중층화되어 형성된 공간이라고 할 수 있다.

2) 상권인식의 필요성

잠재수요를 파악하여 설정된 상권 내의 매출과 손익을 추정하는 데 필요하며, 상권에 대한 올바른 인식을 통한 고객지향적 마케팅전략으로 세분화된 시장파악이 가능하다는 것이다. 상권에 대한 인식의 필요성, 체계적이고 과학적인 입지선택의 전략, 그리고 향후 점포의 발전계획 등에서의 상권파악은 거의 절대적으로 유용하다고 볼 수 있다.

2. 상권의 범위와 영향요인

상권의 범위는 입지 및 상권특성에 따라 다르지만 대부분 업종 및 업태에 따라 범위를 설정하게 되는데, 업태에 따른 상권의 범위는 1차, 2차, 3차 상권으로 나누어지고, 상권의 유형별 분류로는 초대상권(광역권), 대상권(10~20km), 준대상권(6~10km), 준중상권(2~4km), 소상권(1~2km), 초상권(500m~1km) 등이 있다. 또 상권의 거리상에 따른 분류는 도보권(편도 10분 이내, 500m 이내), 자전차권(1.5km), 자동차권(5km), 철도권(지하철권, 철도권), 공항권 등이 있다.

상권에 영향을 주는 요인에는 외부요인과 내부요인으로 구분할 수 있으며, 어떤 요인에 가중치를 둘 것인가는 업종이나 업태, 또는 기타 상황에 따라 달라질 수 있지만, 일반적으로는 인구, 교통량(도로, 역세권 포함), 도시계획, 점포규모, 조직활동, 지형지세 등이 매우 중요한 상권의 결정요인이라고 할 수 있다.

3. 상권의 분석방법

1) 지역시장 분석

음식서비스 업체를 개발하거나 변화를 시도하는 것에 관련된 결정에 있어 중요한 것은 지역사회에 새로운 레스토랑이나 레스토랑에 변화를 위해 필요한 것을 정확히 분석하는 것이다. 지역사회의 전체 경제성장은 음식서비스 업체들의 영업에 필수적인 지표이므로, 인구통계적 조사에서 수집된 정보를 활용하여 다음과 같은 지역의 현재와 미래의 경제성장을 평가할 수 있다.

(1) 과거 5년 동안의 인구성장 증감
(2) 향후 5년 후의 인구성장 증감
(3) 대다수의 가족규모
(4) 평균 가족규모
(5) 2인 소득 가족의 수
(6) 3인 이상의 가족
(7) 가장 높은 퍼센티지의 가계소득 범위
(8) 가장 높은 퍼센티지의 결혼인구 범위
(9) 연령별로 가장 큰 규모의 인구분포 그룹
(10) 1인당 평균소득

즉 지역사회의 인구증감, 소득수준, 그리고 연령분포를 파악하여 지역 내에 존재하고 있는 경쟁업체의 분석과 비교함으로써 전체적인 사업전망을 판단할 수 있게 된다.

2) 잠재고객 분석

앞에서 논의한 바와 같이 잠재고객들에 관한 인구통계학적 정보는 다음과 같은 범주로 분류될 수 있다.

(1) 연령

(2) 평균소득
(3) 가족규모
(4) 성별
(5) 결혼 여부
(6) 직업
(7) 교육수준

고객에 대한 정보는 잠재고객들의 욕구를 파악할 수 있는 바탕이 되며, 고객 특징과 인구통계적 정보의 조합으로 목표시장의 프로파일을 확인할 수 있는 고객 프로파일을 만들 수 있다(고객 프로파일 + 인구통계적 정보 = 목표시장)

이러한 목표시장 프로파일은 현재 고객의 이용빈도에 따라 세분화할 수 있는 것처럼 세부적으로 더 많이 분류될 수 있으며, 반복구매의 빈도는 마케팅 노력에 대한 고객의 반응을 나타내주는 지표가 된다. 이용패턴 또한 고객 프로파일에 대한 추가적인 마케팅 정보를 제공해 줄 수 있으며, 이러한 정보를 측정하기 위한 도구로는 가장 흔히 이용되는 지불방법과 고객이 레스토랑을 이용하는 목적을 들 수 있다.

고객이 필요로 하는 것을 인식하는 것은 그들의 욕구를 충족시킬 수 있는 상품과 서비스를 인지할 수 있는 계기가 된다. 예컨대 음식서비스 산업 중 가장 빠르게 성장한 분야는 테이크 아웃이다. 패밀리 프로파일에 있어 변화, 즉 노동패턴과 식습관의 변화로 인하여 완전히 조리되거나 부분적으로 조리된 것을 구매하며 가정으로 배달하여 줄 수 있는 높은 품질의 음식상품에 대한 수요가 증가된 것이다,

따라서 관리자는 이러한 정보를 향후 계획과 콘셉트, 촉진활동, 메뉴프로그램, 영업시간 그리고 스태핑의 변화를 강구하기 위한 바탕으로 이용할 수 있다.

3) 경쟁업체 분석

경쟁업체의 인지는 성공적인 마케팅 노력의 주요한 요인이며, 경쟁업체와 그들이 제공하는 상품과 서비스가 어떠한 것인가를 식별하고 이해하는 것은 음식점 창업에 있어 가장 중요한 것임을 간과할 수 없다.

경 쟁 력 조 사

주소 :
날짜 :
작성자 :

1. 위치
① 레스토랑이 위치하고 있는 곳
② 주요 도로 접근로
③ 주차
④ 볼 수 있는 간판__________ 조명__________
⑤ 대중교통 접근로
⑥ 이용 가능한 대중교통수단
⑦ 위치의 특징과 책임

2. 물리적 상태
① 건축스타일
② 뚜렷한 특징
③ 전체적 외부시설 상태
④ 전체적 내부시설 상태
⑤ 다이닝 공간의 유형

3. 서비스특징
① 영 업 일(주)__________ (년)__________
② 영업시간(일)__________ (주)__________
③ 수용력
④ 회전(다이닝 공간에 따른 것과 식사서비스에 따른 것)
⑤ 평균지출(1인분)__________ (전체)__________
⑥ 일반요리
⑦ 제공될 식사(조식)__________ (중식)__________ (석식) __________
⑧ 음료서비스(라운지)__________ (맥주와 와인)__________
⑨ (바)__________ (풀베버리지 리스트)__________
(와인리스트)__________ (기타)__________
⑩ 서비스(좋음)__________ (보통)__________ (나쁨)__________
⑪ 추가시설
⑫ 오락
⑬ 지역
⑭ 특별한 문제
⑮ 청탁메뉴(예)__________ (아니오)__________

지면 레이아웃(기술이나 스케치)

〈그림 15-5〉 경쟁력 분석의 내용

경쟁업체는 직접적으로 경쟁관계에 있는 여러 식음료 상품과 서비스를 제공하는 레스토랑이기 때문에 가격을 유사하게 결정할 필요가 있으며 위치, 크기, 좌석수, 시설, 테마, 그리고 음식은 경쟁업체를 분석하는 데 있어 조사되는 주요한 요인이다.

〈그림 15-5〉는 경쟁력 분석의 내용은 위치, 물리적 상태, 그리고 레스토랑이나 음식서비스의 특징을 분석하는 하나의 서식이다.

레스토랑 콘셉트의 목적은 서로 다른 목표시장의 욕구를 충족시키고자 하는 것이다. 어떤 레스토랑은 보다 높은 가격의 메뉴음식과 풀서비스 식사를 제공하지만 다른 레스토랑은 적당한 메뉴음식을 선택하여 중간가격으로 제공할 수도 있고 낮은 메뉴가격으로 퀵서비스 레스토랑의 분위기를 제공할 수도 있다. 실내디자인과 좌석은 메뉴음식의 수준과 가격의 범위에 맞는 것이어야 하며, 새로운 레스토랑을 설립하는 데 있어 접근하고자 하는 시장을 파악하여 새로운 개발전략 수립에 이러한 정보를 이용할 수 있다.

참/고/문/헌

신봉규 외, 『외식창업메뉴얼』, 백산출판사, 2001.

정구점 외, 『외식산업 시장조사와 상권분석』, 학문사, 2001.

Baraban, R. S., J. F. Durocher., 『Successful Restaurant Design』, New York: Van Nostrand Reinhold, 1989.

Birchfield, J. C., 『Design & Layout of Foodservice Facilities』, New York: Van Nostrand Reinhold, 1988.

Kazarian, E. A., 『Foodservice Facilities Planning』, New York: Van Nostrand Reinhold, 1989.

Part

04 외식문화의 이해

FOOD SERVICE INDUSTRY

16 Chapter 문화와 식생활의 이해

1 외식문화의 기초

1. 외식문화 형성의 의미

인간생활의 기본요소인 의식주는 어느 한 분야라도 중요하지 않은 부분이 없겠지만 인간은 식생활을 통해서 삶의 원동력인 에너지를 공급받고 건강한 일상의 생활을 영위함으로써 건전한 문화발달을 형성한다는 측면에서 식생활의 의미는 매우 중요하다고 할 수 있다.

식(食)을 위한 활동에서 인간은 다른 동물들과 달리 대뇌의 발달과 양손의 활용 등에 의해서 자연환경적 생활조건에 잘 순응할 뿐 아니라, 보다 적극적이고 바람직한 생활여건을 마련하기 위해 여러 가지 노력과 실천을 해왔다. 이 같은 음식물 섭취행위와 관련된 모든 생활의 활동을 '식생활(食生活)'이라 한다.

생활의 기본이 되는 식생활은 인간의 본능적 욕구인 생존과 배고픔을 충족시켜주는 기능부터 자아실현에 이르기까지 관련된 인간의 주요생활을 말한다. 식생활은 경제 · 사회 · 정치 · 자연 · 기술적인 환경 등 인간의 생활양식에 의해서 영향을 받게 된다.

이러한 식생활은 산업화나 도시화의 진전과정에서 사회구조 변모와 함께 생활양식이나 식사양식의 변화가 복잡하고 다양화되면서 새로운 식생활구도로 형성되어 갔다.

이러한 관점에서 각 나라의 전통음식은 그 나라를 대표하는 문화재와 마찬가지의 품격을 갖게 되기 때문에 식생활과 문화는 별개의 의미보다는 상호 연계성을 가지면서 동시성을 갖는다고 보아야 한다.

문화란 인간사회의 구성원에 의하여 습득 · 공유 · 전달되는 행동양식이나 생활양식의 총체를 의미하는데, 엘리어트(T.S. Eliot)는 문화란 '생활의 방식'이라고 정의하였다.

식문화는 음식의 문화를 의미하는데, 음식문화란 한 나라에서 그 민족만이 오랜 세월을 두고 그들의 기후와 풍토에 맞춰 독특하게 형성되어 온 것이며, 그들의 자연환경 및 사회환경과도 깊은 관계가 있어 민족 고유의 문화와 맥을 같이하고 있는 것이다.

일반적 개념의 문화는 학습된 경험에 의해 정착화라는 과정을 통해서 변화되고 전승되며, 또한 일상적이고 무의식적으로 이루어지면서 체계적인 가치관인 반면, 식생활문화는 한 세대 사람들에게 습득되고 정착화되어 다음 세대에 전승되면서 끊임없이 변화하고 있는 하나의 과정이자 습관으로 사회적 기능이나 문화적 요소들의 영향을 받은 가치관에 의해 변화하는 특징이 있다.

때문에 식생활과 관련된 행동의 변화를 살펴보는 것이 음식문화를 이해함에 있어 의미가 있다고 볼 수 있다. 식생활 문화란 한 사회 또는 그 나라의 구성원들에 의해 습득 · 공유 · 전달되어 온 식생활 패턴 또는 양식이라 할 수 있다. 여기에는 어떤 식품을 대상으로 하여 어떤 방식으로 가공 · 조리되었고 어느 곳에서 식사를 하는가 하는 모든 면이 포함되어 있다

2. 식생활(食生活)의 개념

1) 식생활(食生活)의 정의

① 식생활이란 먹고 사는 생활이다.

② 식생활이란 인간이 생명 유지 및 성장에 필요한 영양분을 섭취하기 위해 음식을 먹는 양식화된 행위이다.

③ 식생활이란 '사람의 식의 영위'이다. 즉, 식생활이란 인간생활에서 식품을 구입하여 조리하고 조리된 음식을 섭취하는 일련의 생을 영위하는 행동을 말한다.

④ 식생활이란 음식물 섭취행위와 관련된 모든 생활의 활동을 말한다.

2) 문화(文化)의 개념

문화는 영어의 'culture', 독일어의 'kultur'로 라틴어의 'cultus'에서 유래된 것이다. 이 말은 원래 '밭을 갈아 경작하다'는 의미로 '자연에 노동을 가하여 수확한다'는 뜻이다. 이것이 시대가 변화하면서 '가치를 상승시킨다, 가치를 창조한다'는 뜻을 갖게 되었고, 마침내 교양이나 세련된 의미를 뜻하는 단어로 변화하였다. 따라서 어원적으로 문화의 의미는 자연에 인공을 가한 것이 되며, 인간에 의해 이룩된 것을 말한다.

인류학적인 관점에서 린톤(linton)은 문화를 '특정사회의 성원들에 의해 공유되고 전승되는 지식 · 태도 및 습관적인 행위유형의 종합'이라고 정의하였고, 허스코비츠(herskovits)는 '환경 중에서 인간에 의해 만들어진 부분'이라고 정의하였다.

문화의 인류학적 관점의 정의는 특정한 인간집단에서 특징적으로 나타나는 한 사회 내의 생활유형으로 규칙적이고 반복되는 활동 및 물질적 · 사회적 배역을 지칭하여 왔다. 따라서 문화는 그 지방의 풍토 · 기후 · 종교 · 사회 등 여러 가지 요소의 복합체로서 성장하여 이동의 목적지에서 그 지방의 특성과 결합하여 토착화하는 것이다. 문화에 대한 정의는 〈표 16-1〉과 같이 요약할 수 있다.

〈표 16-1〉 문화에 대한 정의

Lesilie. A. White	문화는 독립변수이고 행위는 종속변수이다. 즉, 문화란 행위의 변화를 가져오는 원동력이다.
T. S. Eliot	문화란 하나의 생활양식이다. 한 나라의 문화는 국내의 여러 지방의 문화로 형성되고 있으며, 그것은 전체 문화의 다양성과 통합성을 가져온다.
Herbert I. Schiller	문화란 박물관의 전시물이나 골동품을 모아 놓은 것이 아니다. 즉 썩지 않도록 잘 보호해 두고 존경의 마음으로 쳐다보는 그런 것이 아니라 국내의 지배자들과 투쟁과정에서 매일매일 습득되는 것이다.
Herbert Gans	문화란 예술, 음악, 문학을 비롯한 상징물은 물론 사고와 감정 등도 포함된다.
A. J. Toynbee	문화란 인간과 자연, 인간과 인간, 인간과 보이지 않는 힘과의 만남의 결과이다. 그것은 자연도, 인간도, 보이지 않는 힘 그 자체도 아니다.
Michael Prosser	문화란 한 세대에서 다음 세대로 전해 내려오는 전통 · 관습 · 규범 · 믿음 · 가치관 · 사고방식 등을 말한다.
이 상 희	문화란 인간들이 만들어낸 비자연적인 모든 것이다. 즉 종교 · 사상 · 예술 · 과학 · 학문 등의 정신문화 · 도구 · 기계 · 제품 등의 물질문화 그리고 관습 · 제도 · 법률 등의 제도문화를 모두 포함한다.
홍 승 직	문화란 한 사회 내에서 사람들이 질서 있게 상호작용하는 데 필요한 가치와 규범의 총체이다.
차 하 순	문화란 문화인류학적 측면인 습관 · 풍속 · 음식 · 복장 · 주택 · 가무 · 언어 · 생활양식 등과 지적인 측면인 학문 · 예술 · 사상 · 기술 등을 말한다.
김 우 중	문화란 한 사회의 성원들이 주변환경에 적응하면서 끊임없이 발전시켜 온 지혜와 가치의 총체이다.
이 정 춘	문화란 다음 네 가지의 영역에 속하는 것을 말한다. 첫째는 예술의 영역이다. 공연예술(음악, 연극, 오페라, 무용), 전시예술(회화, 조각, 스케치, 프린트, 공예), 문학예술(소설, 시, 평론, 저술) 등을 포함한다. 둘째는 사회적 수용기의 영역이다. 여가시간을 충족시켜 주는 사회체육, 취미활동, 매스 미디어, 레크리에이션 등을 포함한다. 셋째는 인류학적 영역이다. 정서와 가치, 이념, 태도 등을 의미한다.
김 용 옥	문화란 오늘을 살고 있는 우리들의 삶 그 자체이다. 즉, 인간은 누구나 태어나서 성인이 되고, 결혼을 하며 늙어 마침내 죽게 되는데, 그 모든 과정이 곧 문화이다. 따라서 문화의 무대는 높은 나무판대기에 자리 잡고 있는 것이 아니라 우리들의 삶 속에 내재해 있다.

3. 식습관의 재형성

식습관(food habit)이라 함은 식생활을 중심으로 형성되는 습성이나 관습을 말한다. 이는 문화와 같이 학습에 의하여 형성되는 것이다. 또한 식행동에서 사회적 · 문화적 · 심리적 영향을 받아 하나의 습관이 된 것을 말한다. 인간이 음식물을 입수하여 조리가공 과정을 통해 섭취하게 되는 일련의 과정을 식행동이라 하며 식습관은 그 식행동에 여러 가지 요인에 영향을 받아 하나의 습성화되어 형성되는 것이다.

식습관은 인간이 후천적으로 형성하는 생활양식으로, 어떤 집단의 구성원들에게 공유되고 있는 식생활이라 말할 수 있으며 교육, 생활양식, 의료지식에서 식습관을 재형성되기도 한다. 〈그림 16-1〉은 식습관의 습득과 정착화 과정을 도해한 것이다.

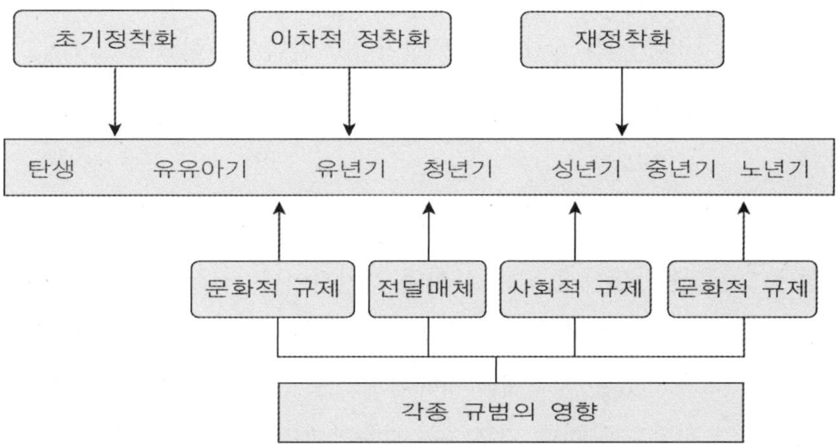

〈그림 16-1〉 식습관의 습득과 정착화

2 음식의 혁신이 사회에 미치는 영향 <식생활과 문화>

1. 변화에 대한 저항

시간이 흐름에 따라 사물이 변하는 것은 자연스러운 것이며, 사회 전체의 발전을 위해 변화는 필요하나 어떤 현상에 변화가 올 때면 이에 대한 저항 또한 광범위하여 변화에 순응하는 것은 쉽지 않다.

새로운 사고나 습관을 받아들이는 것을 '혁신'이라고 할 때 이러한 혁신은 보편적 의미에서 외적인 요인에 의해 이루어진다. 혁신의 특성과 식습관의 상호연관성은 다음의 다섯 가지 항목으로 분류할 수 있다.

1) 상대적 유용성

혁신이 상대적으로 유용하다고 인식되는 정도가 크면 클수록 이를 채택하는 속도는 빠르게 되며 이러한 것을 상대적 유용성이라고 한다. 이 혁신이 강제적으로 유인된 것이 아닌 한 그 혁신은 단점을 초월하여 장점으로 변화할 수 있는 것이 분명하다.

2) 적응성

적응성은 그 혁신의 대상이 되는 사회의 가치관이나 요구의 일치성이다. 영양적으로 우수한 식품임에도 불구하고 받아들여지지 않는 사례가 많다. 예를 들어 힌두교도 학생들이 다니고 있는 학교에서 학교급식으로 양질의 단백질원인 소고기를 제공해도 종교적인 신념으로 이를 거부하는 경우가 있다. 영국에 이민온 인도 사람들도 마찬가지이며 심지어 마가린도 소에서 얻은 식료품이라 하여 이에 저항하며 적응하는 경우는 희박하다. 따라서 혁신에 대한 적응성을 높이기 위해서는 그 전제로 새로운 음식에 대한 가치관이나 신념이 받아들여져야만 한다.

3) 시행가능성

제한된 조건하에서 시도될 수 있는 혁신인가에 대한 가능성이다. 혁신의 시도는 그 혁신을 시행하는 사람에게 심리적인 저항감이 감소되는 것을 의미한다. 즉, 설탕의 대용으로 인공 감미료를 사용하는 것은 시행 가능한 것이다. 이는 특히 현대사회에서 에너지 섭취과다를 설탕 섭취량을 제한함으로써 어느 정도는 막을 수 있다는 점에서 혁신에 대한 시행가능성의 좋은 예라고 할 수 있다.

4) 번잡성

번잡성이란 음식을 중심으로 일어나는 혁신을 이해하고 실행하는 것을 사람들에 따라 얼마나 어렵게 생각하느냐 하는 것이다. 수용하기 위한 노력이 필요없는 혁신은 새로운 기능이나 이해가 필요한 혁신에 비해 훨씬 빠른 속도로 수용된다.

예를 들어 어떤 환자가 튀긴 음식을 피해야 한다고 할 때 교육을 위한 노력의 압력이 그리 크지 않아도 신속하게 받아들여지게 되어 있으며 이러한 현상은 동기부여가 크다고 할 수 있다. 작은 노력을 들여서 큰 이익을 얻을 수 있는 경우에는 수용되는 속도가 빨라질 것이다.

5) 관찰 가능성

음식의 혁신이 현저하게 나타나는 경우를 의미한다. 혁신의 결과가 잘 나타나는 경우일수록 그 혁신은 연속적으로 수용될 가능성이 크다. 건강증진을 위한 행위의 대부분은 예방적 차원에서 고려된 것으므로 효과가 곧 나타나지는 않는다.

그러므로 현대인에게 나타나는 성인병인 심장질환이나 위장질환 예방을 위한 식이요법의 효과를 설명하는 것은 어렵기 때문에 이는 음식의 혁신의 관찰 가능성에 두고 있다.

사회집단이 혁신을 받아들이는 속도는 집단 내 사람들의 어느 정도가 그 혁신을 수용하기 위해 시간을 소요했느냐에 달려있다. 이것은 선행자, 조기 추종자, 전기 다수파, 후기 다수파 그리고 지연파의 다섯 가지로 분류될 수 있으며, 현대의 사회체계보다는 변화지향적, 기술개발적, 과학적, 합리적, 개방적이며 국제적이고 공감적인 것이다. 이러한 현대의 사회체계에 의하면 선진국형인 사회에서 음식의 개혁이 수용되기 쉬울 뿐 아니라 사회경제적 지위가 높은 계층일수록 혁신에 민감할 것이다.

2. 음식 혁신의 정착 및 관례화

음식에 대한 혁신과정을 지나 식습관이 정착되면 음식에 대한 일상적인 의사결정은 대부분 관례화되어 의식적인 선택보다 일상적인 습관적 사항으로 정착된다. 외래 식품으로 알려진 토스트나 시리얼과 같은 음식은 이제 한국사람들 사이에서도 아침 식사로 보편화되었으며, 30~40년 전만 하여도 환자나 유아용 식품으로 이용되었던 우유는 칼슘 급원식품으로서의 우수성을 수용하여 저항없이 일상적 음료로 사용되기에 이르렀다. 더욱이 기본적으로 인간이 먹을 수 있는 음식과 먹지 못하는 음식은 이미 분류되었다.

따라서 음식의 혁신은 유년 시절일수록 정착속도가 빠르게 일어나므로 좋은 식습관을 길들이는 것은 빠를수록 좋으며 유년 시절의 건전한 식습관의 정착은 생애를 관통하여 건강한 생활을 유지하는 기반이 될 것이다.

3. 음식의 가치관 확립

문화적 가치체계는 음식의 이용법을 결정짓는다. 현대인의 가치관은 성공 또는 자기 성취, 공적, 능률, 인도주의, 민주주의 그리고 개인주의 등의 요소에 의해 구성되며, 이러한 가치체계는 모두 자기 노력을 중심으로 형성된다.

〈표 16-2〉 문화의 하부조직이 음식의 가치관에 미치는 영향

하부조직	음식의 가치관에 미치는 영향
정 치	정부의 규제는 식품의 생산, 교역, 유통, 안정성 그리고 품질에 영향을 미친다.
경 제	• 음식물은 특정한 금전적 가치를 소유한 필수품으로 보이고 있다. • 음식물의 공급과 분배는 사람들의 실제 욕구와는 무관하게 발생한다.
사 상	• 인류는 자기 자신의 목적을 위하여 자원을 조절할 권리를 가진다. • 빈곤하고 혜택받지 못한 사람들에게 음식물을 제공하는 것은 자애로운 행위이다.
기 술	• 인류는 고도의 획기적인 기술을 이용하여 세계의 식량문제를 해결하고 있다. • 식량생산을 위해서는 보다 큰 에너지를 투입해야 한다.
가 족	• 가족의 구성원이 서로의 식습관에 직접적인 영향을 미친다. • 가족 구성원의 식사변화가 다른 가족 구성원에게 영향을 준다.
대중매체	• 식습관은 강력한 시장 도입력에 의해 형성된다. • 어떤 식품의 선택을 촉진하는 것은 영양과 무관하다.
교 양	• 식품에 대한 지식, 신념 및 태도는 순차적으로 차세대에 전승되며 식량공급의 개선방향을 위한 연구가 행하여진다.

문화라는 총체적 시야에서 볼 때 많은 요소가 하부조직에 의해 구성되어 있으며, 이들 제 요인은 개인의 식행동에 강력한 영향을 미치고 있다. 〈표 16-2〉는 문화의 하부조직이 음식의 가치관에 미치는 영향을 요약하였다. 이는 현재 북미에 존재하는 하부조직으로 정치, 경제, 사상, 기술, 가족, 대중매체, 교양 등을 식행동과 연관지어 열거한 것이다.

3 음식의 기능

1. 음식의 사회적 기능

1) 음식과 인간과의 유대성 확립

음식은 사교성과 우호도를 표현하는 인류공동의 매체이다. 즉, 사람과 사람 사이의 친밀함을 나타내는 척도로서 함께 음식이나 요리를 나누는 정도를 보면 상호 간의 인간관계를 정확하게 예측할 수 있다. 즉, 식사를 함께하는 행위는 어느 정도의 우정의 수용성이나 공존성을 표시하는 것이다.

우리나라에서는 공식(共食)의 의미를 인간관계와 결부하여 중히 여기고 있으며, 이러한 공식의 의미는 자기 자신의 일부를 서로 나눈다는 특별한 뜻이 함축되어 있다. 따라서 제공한 음식을 거부할 경우 상대방을 우호적인 관계에 대한 거부행위로 간주하여 심한 상처를 받기도 한다.

2) 지위, 명성 및 생활수준 표현

역사적으로 볼 때 섭취하는 음식의 종류는 항상 사회적 지위와 명성이 깊게 결부되어 왔다. 사회적 지위가 높은 사람들이 섭취하는 음식이 있는가 하면 지위가 높기 때문에 특정 식품을 먹을 수 있다고 말할 수 있는 경우가 있다.

그러나 현대사회에서 어떤 식품이 상류사회에 속하는 식품이며, 또 이러한 식품을 섭취하는 사람은 사회적 지위가 있는 사람이라고 규정짓기가 어려운 시대이다. 이러한 맥락은 문화적 배경과 종족의 식습관에 따라 큰 차이가 있다.

우리나라의 경우 서민들은 끼니를 거르는 비참한 식생활 속에서도 왕족들이나 일부 지배계층들은 12첩, 7첩, 9첩 반상 등으로 식사를 하였으며, 이는 서양에 경우에도 마찬가지였다.

현대 사회에서도 음식은 사회적 지위를 표현하는 주요 요인이 되며, 음식 그 자체나 음식을 제공하는 방법이나 그 환경에 따라 사람의 명성이 결정된다. 사회적으로 좋은 평가를 받는다는 그 자체만으로 음식을 제공하는 방식이 달라진다든지 또 같이 식사를 하는 상대를 한정하는 등의 사회적 결정사항으로 분명해진다.

인도의 카스트 제도에서는 어떤 식품의 수용과 거부의 태도에 따라 사람을 차별하는 관습이 있다. 따라서 음식에 관한 관습이 우수하다고 하면 그 관습을 실행하는 사람들의 행실도 우수하다고 생각하게 된다. 이처럼 식습관은 사회적 지위를 나타내는 지표로서 오늘날까지 인도사회 내부의 사회기구 속에 남겨져 있다.

3) 음식의 증여와 분배

음식은 그 자체가 지니고 있는 금전적인 가치와는 별도로 인간의 사회적 관계의 상징으로서 분배되는 것으로 인식되고 있다. 인간사회에서 음식 분배행위는 심리학적 현상이라는 관점으로 많은 연구가 이루어졌다.

음식이 풍부하게 있고 음식에 대한 요구가 항상 충족되는 환경에서 자란 사람에게는 서로 나누는 행위가 관찰되지만, 형편이 어렵고 음식이 항상 부족한 환경에서 자란 사람에게는 음식에 대한 강한 소유욕이 관찰될 수 있다.

4) 축제와 향연

축제라 하면 외견상 각기 다른 형태인 것 같으나 거의 모든 사회에 존재하는 의식의 형태로 각양각색의 요소가 혼합된 행사이다. 본질적으로는 종교적 또는 현세적인 성격을 가진 공식적인 행사이며 여기에 통상적으로 향연이 뒤따른다.

향연에 제공되는 음식은 일상생활에서 먹는 음식의 질과 양이 다른 특별한 것이 제공된다. 향연이란 우리나라에서는 잔치라 하면서 개인적, 집단적 혹은 국가적 행사로 다양하게 치러진다.

5) 의식과 제물

의식이란 흔히 종교적 또는 초자연적인 활동에 포함되는 것으로 생각하지만 의식에는 언어로 표현하기 어려운 감정노출이 허용된다. 따라서 의식은 사회의 총체적 기능을 하며 항상 음식과 관련이 있다. 즉 의식을 통하여 특정 음식을 사용하기도 하며 이 음식을 타지역에 전파하기도 한다.

힌두교도에게는 turmeric, 기독교도에게는 포도주 그리고 유대교도에게는 감귤류가 그들 나름대로의 의식에 사용되지만 이들이 타 지역에 이주할 때는 각기의 의식에 필요한 음식을 같이 지참하여 이동하므로 이러한 특정음식이 파급되게 된다.

2. 음식의 심리적 기능

1) 심리적 안정감 부여

사람은 음식을 통하여 생활의 안정감을 증진시킨다. 세상에 갓 태어난 신생아는 어머니의 품에 안겨 젖을 빨 때 처음으로 무한한 안도감을 느끼게 되며, 어린아이들이 천진난만하게 뛰어놀고 공부할 수 있는 것도 공복감을 느낄 때면 어머니가 언제나 마음에 드는 적절한 음식을 준비하여 제공해 준다는 확신이 있어 안심하기 때문이다.

일상생활에서도 식량의 공급이 정상적인 유통과정을 밟아 이루어지고 있다는 확신을 가질 때 비로소 생활과 마음에 안정감을 가지게 되며, 이 안정성을 기반으로 여러 가지 인생 계획을 세우게 된다.

이와 같이 음식은 마음에 안정감을 주는 위력적인 존재이다. 그러나 음식을 통해 마음의 안정을 얻는 정도는 개인, 집단 및 종족에 따라 다르며 안정감을 주는 식품도 종류에 따라 다르게 반응한다.

2) 정신적 압박과 긴장의 해소

정신적 압박감과 긴장감으로부터 벗어나기 위하여 음식을 자신의 양 이상으로 먹는 행위가 종종 있다. 스트레스 해소를 위해 사람들이 어떤 행위를 하는가에 대한 심리학자들의 연구에 의하면 스트레스 해소를 위해 75%의 사람은 스트레스 해소를 위해 계속적으로 음식을 먹으며 나머지 25%는 반대로 음식을 거부한다고 한다.

스트레스 해소를 위해 지속적으로 스낵류를 먹는 사람은 이러한 식행위가 배고픔을 해소하기 위한 것이 아니므로 남아도는 열량이 되어 체중과다나 비만증을 초래하기 때문에 유의해야 한다.

3) 감정표현의 분화구

마음이 불안할 때 안정감을 얻기 위하여 지속적으로 음식을 먹는 사람이 많은 것과 마찬가지로 쓸쓸하고 공허한 감정을 달래기 위해 음식을 찾는 사람도 있다. 슬프거나 화가 나면 화풀이의 방법으로 음식을 거부하거나 또는 음식투정을 하는 경우도 있다. 이렇게 감정상태와 음식을 동시에 고려해 볼 때 거의 모든 사람들이 어떤 특정의 음식과 경험을 결부시켜 회상의 대상으로 생각하고 있다.

외국생활에서 된장찌개 냄새는 고향을 생각하게 하며 친구들과 즐거운 시절을 회상하게 하는 것도 음식이 단순히 생리적 욕구를 충족시키는 것 외에 심리상태와 깊은 상호관계가 있음을 알 수 있다.

참/고/문/헌

박호표, 『관광학의 이해』, 학현사, 1997.
이은영 외, 『가정학의 새로운 접근』, 수학사, 1993.
김혜영 외, 『문화와 식생활』, 효일문화사, 1998.
홍기운, 『최신외식산업개론』, 대왕사, 1999.
이희승, 『엣센스국어사전』, 민중서림편지국, 1999.
김기숙 외 , 『교양을 위한 음식과 식생활문화』, 대한교과서, 1997.
이선희 외, 『현대관광학의 이해』, 대왕사, 1999.
문수재 외, 『식생활과 문화』, 신광출판사, 2000.
김숙희 외, 『식생활의 문화적 이해』, 신광출판사, 1998.
김기숙 외, 『식품과 음식문화』, 교문사, 1999.
Roger Y Stanier et al., 『The Microbial World』, 1986.
G.M. Wardlaw et al. 『Persepectives in Nutrition』, Mosby, 1996.

17 Chapter 한국의 음식문화

1 한국 음식문화사

1. 한국 음식문화의 기원

1) 구석기 시대

한반도에 인간이 거주하기 시작한 시기로 이 시대의 연모는 돌을 깨서 만든 타제석기(뗀석기), 짐승의 이빨이나 뼈를 이용한 골각제품이다. 식량원은 고기잡이나 사냥 그리고 채집한 것이었다.

그리고 이 시기에는 몸을 녹이던 모닥불 자리, 재 속에 타다 남은 짐승의 뼈가 발견되어 짐승을 불에 익혀먹었음을 알 수 있다.

2) 신석기 시대

기원전 6000년경부터 만주 남부에서 한반도에 걸치는 지역에 빗살무늬토기를 사용하는 신석기인들이 살고 있었는데 초기시대에는 고기잡이나 사냥 등을 주로 하다가 신석기 시대 후반부터 원시적인 농경생활을 하게 되었다.

구석기 시대 인류가 사냥과 채집으로 어렵게 식량을 조달했을 때 내장이나 골수 등을 먹어 무기질을 섭취하였기 때문에 무기질의 공급이 새삼스럽게 필요한 것은 아니었으나 신석기 시대 이후 동물성 식품보다 식물성 식품을 많이 먹게 됨으로써 생리적으로 조미료가 중요한 식품의 하나가 되었다.

제염은 적어도 신석기 시대 이후부터 시작되어 귀중한 물자로서 교역의 대상이 되었으며 동서양을 막론하고 권력자가 소금을 장악하여 조세의 대상이 되기도 하였다. 또한 잡곡 재배로 농업을 시작한 이후 100여 년이 지난 기원전 2000년경에 벼농사가 도입되었고, 그 이후로부터 쌀은 주식 곡물로서 음식문화의 중심을 이루었다.

3) 부족국가 시대

부여, 고구려, 옥저, 삼한, 동예로 연맹왕국이 형성된 시대에는 농업이 주산업이었으며, 농기구가 철기로 바뀌면서 농업기술이 향상되어 잡곡농사와 벼농사가 행해졌다. 『삼국지』「위지」 동이전에 의하면 "고구려 사람들은 장양을 잘한다"라고 기록되어 있어 당시 술빚기, 장담그기 등과 같은 발효식품이 만들어졌음을 짐작할 수 있다. 그리고 시루의 출토로 보아 찌는 형태의 조리가 상용화되었고 고구려의 육류요리인 맥적도 유행하였다.

2. 한국 음식문화의 성립기

1) 삼국시대

삼국시대에는 철기문화가 더욱 발달하여 철제농구를 사용하고 소를 이용하여 농사를 지었으며 벼농사를 주로 하는 농업사회가 정착되었다. 북쪽에 위치한 고구려는 기후 풍토상 조가 재배되었고, 신라는 술 빚는 솜씨가 뛰어나 중국에까지 알려졌고, 백제는 비옥한 땅을 이용하여 벼농사를 주로 하였으며, 어업기술이 발달하여 조선술 및 원양어업도 가능하였다. 그러나 중국으로부터 불교가 전파되어 육류음식의 제한으로 인해 곡물이 주식이 되고 채소를 반찬으로 하는 일상적 구조가 성립되었다.

2) 통일신라시대

고구려, 백제, 신라의 삼국시대를 거쳐 통일신라시대에는 일상식의 기본양식이 형성되고, 상용음식의 조리가공, 주방의 설비와 식기 등 한국식생활의 구조와 체제가 설립되었다.

삼국이 통일된 통일 신라시대에는 각국의 식생활이 상호 교류되고 벼농사 기술이 계속 발달하여 쌀밥의 주식화가 일반화되었다. 부식은 왕이 왕비를 맞이할 때의 폐백품목으로 시(콩을 발효시켜 소금에 섞은 것: 청국장류), 혜(젓갈, 육류, 채소절임), 포(생선, 조개, 고기 말린 것) 등을 사용한 것으로 보아 밥과 반찬이 일상식의 기본으로 정착되었음을 알 수 있다.

3. 한국 음식문화의 확대 및 정립기

1) 고려시대

고려는 우리나라 음식문화의 전반적인 구조가 확립된 시기로 권농정책으로 농업이 성행하고 외국과의 교류가 빈번해져 주점이나 객관도 생겼다.

그리고 숭불정책에 따라 육류음식이 절제되면서 채소, 차, 떡과 과정류가 발달하였다. 또한 이 시기에는 외래음식으로 소주, 후추, 사탕 등이 유입되었다.

그 후 몽고의 침입과 원나라와의 교류가 빈번해지면서 육식을 다시 선호하게 되어 육식문화가 복원되었다.

2) 조선시대

조선시대에는 숭유억불이 기본정책이었으므로 식생활에도 유교사상이 큰 영향을 미치게 되었다. 토지를 정비하고 여러 농서가 출간되고 농경기술 발달에 힘써 식량이 많이 증산되었으며, 분청사기, 백자, 옹기, 유기 등의 보급으로 식기문화가 발달하였다. 불교억제 정책으로 불교문화의 차 마시는 풍습을 없애고 대신에 숭늉과 술을 마셨기 때문에 다양한 술이 발달하였다. 조선시대 중기 이후 남방으로부터 고추, 감자, 고구마, 호박 등이 유입되었고 특히 고추는 우리의 음식문화에 큰 기여를 하였다.

또한 조선시대에는 상차림의 형식도 갖추어져 첩수(반찬수)에 따른 반상, 죽상, 면상, 주안상, 교자상, 다과상 차림 등이 있었고, 통과의례의 상차림도 갖추어졌으며 명절 때 먹는 절식과 계절에 먹는 시식도 즐기게 되었다.

그리고 지방의 특색 있는 향토음식이 발달하였으며 온돌이 일반화되어 주거양식이나 식생활 양식이 모두 좌식으로 변화하였다.

〈표 17-1〉 한국음식문화의 역사

시대		특징
기원	구석기 시대	• 타제석기 사용 • 수렵, 채집 • 불의 사용
	신석기 시대	• 마제석기 사용 • 잡곡농사로 농업 시작 • 벼농사의 도입과 전파
	부족국가 시대	• 잡곡농사와 벼농사 성행 • 발효식품의 가공 • 찌는 형태의 조리(시루)
구조 정립기	삼국시대와 통일신라시대	• 철기문화 발달(삼국시대) • 원양어업, 누룩으로 술빚음(백제) • 쌀의 주식화(통일신라) • 주식과 부식으로 일상식이 정착
확대 정립기	고려시대	• 떡, 한과류, 국수의 발달 • 김치와 채소음식 발달 • 차 문화 성행 • 육식의 금지와 성행
	조선시대	• 첩수에 따른 반상차림 • 식기문화 발달 • 다양한 술의 보급 • 궁중음식 및 향토음식 발달 • 온돌의 보급과 좌식 상차림

2 한국 음식문화의 특징

1. 주식 · 부식 · 후식의 발달

한국음식의 주식은 밥, 죽, 만두, 떡국 등이고 부식은 육류, 생선, 달걀, 채소, 해조류 등을 재료로 하여 국, 찌개, 김치, 숙채, 구이, 찜 등으로 조리하여 만드는 찬물들이다. 후식으로는 떡, 한과류, 화채, 차 등이 있다.

떡은 약 200여 종류가 있으며, 한과류에는 유과, 유밀과, 다식, 전과, 숙실과, 엿강정 등이 있고 화채는 과일과 꽃을 모양있게 썰어 꿀이나 설탕에 재었다가 오미자물이나 설탕물에 띄워 마시는 음료로 배화채, 진달래화채 등이 있다.

기호음식인 술은 탁주, 청주, 약재를 넣은 약용주, 가향주, 과실주, 증류주 등이 있다.

2. 곡물의 가공 및 조리법 발달

우리나라는 과거에 곡물을 가장 중요시 여겼기 때문에 곡물음식이 다양하게 발달하였다. 곡류로 만드는 음식의 종류에는 밥, 죽, 미음, 국수, 엿, 술, 식혜 등이 있고, 콩류로 만드는 음식에는 간장, 된장, 고추장, 두부 등이 있다.

쌀은 곡물로서 가장 으뜸이었으며 현재에도 곡류 중 소비율이 가장 높다. 과거에는 잡곡으로 보리가 많이 쓰였지만 현재에는 밀과 콩의 소비가 증가하고 있다.

3. 저장식품의 발달

장, 김치, 젓갈, 장아찌, 어포, 육포 등의 저장 식품이 발달했다. '갖은 양념'이라고

하여 파, 마늘, 생강, 깨소금, 참기름, 간장, 설탕, 후춧가루, 고춧가루 등을 용도에 따라 골고루 사용한다.

식품 자체의 맛보다 식품재료에 여러 가지 조미료로 양념하여 어우러진 복합적인 맛을 즐긴다. 반면에 곰국과 같은 음식은 소금, 후춧가루, 파 등으로 단순하게 조미한다.

4. 숟가락과 탕문화의 발달

숟가락은 곡물을 끓여 죽으로 먹었을 때 처음으로 사용되었던 것이 오늘로 이어지고 있다. 한국, 중국, 일본 삼국 중 지금은 우리나라만이 숟가락을 사용하고 있으며, 숟가락의 사용은 설렁탕, 곰탕 등 우리의 탕문화를 발달시켰다.

식사예절에서 숟가락과 젓가락은 한 손에 쥐지 않고 숟가락을 사용할 때는 젓가락은 상 위에 놓는다.

5. 명절음식과 계절음식의 풍습

명절이나 절기에는 특별한 음식을 만들어 친척이나 이웃과 나누어 먹는 풍습이 있었다. 명절음식으로 정월 초하루에 떡국, 정월 대보름에는 오곡밥과 묵은 나물, 추석에는 송편 등을 먹었다.

계절음식은 제철에 새로 나오는 식품으로 봄에는 쑥경단과 진달래 화전을, 여름에는 육개장과 임자수탕 등을 먹었고 가을에는 유자화채와 밤단자, 겨울에는 냉면 등으로 계절의 미각을 즐겼다.

• • • 나라별 새해 맞이 날짜 달라

현재 전 세계가 사용하는 그레고리우스(태양력)에서는 1월 1일이 새해 첫날이다. 하지만 각 민족에 따라서는 고유의 달력이 있어 전 세계적인 새해 첫날은 또 다르게 적용된다. 우선 대부분의 기독교 국가들이 현행 그레고리우스력에 따라 1월 1일을 새해로 맞으며 동양에서는 특이하게 일본이 신정을 쉰다. 우리나라와 중국은 예부터 동양에서 사용되었던 음력을 적용해 설을 쇠는데 양력에 대비시키면 매년 날짜가 바뀌지만 대개는 1~2월경이다. 태국은 4월경에 '쏭크란'이라고 하는 고유의 설을 맞으며 이란 등 중동의 이슬람국가는 헤지라력에 따라 춘분을 설로 쇠고 있다. 이스라엘 등 유대력을 적용하는 국가들은 9~10월경에 새해를 시작하는 날을 맞는다.

6. 약식동원(約食同原)의 조리법

약식동원이란 '입으로 먹는 음식은 몸에 약이된다'는 뜻이다. 이것은 조선시대에 효를 근본으로 삼는 유교사상에서 비롯된 것으로 부모의 질병예방을 위하여 약효가 있는 식품을 이용하였다.

한국 음식에는 일상의 음식에 한약재가 많이 쓰이는데 꿀, 계피, 인삼, 생강, 대추, 밤, 오미자, 구기자 등이 있다.

7. 상차림과 식사예법

유교의례를 중히 여기는 상차림이 발달하여 통과의례인 돌, 혼례, 회갑, 상례, 제례 등의 행사에는 반드시 음식을 준비했으며, 상에 차리는 음식은 종류와 격식이 정해져 있었다.

일상의 밥차림은 한 사람씩 차리는 외상차림이었고, 상차리기, 상올리기, 식사의 예법에 엄격한 격식이 있었다.

참/고/문/헌

김기숙 외, 『식품과 음식문화』, 교문사, 1999.
김숙희 외, 『식생활의 문화적 이해』, 신광출판사, 1998.
김혜영 외, 『문화와 식생활』, 효일문화사, 1998.
문수재 외, 『식생활과 문화』, 신광출판사, 2000.
G.M. Wardlaw et al. 『Persepectives in Nutrition』, Mosby, 1996.

18 Chapter 세계의 음식문화

1 동양의 음식문화

동양은 주요 작물로 쌀, 밀, 보리, 콩, 고구마, 감자, 조, 수수 등이 있으며 동물의 사육 또한 일찍부터 행하여져 소, 돼지, 말 등의 가축과 닭, 오리, 거위 등의 가금류 등 다양한 동물들이 사육되어 왔다. 이 지역이 다른 지역에 비하여 독특한 점은 콩을 다양한 방법으로 발효시키거나 또는 가공하여 먹는 점과 채소를 많이 먹는 점이다.

가축의 식용도 다른 지역에 뒤지지 않지만 다른 지역에서는 버리는 가축의 모든 부위를 식용으로 하고 있다는 점이 특이하다. 물론 종교적인 이유로 소고기와 돼지고기의 식용이 금지된 적이 있어 육식을 하지 못하였던 적도 있었다.

1. 일본의 음식문화

일본은 벼를 경작하여 쌀을 중심으로 한 식생활이 발전하였다. 풍부한 해산물, 사계절의 다양한 농산물, 높은 습도의 기후 풍토에서 발생한 양조식품(된장, 간장) 등 식품 자체가 지닌 독특한 맛을 살린 요리가 발전하였다.

일본요리의 특징을 나열해 보면 우선 어패류를 생식하여 먹고 손님상과 행사 시에는 필수적으로 놓는다. 조리 시에는 물이 열 매체가 되는 것이 많고 주로 완만히 가열하는 조림 방법이 많이 쓰인다. 국물을 내는 데 있어 서양, 중국음식은 수조육류를 장시간 조리하는 데 비하여 일본요리는 주로 가다랭이나 다시마 등을 이용하여 단시간에 조리한다. 조미는 일반적으로 담백하고 재료 자체의 맛을 살리고, 음식은 잔 칼질을 많이 하여 쉽게 익고 먹기 편하게 한다. 또한 시각적인 요소를 매우 중요시한다. 예를 들면, 좋은 도자기나 질그릇에 요리를 담아 완성시키고, 요리에 따라 식기의 재질, 형, 모양의 변화를 준다.

식품의 형, 색채, 접는 방법도 중요하게 생각하고, 음식을 담을 때에도 풍성하게 담지 않고 여백을 두어 요리의 일부로 삼는다. '일본요리는 눈으로 먹는 요리이다'는 말이 있다. 이는 일본요리가 시각적인 아름다움을 중요시하는 이유 때문일 것이다. 즉, 자연으로부터 얻은 식품 고유의 맛과 멋을 최대한 살릴 수 있는 조리방법을 택하고 있기 때문에 보기와 맛을 동시에 만족할 수 있을 것이다.

일본 전통요리는 크게 3가지로 본선요리(本膳料理), 정진요리(精進料理), 회석요리(懷石料理)로 나누어진다.

2. 중국의 음식문화

중국음식의 근간은 대개 한족(漢族)에 의하여 형성된 것이라 하지만 국토 면적의 55~60%를 차지하고 있는 55개의 소수민족을 간과해서는 안 된다. 사실 중국음식 전통의 중요한 부분을 구성하는 작물이나 요리기술은 소수민족을 경유하여 한족에게 전해진 것이다. 중앙아시아의 소수민족으로부터 밀과 분식 문화에 따른 제분기술, '호(胡)'라는 문자가 붙은 작물이나 여러 가지 식품, 목축 문화에서 형성된 조리법 그리고 유제품이 전해졌다.

광대한 중국 음식문화를 전부 설명하는 것은 어려우므로, 대표적인 요리를 중심으로 소개한다.

첫째, 북경요리는 중국의 전형적인 북방음식을 의미하며 북경은 오랜 기간 동안 중국의 수도였으므로 궁중요리의 영향을 받아 발전하였다. 대표적인 요리는 북경오리 요리, 탕수육, 스프링 롤 등이 있다.

둘째, 산동요리는 산동 제남과 교동 지방의 요리를 대표하는 음식이며 때로는 북경요리를 산동요리에 포함시키기도 한다. 지리적으로 산동지역의 동부는 황해에 접해 있으므로 해삼, 생선, 조개류와 같은 해산물이 식재료로 많이 쓰인다. 대표적인 음식으로는 채소를 소금에 절여 발효시킨 '차사이'가 유명하다.

셋째, 사천요리는 사천성의 중심지인 성도를 중심으로 발전하였다. 사천지역은 분지지형에 따른 기후의 영향으로 자극성이 있는 식재료인 고추, 생강, 후추 등을 많이 쓰며 기름의 소비량도 많아 맵고 기름진 음식을 만들어 낸다.

넷째, 광동요리는 광동성의 3개 도시인 광주, 조주, 동강 등에서 체계가 성립되었다. 광동요리의 특징은 식용 가능한 모든 재료를 음식을 조리하는 데 사용하여 중국음식의 대표적인 위치를 차지하고 있다. 제비집 요리, 샥스핀, 딤섬 등이 대표적인 요리에 해당한다.

3. 인도네시아의 음식문화

인도네시아 문화는 다양성 그 자체이므로 이 나라의 수많은 종족들의 음식문화를 포괄적으로 설명하기 위해서는 중요한 관점을 몇 가지로 정리할 필요가 있다. 첫째, 인도네시아 군도에 넓게 분포되어 있는 양질의 각종 향료가 이 나라의 음식문화에 지대한 영향을 미쳤으며, 둘째, 외형상 세계 최대의 이슬람 국가인 인도네시아의 음식문화는 12세기 이래로 끊임없이 발전되어 나온 이슬람 종교의 영향을 피할 수 없었으며, 셋째 다양한 종족의 서로 상이한 식관습으로부터 통일된 하나의 국가인 인도네시아를 대표할 수 있는 음식문화가 자연스레 생겨났다는 점이다.

4. 인도의 음식문화

인도인들은 음식문화 안에 '무엇을', '어떻게'뿐만 아니라 '누구와', '어디에서'도 첨가하고 엄격한 규율과 관례로 음식 재료, 만드는 사람, 만드는 법, 먹는 사람, 먹는 장소 등을 규제하는 등 음식문화를 카스트 제도와 유기적으로 연관시켰다. 따라서 인도의 음식문화는 인도 사회만큼이나 복잡할 수 있다.

인도에서 채식이 발달할 수 있었던 중요한 요인 중에 하나는 산스크리트라는 인도 사회의 특징과 함께 '채식은 정(淨)한 것'이라는 생각 때문이었다. 인도 음식문화의 큰 특징인 음식의 위계화와 분류도 정·부정을 근거로 하고 있다. 그들은 근본적으로 자연 그대로를 가장 정한 것으로 보고 인간의 손이 많이 닿으면 닿을수록 그만큼 부정해질 수 있다고 생각했다. 음식 재료의 분류, 음식과 관련된 규례 등을 통해서 그와 같은 관념이 드러난다.

인도의 음식문화에서 떼어 놓을 수 없는 특징 중 하나가 유제품이 갖는 중요성이다. 유제품은 이미 요리된 것으로 간주되고 색다른 의례적 분류를 가능하게 하는 등 인도 음식문화의 독특한 특성을 이루고 있다.

자연=정, 가공=부정이라는 단순한 정·부정의 생각과 음식을 위생적으로 다루려는 실질적인 필요성은 변화하는 역사적인 상황, 엘리트 계층의 사회·문화적인 욕구, 힌두교와 카스트 제도라는 종교적·사회적 사상, 이념, 규범 등과 합쳐져 복잡한 음식문화로 전환되었으며 이것이 외국인들이 특히 조심해야 할 인도의 생활 문화가 되었다고 할 수 있다. 인도인들에게 있어 음식은 단순히 육체적으로 생명을 유지해 주는 수단이 아니고 우주의 무형의 순환의 일부분으로 받아들여진다.

5. 베트남의 음식문화

베트남인의 주식은 '껌'이고 가끔 '퍼'를 즐긴다. 껌(Com)은 '밥'을 뜻하고 '퍼'는 쌀국수이다. 프랑스 바게트 빵 같은 것은 '반미'라고 불린다.

베트남도 한국처럼 쌀이 주식이다. 베트남 쌀은 우리나라 쌀과 달리 찰기가 없는 동남아 지방의 쌀이며, 반찬은 주로 고기(생선), 생채, 국으로 이루어진다.

고기는 보통 돼지고기 구이, 조림이나 닭고기 요리이고 라우(rau)라 불리는 채소와 상추, 오이, 향기가 독특한 라우텀(rau thom)을 생채로 먹는다. 깐(canh)이라 불리는 국에는 고기와 나물이 들어가며 베트남인도 한국인같이 간장과 마늘, 고추를 즐겨 먹는다.

퍼(pho)는 뜨거운 쌀국수이며, 첨가되는 고기 종류에 따라서 퍼의 종류가 나뉘어진다. 현지인은 주로 아침 식사나 간단히 요기를 할 때 퍼를 먹는다.

6. 태국의 음식문화

태국은 주변국가와는 달리 식민지가 된 적이 없기 때문에 나름대로 독자적인 문화를 이어왔으며 이는 식문화에도 잘 나타나 있다. 그중에서도 인도의 영향을 많이 받았는데 식생활의 측면에서 향신료를 많이 사용한다는 점이다. 태국의 음식은 국제적인 음식이며 세계적으로 많은 사람들이 즐기는 음식이다. 태국의 푸켓과 남쪽지방의 음식은 아만다 바다의 풍부하고 신선한 해산물 수확에 영향을 받았는데, 특히 남쪽지방의 해산물요리는 특이하여 바베큐를 한 것 같고 여러 가지의 약초와 향신료, 마늘, 레몬, 칠리, 박하, 커민, 바실, 코리앤더와 새우 반죽한 것을 넣는다.

또한 대부분의 태국음식은 짜거나 맵지 않다. 음식과 함께 나오는 양념이나 소스(대부분 음식을 찍어서 먹는)가 아주 맵거나 짤 수 있다. 태국 음식 이름으로 종류를 구별하는 법은 팟(볶음), 얌(샐러드), 깽(국), 똠(찌개)로 나눌 수 있다. 덧붙여서 태국음식은 한마디로 표현하면 향기가 있는 음식이다. 우리 음식에 마늘, 간장, 고추, 젓갈이 빠지지 않고 들어가듯이 태국음식에도 코코넛밀크, 생선 소스인 남플라(nampla), 향신료들이 빠지지 않는다.

태국요리는 향료를 넣은 재료를 자유롭게 사용하여 독특한 맛을 지니고 있으며, 태국 고유음식의 특징은 살리면서 중국과 이탈리아의 요리법, 국수, 카레, 달콤하고

신 요리, 오래 요리해야 하는 재료와 짧게 요리해야 하는 재료, 색다른 조미료와 양념 등을 가장 적절하게 조화시킨다.

7. 몽골의 음식문화

몽골 사람은 돼지고기나 닭고기를 거의 먹지 않는다. 특히 시골 유목민 가정에서는 돼지고기나 닭고기를 전혀 먹지 않는다고 해도 과장이 아니다. 몽골 사람이 돼지고기나 닭고기를 적게 먹는 것은 신앙과 무관하다. 전통적으로 생업이 유목이고 돼지나 닭은 유목에 적당치 않아 기르지 않다보니 먹지도 않게 되었을 뿐이다.

몽골 유목민들은 집집마다 개를 몇 마리씩은 기른다. 물론 예외도 있을 수 있으나 유목민, 비유목민을 가리지 않고 몽골인은 개고기를 먹지 않는다고 해야 옳다.

몽골 사람들 가운데 물고기를 먹어 본 사람이나 물고기를 요리할 줄 아는 사람은 드물다. 바다가 없기 때문에 김, 미역 따위의 해조류나 패류의 소비도 없다. 몽골 사람들이 물고기를 먹지 않는 것은 티베트 불교의 성물이기 때문이라고 하는 사람들도 있다. 옛 몽골어 사전에 일반인들은 모르고 물고기를 먹었으나 티베트 불교의 윤회설의 영향으로 물고기를 먹지 않게 되었다가 불교의 쇠퇴와 함께 다시 먹기 시작했는데, 특히 외몽골에서 그렇다고 하는 사람도 있다. 연간 달걀 소비가 미미한데 이유는 종교의 영향 때문이 아니라 닭이 계절 유목 방식을 영위하던 몽골 사람들이 그동안 기르지 않던 짐승이고 지금도 많이 기르지 않는 짐승이기 때문이다.

8. 말레이시아의 음식문화

말레이시아인들은 기능과 중요성에 의거하여 음식을 분류한다. 말레이시아 사회에서 가장 기본적이고 중요시되는 음식은 밥이다. 따라서 말레이시아인들은 아무리 많은 생선을 먹었다고 해도 밥을 아직 먹지 않았다면 포만감을 느낄 수 없다. 생선은 부차적 에너지를 얻는 부식일 뿐이다. 채소는 밥을 먹는 데 입맛을 돋우어 주는 단순한 음식의 역할을 할 뿐이고 과일은 입술을 씻어 주는 후식일 뿐이다.

밥은 생존을 위하여 반드시 먹어야 할 음식인 반면 생선은 부차적인 힘을 얻기 위하여 섭취하는 보조 식품이 되는 것이다. 일반적으로 말레이시아인들은 채소를 경시하는 경향이 있는데 채소가 생존에 필요한 양분을 섭취하는 데 있어서 별로 중요하지 않다고 믿기 때문이다. 말레이시아인들이 식품을 선택하는 데 중요하게 생각하는 기준은 그것이 더운 것인가 혹은 그 반대인가 하는 점이다. 말레이시아 사회에서 음식이 덥거나 차다고 하는 것은 그 음식이 신체에 대해 갖는 영향력을 말한다. 즉, 더운 음식이라 함은 그것을 섭취함으로써 몸이 더워지는 음식을 지칭하며 찬 음식은 이와 반대되는 개념인 것들을 지칭한다. 더운 음식으로는 대체로 동물성 단백질, 튀긴 음식, 향신료를 넣은 음식 및 몇몇 과일이 꼽히고 찬 음식으로는 과일과 채소가 대부분이다.

2 서양의 음식문화

1. 유럽의 음식문화

유럽지역은 목축, 유문화, 맥류문화 및 과실 식문화권이라 부를 수 있을 정도로 축산을 이용한 식품이 발달해 있고 소맥등 맥류를 이용한 빵과 잼 등의 가공품이 유럽 식문화의 중심을 이루고 있다. 프랑스, 이탈리아, 스페인 등의 해안지대에서는 해산물도 많이 소비하고 있으며 과실과 채소의 소비도 많이 하고 있으나 최근에 이르서는 생활 패턴의 변화로 가공식품의 소비가 급속도로 증대되고 있다.

식민지 지배에 따른 다양한 식재의 도입과 광대한 지역, 다양한 지역적 특성 및 기후 조건으로 지금까지도 전해오는 식문화를 전 세계에 수출하는 주도적인 지역으로 발전하였다.

1) 프랑스의 음식문화

(1) 개관

중국요리와 더불어 세계 2대요리로 꼽히는 프랑스 요리는 푸아그라, 에스카르고, 철갑상어알 등 세계에서 손꼽히는 유명 식재료들이 모두 프랑스에서 발달했을 정도로 프랑스 요리는 고급요리의 최고봉에 있다.

프랑스 요리의 역사는 애초에 프랑스에 살고 있던 골(gaul)족으로부터 시작되었지만 지금 프랑스 요리라고 부르는 세계적인 요리는 로마로부터 들어와 프랑스에서 변형되어 나름대로 프랑스 요리로 불리게 된 것이다.

현대 프랑스 요리의 근본은 1553년 오를레앙 공작과 이탈리아의 카트린 메디치의 결혼을 계기로 본격적인 발전을 이루었다고 할 수 있다. 카트린은 피렌체 출신의 일류 요리사들과 함께 프랑스로 왔는데, 이 당시 이탈리아 요리사들로부터 프랑스 궁중의 요리사가 요리를 전수받았다. 이후에 파리에 요리학교가 생기면서 많은 요리사가 양성되었다.

프랑스의 대표음식으로 불리며 세계적으로 사랑받는 요리들은 거의 대부분 윤택했던 귀족들의 생활 속에서 발전했다. 특히 루이 14세, 15세는 음식에 대한 관심이 미식가 수준을 넘는 것으로 알려져 귀족들 사이에서 직접 요리하며 맛보는 미식생활이 유행될 만큼이었으니 그 시대에 농민과 일반 서민들의 굶주림과는 아무 상관없이 프랑스 궁정요리의 발달은 극치를 이루었다.

프랑스 요리는 시민혁명을 거치며 일반 시민들에게도 널리 사랑을 받게 되었다. 처음에는 프랑스 요리도 궁중 귀족의 것으로 일반 서민은 감히 넘겨다볼 수 없었던 것이었지만 프랑스 혁명 후 궁중과 귀족들을 위해 요리하던 전문 요리사들이 시중에 나와 먹고살기 위해 레스토랑을 차린 것이 발달의 계기가 되어 오늘에 이른 것이다.

• • • 외식의 성서 '마쉐린 가이드'(Michelin Guide)

미국의 가제트지 등 전 세계적으로 음식점을 평가하는 저명한 책이나 언론들은 미식가들의 절대적인 신뢰를 받고 있는데 이 시초도 프랑스이다.
벌써 100년 이상 매년 봄에 출간되는 미쉐린 가이드가 바로 그 주인공이다. 미쉐린 가이드는 전국 유명 레스토랑을 평가하여 요리와 서비스의 수준에 따라 별을 달아주는 여행 안내서이다. 최고 레벨인 별 3개를 달게 되는 요리사는 최고의 명성을 가지게 되는데 이 자격은 매우 까다로워 어떤 해에는 단 한 개의 레스토랑만이 이 영광을 차지하기도 했다. 이 레스토랑은 그 해에 미쉐린 가이드가 발간되고 나서 1년간의 좌석이 모두 예약될 정도였다.

(2) 특징

프랑스는 원래 기후가 온화하고 국토의 2/3가 평야와 구릉으로 이루어져 농산물이 풍부하다. 지중해와 대서양에 접하고 있어 해산물도 풍부하며 국토의 25%는 목초지로 소, 양, 말 등이 사육돼 육류는 물론 우유, 버터의 생산량도 많다.

이런 양질의 식재료를 바탕으로 구성된 프랑스 요리의 특징은 소재의 맛을 충분히 살리며 화려한 데커레이션과 고도의 기술에 포도주, 향신료, 소스 등이 어우러져 섬세한 맛을 창출해 낸다.

① 향신료와 향초(spice & herb)

향신료는 주식에 따라 다르게 발달하는데 육류와 어패류 요리가 발달한 프랑스에서는 냄새를 제거하기 위해 향이 강한 바질, 로즈마리, 세이지, 백리향, 월계수, 딜, 펜넬 등의 향신료가 많이 쓰였다.

향신료는 그 당시 동양에서부터 여러 어려움을 무릅쓰고 서양까지 오는 동안 가격이 매우 높아져 후추는 은과 같은 가격으로 통용될 정도였다. 이 비싼 가격을 무릅쓰고 향신료를 사용한 이유는 당시 유럽음식이 맛이 없었으며 냉장시설이 없었기 때문에 향신료로 부패를 지연시켜야 했고 동양에서 쓰이던 것처럼 약품용으로 사용되는 경우가 있었기 때문이다.

② 와인(wine)

'와인 없는 하루는 태양 없는 날과 같다'.

프랑스 사람들이 와인을 예찬하는 이 말처럼 와인은 일반 레스토랑은 물론 가정의 식탁이나 학교식당까지도 프랑스 식생활에서 빠질 수 없는 중요한 구성요소이다. 비단 프랑스뿐만 아니라 서양의 많은 나라에서 와인이 차지하는 비중은 상당히 크다.

화이트 와인으로 유명한 알자스는 포도의 품종명으로 와인이름을 부르는 지방이며, 레드와인으로 보르도 지역이 유명하다. 프랑스 전체 와인 생산량 중 15%를 차지하는 최대의 와인 생산지 보르도는 세계적으로 유명한 와인들이 생산되며 그중에서 가장 대표적인 것은 메독이다.

한편 부르고뉴 지방의 론강 일대에서 생산되는 보졸레 와인은 우리나라에서도 자주 볼 수 있는 와인으로 보통 1년 이상의 일정기간 숙성과정을 거치는 여느 와인과는 달리 매년 9월에 수확된 포도를 단기간에 숙성시켜 세계로 수출한다.

그리고 샹파뉴 지방에서는 돔 페리뇽이 발명한 스파클링 와인인 샴페인이 있으며, 프랑스 남부 해안지방에서는 로제라고 불리는 분홍빛 와인이 주로 생산된다.

③ 치즈(cheese)

치즈는 각 지역별로 특별하게 발달해 유명해졌는데, 노르망디 지방에 카망베르 치즈, 프랑스 일드 지방의 브리 치즈 등이 유명하다.

프랑스에서는 치즈를 프로마주라 부르며 식재료로 쓰지만 메인메뉴의 식사가 끝난 후 그 자체로 와인과 함께 즐기기도 한다.

2) 이탈리아의 음식문화

(1) 개관

이탈리아 음식은 그리스 식민지였던 남부 이탈리아의 음식과 로마 이전에 이탈리아 북부의 토스카나 지역을 중심으로 살았던 에트루리아인들에 의해 두 갈래로 형성됐다.

남부에서는 돼지고기, 생선, 콩, 올리브, 피클과 같은 음식이 발달했으며, 북쪽의 에트루리아인들은 토스카나 지방의 평야에서 생산된 곡물을 주식으로 간단한 식사를 하였다.

로마의 공화정, 제정시대를 거쳐 약 13세기 중세귀족시대에는 봉건영주들이 자주 연회와 파티를 열어 음식을 접대하는 문화가 발달하였으며 동양의 향신료가 들어온 것도 이 시기였다.

중세시대를 거치면서 14~15세기 도시문화가 발달한 중북부 지역에서 화덕을 이용하여 음식을 대량으로 요리해 판매하는 전문음식점들이 등장하여 귀족계층과 일반 시민층의 음식문화가 공유되는 계기가 마련되었으며, 이후 르네상스 시대에 이탈리아 요리에 중흥기를 맞이하였다.

어느 나라의 음식이나 마찬가지로 현대에 들어와 이탈리아 음식은 이탈리아인의 생활방식에 맞추어 변화하고 있다, 세계의 많은 사람들이 이탈리아 음식을 선호하는 이유는 소박하고 부담없는 음식의 특징에서 찾을 수 있다. 서양음식 중 프랑스 요리가 고급요리로 이름을 날리고 있다면 이탈리아 음식은 대중적이고 편안한 분위기 때문에 전 세계적으로 사랑을 받는다.

(2) 특징

대부분의 서양요리와는 달리 이탈리아 요리의 특징으로는 채소가 중요시되고 있다. 안티파스토나 콘토르노에는 조리한 채소가 이용되는데, 아티초크, 파프리카, 호박, 양파, 가지, 아스파라거스, 브로콜리 등이 많이 쓰인다.

이탈리아 요리의 특징 중 하나인 허브(herb)는 제국주의 시대에 동양에서 대량 수입된 것보다 훨씬 오래전 로마시대부터 의료용으로 쓰였다. 현재 이탈리아에서는 많은 도시사람들이 창틀이나 발코니 등에서 허브를 재배해 요리에 사용할 정도로 허브는 이탈리아 요리에 보편적으로 쓰인다.

가장 대표적인 향신료 중 하나인 바질(basil)은 산뜻한 향기가 특징으로 이탈리아 요리에서 나는 특유한 향이 바로 바질로 완성된다고 해도 과언이 아닐 정도로 이탈리아에서는 아주 보편적으로 사용되며 피자, 샐러드 재료로 많이 이용되며 특히 토마토와 잘 어울려 토마토가 들어가는 요리에는 필수적이다.

주로 동양에서 사랑받는 마늘(aglio)은 이탈리아 요리의 대표적인 향신료이다. 주로 올리브 오일에 볶아서 마늘 향기가 오일에 풍기면 마늘을 꺼낸 후 오일을 요리에 이용한다.

3) 독일의 음식문화

(1) 개관

독일의 음식문화는 주변국인 프랑스, 이탈리아 등의 화려한 음식문화에 비교한다면 그리 발달되어 있지 못한 편이지만 돼지고기와 빵, 소시지, 감자 등을 주식으로 먹는 검소하고 전통적인 전원 음식문화를 갖고 있다.

독일의 식문화는 지역별 특성이 강한데 주로 라인강을 경계로 나눴을 때 북부독일은 바다에 접해있어 어패류 및 해산물 요리가 풍부하고, 남쪽은 전반적으로 육류요리가 발달했으며 소시지와 맥주, 감자요리가 많아 우리가 일반적으로 생각하는 독일요리에 가깝다.

아시아와 이어진 동부지역은 파프리카와 캐러웨이 등 강한 향신료를 많이 사용하며 라인강 유역의 서부지역은 포도재배지가 많아 와인이 많이 생산되고 다른 지방에 비해 양념이 강하지 않은 것이 특징이다.

(2) 특징

많은 식문화들이 그들의 국민성을 닮은 것처럼 독일인의 식습관도 그렇다. 절약성이 강하고 검소한 독일인들은 식생활에 있어서도 소박하고 간편한 것을 추구한다.

음식을 차릴 때 종류에 따라 각각 다른 접시에 담지 않고 커다란 접시 하나에 모든 종류의 음식을 담아 남기지 않는다.

아침식사는 브뢰첸에 버터나 마가린 잼, 꿀을 바르거나 햄, 치즈를 얹어먹는다. 특히 삶은 달걀은 아침에 빠지지 않는 메뉴로 여기에 대부분 커피, 우유 혹은 차를 곁들인다.

저녁 역시 간단하여 각종 잡곡을 넣은 빵이나 검은 빵을 먹는데 이 빵에 소시지, 햄, 치즈 등을 곁들여서 먹기 때문에 찬음식(kaltes essen)을 먹는다고도 표현한다. 대개 맥주를 곁들이거나 차를 마신다.

독일인들은 점심에 비중을 두는데 불에 조리한 음식을 먹기 때문에 점심식사를 따뜻한 음식(warmes essen)이라고 하며, 수프를 비롯한 육류요리, 감자, 채소 등으로 푸짐한 식사가 구성된다.

프랑스와 이탈리아에서 와인을 빼놓을 수 없듯이 독일에서는 맥주를 빼놓고 얘기할 수 없다. 그들에게 있어 맥주는 술이 아닌 음료수처럼 남녀노소 가리지 않고 마시는데 유럽의 여러 나라처럼 독일도 물이 좋지 않아 맥주를 많이 마신다고 한다.

4) 영국의 음식문화

영국의 음식문화는 검소한 국민성을 반영해서인지 화려하지 않고 요리의 종류도 단순하며 조리법도 간단하다. 간단히 삶거나 오븐에 익히거나 생요리에 개인 취향에 따라 음식에 소금이나 후추 약간의 향신료를 뿌려서 먹기 때문에 맛이나 기교, 화려함을 갖춘 요리는 없다.

영국은 아침을 든든히 먹는 것으로 유명하다. 전통적인 영국의 아침식사(english breakfast)는 세계적으로 유명한데 쥬스나 커피의 음료에 주요리로는 베이컨이나 소시지에 달걀요리 등을 먹는다. 또한 영국에 유명한 것이 '홍차'이다. 홍차로는 얼그레이를 주로 아침에 마시며 이 외에 홍차 자체를 블렌딩한 '잉글리시 브렉퍼스트' 홍차가 있다.

아침을 많이 먹는 대신 영국인들은 점심을 가볍게 먹는다. 평일 점심에는 샌드위치로 식사를 하는 것이 가장 일반적이며, 간단한 체인레스토랑이나 펍(pub)에서 맥주 한잔에 스테이크 또는 피시&칩스를 먹는 사람들도 있다.

저녁식사는 유럽의 여느 나라들처럼 코스요리를 즐기며 또한 와인도 곁들인다.

• • • 세계 3대 홍차

• 다즐링
멜론 향이 나는 다즐링은 인도 북동부 히말라야 산맥의 고지대인 다즐링 지역에서 생산된다. 홍차의 샴페인이라고 불릴 정도로 향이 좋으며 3월 중순에서 4월 첫물차가 생산되나 향기는 6~7월 두물차가 가장 강하며 11월까지 생산된다.

• 우바
난 향기가 나는 우바는 스리랑카 중부 산악 지대인 우바지역에서 생산되는 하이그론티(high grown tea : 해발 1,200m 이상에서 생산된 홍차)이다. 7~8월에 생산된 홍차의 품질이 가장 뛰어난데 산뜻하면서도 떫은맛을 가졌으며 화사한 향기와 우려낸 찻물은 비교적 밝은색을 띤다.

• 기문
홍차이 기원지인 중국 안휘성의 기문에서 생산되는 홍차로 세계 3대 홍차 중 하나이다. 수확기는 6~8월로 비교적 짧으며 8월 생산품의 질이 가장 뛰어나다. 여러 가지 향이 섞여 독특한 향을 내는 기문은 밝은 오렌지색을 띤다.

이외에 스리랑카 실론섬에서 나는 실론티, 인도의 아삼지역에서 생산되는 아삼티 등이 일반적으로 많이 알려져 있다.

5) 스위스의 음식문화

지리상의 이유로 스위스의 식습관이나 음식문화는 유럽의 여러 나라들과 비슷하다. 아침을 간단하게 빵과 치즈, 소시지 등으로 해결하는 것도 그렇고 점심, 저녁식사 등을 길고 느긋하게 코스요리로 즐기는 것도 유사하다. 또한 프랑스, 이탈리아, 독일의 영향으로 와인과 맥주를 모두 즐긴다.

스위스는 다양한 치즈의 종류만큼 치즈를 이용한 요리도 많은데 가장 대표적인 요리는 퐁듀이다. 퐁듀는 제네바, 로잔 등 프랑스어권에서 애용하는 음식으로 프랑스의 'fondre'에서 따왔으며 긴 꼬챙이 끝에 고기나 빵 등의 음식을 꽂아 녹인 치즈나 초콜릿 등의 소스에 찍어 먹는 종류의 음식을 통틀어서 말한다.

6) 스페인의 음식문화

스페인 사람들은 하루 다섯 번의 식사를 한다고 할 정도로 먹고 마시고 노는 것을 즐긴다. 스페인 사람들은 아침을 집이나 바르(bar)에서 간단히 먹고, 점심을 먹기 전에 바르에서 가볍게 한잔하면서 간식, 그리고 집이나 레스토랑에서 점심을 먹고 시에스타(낮잠)를 즐긴다. 점심을 잘 먹었기 때문에 저녁은 밤 10시경에 먹는다. 그 사이 출출한 사람은 간식을 더 먹는다고 한다.

이러한 식문화는 아직까지는 시골에서 목격할 수 있지만 대도시에서는 서서히 사라지는 추세이다. 스페인식 음식문화는 귀족들의 생활로부터 이어졌으며, 귀족들이 신대륙을 발견하여 부를 축적하면서 그 풍요 속에서 먹고 마시고 즐기던 그들의 생활문화가 서민들에게 퍼지면서 지금의 식생활문화로 이어진 것이다.

유럽의 라틴계 나라에는 바(bar)문화가 발달됐는데 스페인에서는 '바르'라고 발음한다. 바르는 커피와 빵으로 간단하게 아침을 해결하거나 출출할 때 커피나 맥주 한잔에 티파스(tapas)로 요기하기도 하고 잡담을 나누는 곳이다. 바르의 천장에는 하몽(1년 이상 자연건조시킨 햄)이 달려있는데 안주로는 최고로 꼽히는 음식이다.

또한 스페인은 올리브와 올리브유 그리고 오렌지의 세계적인 생산지이다. 이 올리브유는 콜레스테롤이 많은 새우나 닭고기 요리에 많이 쓰이며 소스나 드레싱으로 많이 쓰인다.

2. 북미의 음식문화

1) 멕시코의 음식문화

의례적 성격을 지니고 있는 멕시코 음식은 보기에 좋으면서도 맛있게 양념이 된 다양하고 푸짐한 음식으로 인해서 전 세계적으로 잘 알려져 있다. 세계에서 가장 맛있는 음식이 어느 나라의 것이냐고 물을 때 흔히들 서양음식 중에는 프랑스 음식을 들고, 동양 음식 중에는 중국 음식을 꼽는다. 한국 음식이 외국인에게 선호도는 낮지만 발효 음식으로서 다양성이나 질적인 면에서 세계에서 제일이라고 한다면, 멕시코 음식은 세계에서 가장 훌륭한 음식 중의 하나임에 틀림없다. 더욱이 매운 것을 좋아하는 우리 한국인들의 구미에도 잘 맞는 음식이다.

멕시코 음식은 스페인의 멕시코 정복기간 동안에 많은 영향을 받아 발전하였고 또 이때에 생겨난 많은 수도원의 주방에 의해 발달해 갔다. 멕시코가 스페인으로부터 독립한 이후에는 유럽의 영향을 받아, 불리요(bollio)라는 빵이 토르티야와 함께 멕시코인의 주식이 되었다. 1838년 프랑스가 외채문제로 멕시코를 침공하여 발발한 양국 간의 전쟁을 '빵들의 전쟁'이라고도 부르는데, 이는 멕시코인의 음식문화에 끼친 프랑스의 영향을 보여주는 한 예라고 할 수 있다.

멕시코는 옥수수 재배에 적합한 토양으로 구성되어 있어 원시적부터 옥수수 중심의 농경문화가 정착되었는데 이 옥수수를 재료로 하여 만든 것이 바로 '토르티야(tortilla)'이다. 토르티야는 옥수수가루를 반죽하여 둥그렇게 밀전병처럼 만들어 코말(comal)이라는 넓적한 쟁반 모양의 도자기에 구운 것이다. 이 속에 소고기, 돼지고기, 닭고기, 양고기 등과 내장을 요리하여 쌈처럼 싸서 먹는데 이것이 바로 멕시코 음식의 대표격인 '타코(taco)'이다.

물에 불린 옥수수를 으깬 것은 마사(masa)라 한다. 이 마사를 얇게 원형으로 구운 것이 토르티야이다. 이 토르티야에 좋아하는 것을 싸서 먹는 것이 타코이며, 속에 들어가는 것은 소고기나 닭고기, 내장 등 다양하다. 살사(salsa)는 생토마토, 양파, 마늘, 풋고추, 실란트로 등으로 만든 매운 소스로 각자가 기호에 따라서 타코에 끼얹어 먹는데 이것이 타코와 아주 잘 어울린다. 살사에 들어 있는 식물의 생잎인 실란트로는 향기가 강하기 때문에 처음에는 저항감이 느껴지지만 익숙해지면 이것이 없으면 무엇인가가 부족한 것처럼 느껴진다.

타코는 각 시대의 계층과 사상을 구분짓는 기준이 되기도 했는데, 스페인의 통치하에서는 귀족계급은 타코를 먹지 않고 옥수수 음식을 먹는 사람들을 경멸했었다. 독립 후에는 보수주의와 자유주의자들의 투쟁에서도 타코의 선호 여부가 분명히 드러났는데, 보수주의자들은 밀가루 음식을 선호하고 자유주의자들은 타코와 토속 음식을 옹호하였다. 20세기 초 프랑스 요리가 본격적으로 밀려들어 오기 시작한 이후에, 당시 집권층들은 타코 먹는 것을 불결하게 여겼으며, 국가가 낙후된 이유도 바로 타코와 토르티야를 먹기 때문이라고 생각하여 엄격한 제재를 가하려고도 했었다.

3. 서아프리카의 음식문화

서아프리카인들이 가장 많이 사용하는 음식 재료는 농산물이다. 사헬 기후 지대에서 많이 생산되는 농작물은 수수와 땅콩으로서 이는 강우량의 부족에 기인한다. 나이지리아 북부에 위치한 카노는 사하라 이남의 흑아프리카를 통틀어 가장 크고 영향력 있는 종족 중 하나인 하우사족의 주된 거주지로서 땅콩 생산으로 매우 유명하다. 여기서 생산되는 땅콩은 알이 작고 기름기가 적어 고소한 맛은 떨어지지만 씹을수록 담백한 맛이 나는 특징이다. 곡물과 더불어 과일도 중요한 음식 재료로 쓰이고 있다. 여러 가지 과일 중에서 가장 인상적인 것은 감귤류에 속하는 오렌지와 망고, 그리고 플랜틴이라 불리는 커다란 요리용 바나나이다. 가축은 농작물, 과일과 함께 영양의 주요한 공급원이다. 사헬이나 사막 지대에 사는 사람들에게 가축은 단백질을 얻는 데 있어 없어서는 안 될 존재들이다.

특히 무슬림들에게 양은 중요한 가축으로서 부자들은 라마단 금식일이 끝난 다음 수십 마리의 양을 잡아서 가난한 이웃들에게 나누어주기도 한다. 대서양 연안이나 깊은 내륙 지방에 사는 사람들은 바다나 강에서 잡은 생선을 먹음으로써 부족한 단백질을 보충할 수 있다. 서아프리카의 길거리에서 소금에 절이거나 불에 그을려 연기로 훈제한 생선들을 흔히 볼 수 있는데, 겉으로는 비위생적으로 보이지만 오히려 소고기나 양고기에 비하여 안전하며 맛도 상당히 좋은 편이다. 카사바나 얌과 같은 전분질의 뿌리 식물은 대부분의 서아프리카에서 주식으로 이용되고 있다. 가장 간단한 형태의 요리 방법은 이들을 삶아서 고기나 생선과 곁들여 먹는 것이다. 특히 삶은 얌은 당도가 떨어지는 고구마와 비슷한 맛인데 기름과 생강을 사용하여 튀겨 낸 생선과 함께 먹을 때 그 맛이 일품이다. 얌은 삶아서 으깬 후 경단만 한 크기로 튀기기도 하는데, 그냥 먹기도 하고 토마토를 얇게 썬 조각과 빨간색의 달콤한 후추와 버무려서 먹기도 한다.

4. 아랍의 음식문화

아랍의 음식문화는 거의 금기식품으로 우리에게 알려진 것이 많다.

맨손으로 음식을 먹을 때는 오른손만 사용하도록 되어 있다든가 돼지고기 등을 금기한다는 것으로 알려져 있으나 실제로는 태연하게 양손을 사용한다.

아랍사회에서 금기사항은 거의 이슬람 교리에 따른 것들이 대부분이다. 따라서, 이슬람교를 믿지 않는 외국인들을 당황시키는 일들이 많다. 술과 마약은 정신을 흐리게 하는 것이라고 하여 금기시하고 있으나, 이집트에서는 맥주가 생산되어 음식점이나 호텔 등지에서 마실 수 있다. 하지만 제한된 장소에서 가능하고 돼지고기나 짐승의 피를 재료로 하는 음식은 먹지 않는다.

아랍 인구의 절반 이상은 농사일에 전 식구들이 종사하는 농부들이다. 경작되는 주요 곡물은 밀과 콩이며 거의 모든 채소들이 경작되고 과일도 다양하게 나온다. 그 중에서도 감귤류는 아랍의 특산물로 꼽힌다.

아랍음식은 대체적으로 영양가는 높고 콜레스테롤은 낮은 것으로 평가된다. 대개의 조리방법은 굽는 방식이 많으며 올리브유나 콩기름 같은 식물성 기름이 주로 사용된다. 일반 서민은 육류보다도 물고기를 많이 먹으며, 더운 기후 때문에 음식의 신선도를 중시한다. 육류요리에는 생강이 많이 쓰이고, 생강의 수입량 또한 많다. 정향과 계피 역시 아랍 전통음식의 맛을 내는 데 자주 쓰인다.

쿠즈바라(al-kuzbarah)라는 미나리과에 속하는 고수풀은 여러 아랍의 고유 식물들과 함께 음식의 향미 재료로 자주 쓰인다. 찜요리나 샐러드에도 파프리카 고추씨가 많이 쓰이며, 매운 고추는 특히 예맨이나 걸프 지역 국가들의 요리에 자주 쓰여져 매운 맛을 많이 낸다. 우유, 치즈도 아랍사람들의 식생활에서 빠뜨릴 수 없는 기본음식이다. 소나 양, 염소의 우유를 전통적으로 발효시킨 요구르트를 아랍사람들은 자바디

(zabady)라 하는데, 이것은 거의 식단에 빠지지 않고 들어갈 뿐만 아니라 많은 각종 요리에 필수적으로 쓰인다.

아랍의 식사 예절은 대체로 비슷한데 이것은 코란이나 하디스(hadith: 무하마드의 언행록)의 가르침과 종교적 관습이 같기 때문이다. 식습관에서도 식사전에는 항상 손을 씻고 일반적으로 남성이 먼저 먹으며, 나이프와 포크는 사용하지 않고 엄지와 오른손 두 손가락만이 식사 도구들을 대신한다. 음식을 집을 때는 오른손을 많이 이용하며 양손을 쓰는 경우도 있다. 이슬람교 이전의 아라비아인들은 금기 식품을 많이 정하고 있었는데, 코란에서는 몇 가지 음식 그리고 그것의 생태나 처리 방식이 잘못된 것은 먹는 것을 금하고 있다. 예를 들자면 죽은 짐승의 고기, 피, 돼지고기, 알라 이외의 것에 바친 것, 목 졸려 죽은 것, 야수에게 물려 죽은 것, 우상신 앞에서 도살한 것 등이 그것이다.

참/고/문/헌

이은영 외, 『가정학의 새로운 접근』, 수학사, 1993.
김기숙 외, 『식품과 음식문화』, 교문사, 1999.
손경희 역, 『식품문화사』, 효일문화사, 1991.
구천서, 『세계의 식생활문화』, 향문사, 1995.
Roger Y Stanier et al., 『The Microbial World』, 1986.

저자소개

김기영

- 전) (사)한국조리학회 회장 역임
  (사)한국관광연구학회 회장 역임
  (사)한국식생활교육학회 회장 역임
- University of Surrey England(영국) 교환교수 역임
- C.I.A(The Culinary Institute of American) 연수
- Johnson & Wales University 연수
- Rosan Hotel School(스위스) 연수
- I.C.I.F(이탈리아) 연수
- Le Cordon Bleu(프랑스) 연수
- Northern Sydney Tafe, Burrawang Courmet Wine School(호주) 연수
- Auckland University of Technology(뉴질랜드) 연수
- 혜전대학교 호텔조리과 교수 역임
- 코리아나 호텔 메인주방 근무
- (주)산새도 관광호텔 경영자문위원
- (주)Millatel Opulence 경영자문위원
- (주)레일로(메키스) 경영자문위원
- 조리기능사 및 기능경기대회 심사위원
- 한국조리사협회중앙회 이사
- 한일 헤럴드(영국) 집필위원(식생활과 건강)
- 특수대학설립추진위원(교육부)
- 고등교재편찬위원(교육부)
- 현) 경기대학교 관광전문대학원 외식사업경영전공 교수

〈저서 및 연구논문〉

- 『서비스실무실습』(고등학교 국정교과서, 공저), 1996.
- 『관공호텔지배인자격시험』(공저), 1996.
- 『호텔주방관리론』(저), 1997.
- 『식음료 서비스실무론』(공저), 1998.
- 『서양조리실무론』(공저), 2000.
- 『연회기획관리실무론』(공저), 2001.
- 『조리산업기사』(공저), 2001.
- 『조리체계론』(공저), 2002.
- 『관광조리』(고등학교 국정교과서, 공저), 2002.
- 「호텔레스토랑의 이용객 메뉴평가 요인분석 연구」 외 다수

염진철

- 경기대학교 대학원 외식조리관리전공 관광학 박사
- 경희대학교 경영대학원 관광경영학과 경영학 석사
- 대한민국 조리기능장
- Italian Culinary Institute for Foreigner 연수
- Swiss Rosan School/France Le Cordon Bleu 연수
- 호주 Northern Sydney Tafe, Burrawang Gourmet Wine Shcool 연수
- 뉴질랜드 Auckland University of Technology 연수
- Canada Internationl Culinary & Technology 연수
- Canada Tourism Training Institute 연수
- 메리어트 호텔 조리연수/호텔 리츠칼튼 서울 조리과장
- 기능경기대회 출제위원 및 검토위원
- 조리기능사 · 조리산업기사 · 조리기능장 심사위원
- 한국조리학회 부회장, 외식경영학회 이사
- 식음료경영학회 이사, 기능올림픽대회 요리부문 3위
- 대통령 포장증(근성포장 제91441호)
- 서울국제요리경진대회 금상/보건복지부장관 표창, 서울시장 표창
- 2005, 2006 서울세계음식박람회 추진위원 및 심사위원
- 2006, 2007 서울국제음식산업박람회 추진위원 및 심사위원
- 2006, 2007 대한민국 향토음식문화대전 심사위원
- 현) 배화여자대학교 전통조리과 교수

〈저서〉

- 『서양조리학개론』, 1998.
- 『외식산업관리론』, 2003.
- 『전문조리용어』, 2003.
- 『고급서양요리』, 2004.
- 『호텔 · 외식 식음료서비스』, 2005.
- 『기초서양조리 이론과 실기』, 2006.
- 『조리대회 전략과 실제』, 2007.
- 『기초조리이론과 조리용어』, 2007.
- 『사진으로 보는 전문조리용어해설』, 2008.

조우제

- 경기대학교 일반대학원 외식조리관리학과 박사
- LE CORDON BLEU (France Paris) DIPLÔME DE CUISINE
- 영국 Evendine College Travel & Tourism 과정 수료
- 독일 항공 Lufthansa EC Certificate 취득
- 대구광역시 관광식당지정 심사위원
- 대구광역시 예산평가 심의위원
- 중소벤처기업청 정책자금심의 실무위원
- 관세청 보세판매장 특허심사위원회 위원
- 현) 계명대학교 관광경영학과 교수
  (사)대한관광경영학회 편집위원장

〈저서 및 연구논문〉

- 『최신 서양조리입문』
- 「외식 서비스품질이 고객만족에 미치는 영향」
- 「국내의 조리시간의 갈등요인에 관한 연구」
- 「지각된 서비스 품질이 고객만족에 미치는 영향」 외 다수

이광옥

- 경기대학교 대학원 외식조리관리학과 관광학 박사
- 사)세계음식문화연구원 이사 역임
- 사)한국관광학회 학술이사 역임
- 관세청 보세판매장 특허심사위원 역임
- 코레일 관광개발 자문위원 역임
- 남서울대학교, 순천향대학교, 충남대학교 출강
- 현) 백석대학교 관광학부 호텔경영전공 교수
  한국관광연구학회 편집위원장

〈저서 및 연구논문〉

- 빅데이터를 활용한 경기도 양평 맛집에 관한 소비자 인식 연구, 관광연구저널, 2021.3.
- 머신러닝 알고리즘을 활용한 외식 고객의 소비지출 추정에 관한 연구, 관광연구저널, 2021.2.
- TV에 방영된 맛집의 서비스품질이 지각된 가치와 신뢰 및 충성도에 미치는 영향, 호텔리조트연구, 2020.4.

외식산업관리론

2021년 8월 25일 초판 1쇄 인쇄
2021년 8월 30일 초판 1쇄 발행

지은이 김기영 · 염진철 · 조우제 · 이광옥
펴낸이 진욱상
펴낸곳 (주)백산출판사
교　정 박시내
본문디자인 오행복
표지디자인 오정은

등　록 2017년 5월 29일 제406-2017-000058호
주　소 경기도 파주시 회동길 370(백산빌딩 3층)
전　화 02-914-1621(代)
팩　스 031-955-9911
이메일 edit@ibaeksan.kr
홈페이지 www.ibaeksan.kr

ISBN 979-11-6567-386-4　93590
값 22,000원